Mathis Leibetseder
Die Hostie im Hals

Konflikte und Kultur – Historische Perspektiven

Herausgegeben von Andreas Blauert, Martin Dinges,
Mark Häberlein, Ulinka Rublack, Gerd Schwerhoff

Band 18

Mathis Leibetseder

Die Hostie im Hals

Eine ›schröckliche‹ Bluttat und der Dresdner Tumult des Jahres 1726

UVK Verlagsgesellschaft mbH

Gedruckt mit freundlicher Unterstützung der Deutschen Forschungsgemeinschaft und der Stiftung Frauenkirche Dresden

FRAUEN
KIRCHE
DRESDEN

Bibliografische Information der Deutschen Nationalbibliothek
Die Deutsche Nationalbibliothek verzeichnet diese Publikation in der Deutschen Nationalbibliografie; detaillierte bibliografische Daten sind im Internet über http://dnb.d-nb.de abrufbar.

ISSN 1437-6083
ISBN 978-3-86764-208-8

Einbandgestaltung: Susanne Fuellhaas, Konstanz
Einbandmotiv: Ermordung Hermann Joachim Hahns durch Franz Laubler. Anonymer Kuperstich, 1726. © SLUB Staats- und Universiätsbibliothek Dresden

Druck: Bookstation GmbH, Sipplingen

UVK Verlagsgesellschaft mbH
Schützenstr. 24 · D-78462 Konstanz
Tel. 07531-9053-0 · Fax 07531-9053-98
www.uvk.de

Geleitwort

Die genaue Analyse von historischen Ereigniszusammenhängen jenseits der sprichwörtlichen »Haupt- und Staatsaktionen« und die Betrachtung von einzelnen historischen Akteuren, auch und gerade solchen, die keine »historischen Persönlichkeiten« im herkömmlichen Sinne sind, ist in den Geschichtswissenschaften in den letzten Jahrzehnten verstärkt eingeklagt worden. Dabei wurde von den Protagonisten der Mikrogeschichte immer wieder betont, dass die ›dichte‹ Rekonstruktion einzelner Facetten der Geschichte kein Selbstzweck sei, dass es nicht um die Geschichte des Kleinen gehe, sondern Geschichte im Kleinen. Dort seien wesentliche Züge vergangener Wirklichkeiten zu entdecken, die vielleicht mit dem ›makroskopischen‹ Blick nicht so gut sichtbar gemacht werden könnten.

Das vorliegende Buch von Mathis Leibetseder ist ein hervorragendes Beispiel für die Fruchtbarkeit dieses Ansatzes. Die ›entsetzliche Mordtat‹ am Diakon der Dresdner Kreuzkirche, Hermann Joachim Hahn, im Mai 1726 durch den Soldaten Frank Laubler und die sich daran anschließenden Tumulte in der sächsischen Residenzstadt gehören nicht allein in den Kontext der lokalen Erinnerungskultur. Sie sind zugleich Spiegel und Paradigma für vielfältige historische Konstellationen. Die historische Städte- und Metropolenforschung findet hier ein farbiges Beispiel für spontanen innerstädtischen Protest und das angestrengte Bemühen der Obrigkeiten, dieses Protestes Herr zu werden. Wer nach der Ausprägung der frühneuzeitlichen Öffentlichkeit fragt, kann am Dresdner Beispiel sehen, wie lebendig die Anwesenheitsgesellschaft auf den städtischen Plätzen, in den Kirchen und Wirtshäusern war, wie sehr diese aber bereits in ein breites Feld von Druckmedien eingebettet war, wo monatelang um die Deutung des Ereignisses gerungen wurde.

Schließlich offenbart der »Dresdner Priestermord« die andauernde Sprengkraft der Religion im Jahrhundert der Aufklärung. Das gilt einmal für die Person des Täters Laubler und seiner zerrissenen religiösen Identität, ebenso aber auch für die fragmentierten konfessionellen Verhältnisse im Reich wie in der Stadt Dresden. Ohne den Gegensatz zwischen der zutiefst lutherisch geprägten Residenz und des seit einer Generation katholischen Hofes des Kurfürsten und Königs Friedrich August I. sind die heftigen Reaktion der Bevölkerung auf die Mordtat und die anschließende Pogromstimmung gegen die Katholiken nicht zu erklären. In der Wahrnehmung vieler Dresdner handelte es sich nicht um die Einzeltat eines geistig Verwirrten, sondern um einen katholischen Anschlag auf das protestantische Herz der Stadt, der vom Teufel oder von den Jesuiten (in den Augen vieler Protestanten ohnehin kein großer Unterschied) inspiriert war. Der konfessionelle Gegensatz, der im Zusammenleben der Bürger Dresdens zwar stets spürbar, aber doch eher latent geblieben war, drohte plötzlich die Kohäsionskräfte der städtischen Gesellschaft zu sprengen. Nur mühsam und durch eine längere obrigkeitliche Kraftanstrengung konnte er wieder gebannt werden.

In dieser Perspektive erscheinen die Dresdner Ereignisse als herausragendes Paradigma für ein neues Forschungsvorhaben an der TU Dresden, das im Juli 2009 seine Arbeit aufgenommen hat. Der SFB 804 »Transzendenz und Gemeinsinn«, ein interdisziplinärer Verbund von Geistes- und Sozialwissenschaftler(inne)n, stellt die Frage nach den Ressourcen politischer und sozialer Ordnungen in den Mittelpunkt. Dazu gehört der Gemeinsinn als der ›Sinn für das Gemeinsame‹ ebenso wie transzendent gestellte, d.h. in der Perspektive der Akteure unverfügbare und nicht weiter hinterfragbare Ressourcen, unter denen die Religion nur die bekannteste ist. Der Priestermord des Jahres 1726 erinnert daran, dass nicht erst in der Gegenwart religiöse Deutungsmuster und Konflikte nicht nur Ordnungen begründen, sondern auch in Frage stellen können.

Der SFB 804 forscht in Dresden, aber zugleich wird die Stadt Dresden mit ihren vielfältigen mythischen Erscheinungsformen ein herausragendes Forschungsfeld für seine Analysen sein. In diesem Sinne stellt das Buch von Mathis Leibetseder einen ersten und zugleich wichtigen Beitrag zur gemeinsamen, projektübergreifenden Diskussion dar.

Gerd Schwerhoff
SFB 804 »Transzendenz und Gemeinsinn«

Inhalt

Prolog

Wir schreiben das Jahr 1726. Nach jahrelanger Planung beginnt der Bau der Dresdner Frauenkirche. Am 13. Mai dieses Jahres legt der Magistrat die Entwürfe für den Kirchenneubau dem Leiter des Oberbauamtes, dem Grafen Wackerbarth, vor. Anstelle der alten maroden Frauenkirche (Abb. 1) soll nun ein Bau entstehen, welcher der konfessionellen Dominanz des Luthertums in der sächsischen Residenzstadt sichtbaren Ausdruck verleiht. Gezählt sind die Tage, da die barock ausgestaltete katholische Hofkirche der modernste und schönste Sakralbau Dresdens ist.[1]

Der Startschuss für die Bauarbeiten fällt am 26. August mit der Grundsteinlegung. Die Feierlichkeiten heben um sechs Uhr früh an. Hundert Mann von der Bürgerwehr schreiten vom Altmarkt her zum Frauenkirchhof hinüber, wo sie einen Kreis um den »gegrabenen Grund« formieren.[2] Um halb acht Uhr stimmen dann die Glocken der Frauenkirche und der Kreuzkirche ein feierliches Geläut an, und auf dem Altmarkt setzt sich eine schwarz gewandete Prozession in Bewegung, die aus städtischen und landesherrlichen Honoratioren besteht: Die Spitze bilden die Senatoren, Bürgermeister und Stadtrichter. Wohl nur der Oberkonsistorialrat Paul Christian Schröter und der Oberkonsistorialpräsident Gottlob Hieronymus von Leipziger, der die Grundsteinlegung anstelle des in Polen weilenden Landesherrn vollziehen soll, fahren dem Festzug in zwei Karossen voran. Es folgen die zwölf Viertelsmeister, die dreißig Geistlichen der Stadtkirchen und jeweils die beiden Ältesten der Innungen, Zünfte und Handwerke. Alles in allem besteht die Prozession aus 138 Personen.

Auf dem Neumarkt angekommen, bilden die Repräsentanten der Stadt zwischen Hauptwache und Frauenkirche eine Gasse, durch welche die landesherrlichen Würdenträger, der Bürgermeister Georg Friedrich Steffingen und Oberkonsistorialrat Schröter zu ihren Plätzen auf der Empore schreiten. Nachdem sie sich gesetzt haben, beginnt der Festgottesdienst mit einer eigens komponierten Musik, die feierlich mit den Worten von Psalm 118 Vers 25 anhebt: »O Herr hilff! O Herr laß alles gelingen«. Superintendent Löscher hält eine Predigt, die später in ausgearbeiteter Form auch im Druck erscheint. Nach dem Gottesdienst begibt sich die Prozession dann, untermalt von Pauken und Trompeten, feierlich zum Ort der Grundsteinlegung. In den Baugrund hinab führt eine hölzerne Brücke, an deren Fuße ein Tisch steht, der mit grünen Tüchern bedeckt ist. Auf diesem Tisch hat man verschiedene Dinge bereitgelegt, die für die Grundsteinlegung benötigt werden: Zwei Kästchen, eines aus Kupfer und eines aus Ton[3], ein schwarz eingebundenes

Abbildung 1: Die alte Frauenkirche. Kupferstich von M. Bodenehr. Vor 1720.

Exemplar der Augsburgischen Konfession mit Goldschnitt, eine »gedruckte Notiz«[4], mehrere Gedächtnismünzen, die in vergoldetes Papier eingewickelt sind, sowie einige »jezo übliche und in diesem Jahre geschlagene Sächsische Reichs- und Landmünze in allerhand Sorten«[5] – Münzen, die den Baubeginn für die Ewigkeit datieren sollen.

Vorsichtig macht man sich nun daran, die Augsburgische Konfession, die Münzen und die Notiz zunächst in das Tonkästchen zu legen, welches dann in das Kupferkästchen eingebettet wird. Dieses wird seinerseits in den eigentlichen Grundstein eingelassen.[6] Nach einer Rede von Oberkonsistorialrat Schröter und Oberkonsistorialpräsident von Leipziger legt Letzterer seine rechte Hand auf den Grundstein, woraufhin ein Maurermeister namens Johann Gottfried Fehre dem Bürgermeister Johann Christian Schwarzbach auf einer silbernen Schale eine Kelle präsentiert, die dieser an Leipziger weiterreicht.[7] Leipziger nimmt die Kelle und wirft mit ihr drei Fuhren Kalk, die er aus einem Fass schöpft, unter den Stein. Während unentwegt Musik, Pauken und Trompeten erschallen, schlägt der Oberkonsistorialpräsident dreimal mit einem Maurerhammer auf den Grundstein und spricht eine rituelle Formel, die bei solchen Anlässen üblich ist. Unter den Augen einer großen Menschenmenge – die Quellen sprechen von 10.000 Personen – wird so der Grundstein gelegt.

Die Feierlichkeiten anlässlich der Grundsteinlegung dauern noch bis in die Abendstunden an, aber wir verlassen sie hier, um einen Augenblick innezuhalten. Das Zeremoniell der Grundsteinlegung führt vor, wie landesherrliche und städtische Amts- und Würdenträger Hand in Hand zugunsten des lutherischen Gemeinwohls zusammenarbeiten. Jeder kennt seinen Platz, jeder erfüllt seine Aufgabe gewissenhaft, alles hat seine Ordnung. Eine große Menschenmenge, die den Festakt friedlich verfolgt, vervollständigt die Szenerie, denn als Zuschauer und Augenzeugen ist auch sie essentieller Bestandteil der Inszenierung.

Aber die Festivitäten besitzen auch noch eine zweite Seite. Der Bau entsteht in einer Stadt, die konfessionell tief gespalten ist. Die Geschichte dieser Spaltung reicht bis ins 17. Jahrhundert zurück. Bereits seit dem Ende des Dreißigjährigen Krieges etablierte sich im Schatten des Hofes nach und nach eine katholische Minderheit in der sächsischen Residenzstadt. Wichtigste Kristallisationspunkte dieser Gemeinde waren zunächst die Hauskapellen der katholischen Gesandten, welche von den Obrigkeiten nur schwer kontrolliert werden konnten. Im Laufe der nächsten Jahrzehnte verwandelte sich Dresden dann in eine Stadt, in der neben Lutheranern auch Katholiken und Reformierte in größerer Zahl lebten.[8]

Diese konfessionelle Pluralisierung brachte die städtische Rechtsordnung allerdings an ihre Grenzen. Seit der Normaljahrsregelung des Westfälischen Friedens stand fest, dass die Bevölkerung Kursachsens, einige katholische Enklaven in der Oberlausitz ausgenommen, lutherisch war. In Dresden konnten Katholiken das Bürgerrecht nicht erwerben, was zugleich auch bedeutete, dass ihnen der Erwerb von Grundbesitz und der Zugang zu den Handwerksinnungen verwehrt blieb.[9] Der Magistrat beklagte indes die wirtschaftlichen Einbußen, welche die Bürger durch den Zuzug der Katholiken angeblich erlitten: Die Fremden trieben die Preise für Wohnungen, Nahrungsmittel und andere Güter in die Höhe, schmälerten als Gewerbetreibende die Einkünfte der Bürger und entzogen dem heimischen Handwerk Gesellen und Gesinde – und das alles, ohne selbst Steuern zu zahlen.[10]

Von der freien Religionsausübung war die katholische Minderheit indes weit entfernt. Mit der Konversion des Kurfürsten im Jahre 1697 zum katholischen Glauben entstand zwar eine neue Konstellation, denn der Landesherr war nun selbst Katholik und sah sich mit der ablehnenden Haltung der lutherischen Mehrheitsbevölkerung konfrontiert, an den tatsächlichen Gegebenheiten änderte sich aber zunächst nicht viel. In mehreren Religionsversicherungs-

Abbildung 2: Katholische Hofkirche anlässlich des Tedeum zur Ankunft des Kurprinzen Friedrich August mit Erzherzogin Maria Josepha. Lavierte Zeichnung von R. Leplat. 1719.

mandaten bekräftigte August der Starke ausdrücklich die Rechte und Privilegien der lutherischen Landeskirche. Katholische Gottesdienste wurden im Audienzsaal des Dresdner Schlosses und in der Kapelle von Schloss Moritzburg zunächst ausschließlich mit Angehörigen des Hofes gefeiert. Als der König nach der Niederlage im Nordischen Krieg gezwungen wurde, die Krone niederzulegen, trat die katholische Glaubensausübung sogar noch weiter in den Hintergrund.[11]

Nach dem Abzug der Schweden 1707 baute August die katholische Kirche dann stärker aus. Der Herrscher benötigte nun die Unterstützung des Heiligen Stuhls, um die polnische Krone wiederzuerlangen. 1708 gestaltete der Kurfürst das Klengelsche Opernhaus am Schloss zur katholischen Hofkirche um. Die Ausführung übernahm Johann Christoph Naumann, der einen Innenraum in barockem Stil entwarf, der an Schönheit und zeitgemäßem Pomp die altertümlichen lutherischen Stadtkirchen weit hinter sich ließ (Abb. 2).[12] Die geistliche Versorgung der neuen Hofkirche wurde zwar den Jesuiten übergeben, man untersagte ihnen jedoch ausdrücklich, gegen die Lutheraner zu predigen und sich außerhalb der Kirche als katholische Geistliche zu erkennen zu geben. Die lutherische Mehrheitsbevölkerung sollte keinen Anstoß an der Präsenz der Andersgläubigen nehmen.[13]

Dennoch war das Konfliktpotential groß. Es war vor allem der Vollzug von Taufen, Hochzeiten und Begräbnissen, an denen sich Auseinandersetzungen entzündeten. Superintendent Valentin Ernst Löscher war bestrebt zu verhindern, dass katholische Geistliche solche Handlungen auch außerhalb des Hofes vollzogen, was diese aber herzlich wenig interessierte. Die »visuelle Quarantäne«[14], die über die katholische Geistlichkeit verhängt worden war, wurde erstmals durchbrochen, als ein katholischer Friedhof eingerichtet wurde. Da der Friedhof nach zähen Verhandlungen mit dem Magistrat außerhalb der Stadtmauern errichtet wurde, mussten nun Leichenzüge durch das Stadtgebiet zur Begräbnisstätte hingenommen werden. Diesen setzte man allerdings enge Grenzen, was Ausstattung und Ausprägung betraf.[15]

Das Tauziehen zwischen dem Landesherrn und der katholischen Geistlichkeit auf der einen und dem Magistrat und der lutherischen Kirche auf der anderen Seite fand seine Fortsetzung in heftigen Polemiken und demonstrativen Handlungen. Seit Beginn der 1720er Jahre gärte es gewaltig. Superintendent Valentin Ernst Löscher lieferte sich in polemischen Schmähschriften ein Duell mit katholischen Geistlichen.[16] Im Winter 1724/25 trat der Jesuitenpater Nonhardt auf den Plan, welcher in der Schlosskirche eine Reihe äußerst eloquenter Kontroverspredigten über das Abendmahl hielt. Katholiken und Lutheraner strömten gleichermaßen herbei, um sich persönlich ein Bild von dem redegewandten Jesuiten zu machen.[17] Noch im selben Jahr firmte ein päpstlicher Nuntius 245 Katholiken in der Hofkirche.[18]

In diese aufgeladene Stimmung platzt im Mai des Jahres 1726 die Mordtat des konvertierten Leibgardisten Franz Laubler an dem lutherischen Diakon Hermann Joachim Hahn, dessen religiöse Ansichten in der Weigerung, am Abendmahl teilzunehmen, kulminierten. Er behauptete nämlich, bei einer sechs Jahre zurückliegenden Kommunion sei ihm die Hostie im Hals stecken geblieben. Die Bluttat erschütterte die evangelische Mehrheitsbevölkerung bis ins Mark und löste pogromartige Ausschreitungen gegen die katholische Minderheit aus. Dass der Bau der Frauenkirche nach langer Planung noch in demselben Jahr begonnen wird, ist nicht zuletzt diesen Geschehnissen zu verdanken. Moralische Erbauung und Bestätigung tut Not.[19] Nicht einmal der Festakt zur Grundsteinlegung kann leugnen, dass Ruhe und Ordnung in der Residenzstadt auf tönernen Füßen stehen. Die Erinnerung an die Geschehnisse wirkt noch nach, lässt sich nicht so leicht abschütteln, bahnt sich immer wieder einen Weg an die Oberfläche. Von den Worten des Psalms »O Herr hilff!« mag sich so mancher an die letzten Worte des erst kürzlich ermordeten Diakons erinnert fühlen. Auch die tadelnden Worte von Superintendent Löscher gemahnen an die Erschütterung des zivilen Friedens, indem sie alttestamentliche Parallelen ziehen; in seiner Predigt geißelt er die Sünden der Stadt, etwa wenn

> *auf öffentlicher Gasse Schande getrieben wird, wann man die Fenster öffnet [d.h. einwirft], und mit öffentlichen Ausblasen und Singen sündlicher und unkeuscher Lieder, auch mit anderen fast Sodomitischen Bezeugen, Stadt und Land ärgert.*[20]

Vor allem ist es aber der Text der im Grundstein versenkten gedruckten Notiz, welche die beiden Geschehnisse des Jahres 1726 miteinander verbindet. Denn auch sie beschwört den Frieden nach Ausbrüchen von Gewalt und Zwietracht:

> *Zu dieser Zeit ist, dem grund gütigen Gott sey danck dafür gesaget, im Lande sowohl als auch im Römischen Reiche und in ganz Europa Frieden. Hochgedachter Herr Graf Wackerbarth fuhren vor jetzo das Gouvernement über die Vestung, welche mit 2 Regimentern Infanterie besezet ist und liegen auch über dem noch in Lägern vor der Stadt 1 Regiment Infanterie, 200 Mann Cavallerie und 2 Compagnien Feld Artillerie, welche wegen des über die an Herrn M. Herrmann Joachim Hahn weyland Diacono Zum Heiligen Creuz am 21. May anni currentis [dieses Jahres] von einem Catholicken Franz Laublern verübten entsezlichen Mordthat unter dem gemeinen Volcke entstandenen Tumults zu mehrern Sicherheit und Abwendung aller fernern Unruhe und Aufflauffs anhero zu marchiren beordert worden.*[21]

Die Erinnerung an die gewalttätigen Geschehnisse tritt jedoch nicht nur anlässlich der Grundsteinlegung zutage, sie gräbt sich auch tief ein in die unterschiedlichen Wissensspeicher, die dem frühen 18. Jahrhundert zur Verfügung stehen, und überdauert bis heute in Bibliotheken und Archiven. Sowohl amtliche Quellen als auch Druck- und Bildquellen sprudeln daher reichlich und vielfältig. Sogar eine Reihe von Medaillen wurde geschlagen, um das traurige Ereignis im kollektiven Gedächtnis zu verankern. Der Fall beschäftigte nämlich sowohl die städtischen als auch die staatlichen Stellen. Das Stadtgericht, dessen Richter und Adjunkte (Gerichtsdiener) die Aussagen der Zeugen aufnahmen, fungierte gemäß den Gepflogenheiten des frühneuzeitlichen Justizbetriebs als Ermittlungsbehörde, lud Zeugen vor und protokollierte ihre Aussagen. Sämtliche Angelegenheiten von zentraler Bedeutung berichtete man der Landesregierung, die als Justizverwaltungsbehörde[22] die Durchführung des Verfahrens koordinierte. Für die Urteilsfindung war dagegen eine eigene Spruchkammer zuständig, die aufgrund der Aktenlage entschied. Die politische Bewältigung der Affäre war wiederum dem Geheimen Konsilium vorbehalten, das bei Bedarf über das Geheime Kabinett den Willen des Königs in Warschau einholte. Die Handlungen dieser Behörden schlugen sich nicht zuletzt in ihren Akten nieder. Mehrere hundert Seiten Überlieferung finden sich daher heute noch eingenäht in die Akten, die von städtischen und staatlichen Stellen im Zusammenhang mit den Geschehnissen angelegt wurden.

Aber auch die Publizistik beschäftigte sich ausführlich mit Laublers Mordtat und den anschließenden Ausschreitungen. Weiteres Material liegt daher in gedruckter Form vor, reicht von Flugdrucken[23] und Zeitungen über Lebensläufe, Leichenpredigten, Gedichte und Versepen bis hin zu Kupferstichen. Doch dieser Überlieferung zum Trotz wurde bislang noch kein Versuch unternommen, die nur ansatzweise bekannten Geschehnisse des Jahres 1726 zusammenhängend darzustellen und zu analysieren. Lediglich die Kirchengeschichte[24] und neuerdings auch die Pressegeschichte[25] zollen der Affäre aus ihrer spezifischen Perspektive eine gewisse Aufmerksamkeit. Weshalb aber namentlich die sächsische Landesgeschichte sich bislang kaum für die Geschehnisse interessierte, darüber kann freilich nur spekuliert werden. Ein Mangel an Quellen ist, wie bereits bemerkt, nicht zu beklagen. Daher ist zu vermuten, dass der Mord und der anschließende Tumult den meisten Historikern als ›Ereignis‹ nicht ›bedeutsam‹ genug erscheinen. Waren die Geschehnisse nicht eine Abfolge von Handlungen, die sich durch das Gesetz von Ursache und Wirkung quasi von selbst erklärten? Und blieben sie nicht ohne jede Auswirkung auf den weiteren Gang der sächsischen Geschichte und die Entwicklung der Stadt Dresden? Wie dem auch sei: man gibt sich im Allgemeinen damit zufrieden, die Vorgänge des Jahres 1726 als skurrile Episode zu streifen, als eine Arabeske, die man zwar gerne aufgreift, um der großen Erzählung der Dresdner Stadtgeschichte die nötige Würze zu verleihen, für die man aber sonst keine Verwendung hat.[26]

Wenn hier die Geschichte von Laubler und Hahn ausführlich dargestellt werden soll, so geschieht dies in der Absicht, solche Auffassungen zu konterkarieren und wie durch ein ›historisches Vergrößerungsglas‹ vergangene Lebenswelten genauer kennen zu lernen. Historiker wie Natalie Zemon Davis oder Carlo Ginzburg haben gezeigt, dass gerichtliche Akten viel über solche Lebenswelten verraten. So konstatiert etwa Davis in ihrer berühmten mikrogeschichtlichen Studie über die Wiederkehr des Martin Guerre: »Ein Streit außerhalb des üblichen Rahmens kann Motivationen und Wertvorstellungen ans Licht bringen, die sich im Alltagsleben verflüchtigen.« Ihr ging es darum, zu zeigen, »daß die Abenteuer dreier junger Bauern gar nicht so weit von den gewöhnlicheren Erfahrungen ihrer Nachbarn entfernt sind, daß die Machenschaften eines Betrügers einen Bezug haben zu den eher alltäglichen Wegen der Entfaltung persönlicher Identität«.[27] Gerichtliche Quellen bieten somit eine »Zugangsmöglichkeit zur Lebenswelt und zu den Handlungsstrategien, zu den Geschichten und der Subjektivität der zeitgenössischen Akteure«.[28]

Ähnliches ließe sich auch über die religiösen Phantasmagorien sagen, von denen der Mörder Franz Laubler zu seiner blutigen Tat getrieben wurde. Wie exaltiert sie auch waren, besaßen sie doch einen Platz in den religiösen Diskursen seiner Zeit; außerdem zeigen sie, wie der in den Quellen oft genannte, aber selten greifbare ›gemeine Mann‹ um konfessionelle Identität rang. Gewährten die von Ginzburg in *Der Käse und die Würmer* untersuchten Verhöre Einblicke in die lebensweltlich geprägte Religiosität des Müllers Menaccio im ausgehenden 15. Jahrhundert[29], so erfahren wir aus Laublers Aussagen etwas über die religiösen Werte und Vorstellungen eines Soldaten zu Beginn des 18. Jahrhunderts.

Der Mord wurde jedoch nicht nur als Anschlag auf einen Einzelnen, sondern rasch auch als Anschlag auf die Ehre der lutherischen Gemeinde insgesamt wahrgenommen. Aus diesem Grunde geben die Geschehnisse nicht nur Anhaltspunkte über individuelle, sondern auch über kollektive Identitätsbildungsprozesse oder, um einen Begriff Benedict Andersons zu benutzen, über die Herausbildung einer ›vorgestellten Gemeinschaft‹.[30] Um sie zu analysieren, empfiehlt es sich, den Blick besonders auf die mediale Verarbeitung des Mordes und der anschließenden Ausschreitungen zu richten.

Vom methodischen Standpunkt her scheint die von Clifford Geertz skizzierte ›dichte Beschreibung‹ gut geeignet, um sich den Dresdner Geschehnissen zu nähern. Es gehört zu den programmatischen Forderungen dieser Methode, die verschiedenen Bedeutungsebenen eines Gegenstandes freizulegen und zu untersuchen. Auf diese Weise kann es gelingen, »eine Vielfalt komplexer, oft übereinandergelagerter oder ineinander verwobener Vorstellungsstrukturen, die fremdartig und zugleich ungeordnet und verborgen sind«[31], nach und nach aufzuschließen. Da man sich mit der ›dichten Beschreibung‹ den unterschiedlichen Bedeutungsebenen einer Sache nähern möchte, eignet sie sich besonders gut für eng umgrenzte Themen, weshalb sie gerade in der Mikrogeschichte und der historischen Anthropologie reüssieren konnte. Die lokalen Geschehnisse stehen freilich stets im Wechselspiel mit längerfristigen geschichtlichen Veränderungen und makrogeschichtlichen Prozessen, was gerade in Bezug auf die konfessionelle Entwicklung Kursachsens nicht vergessen werden darf.[32] Insofern stellt die Untersuchung der Affäre Hahn auch einen Beitrag zur Debatte über die Konfessionalisierungsthese dar, die jüngst nicht zuletzt wegen ihrer Fixierung auf den Prozess der frühneuzeitlichen Staatenbildung und die Vernachlässigung der lokalen Ebene in die Kritik geriet.[33] In mehr als einer Hinsicht kann die Affäre also eine Art Sonde betrachtet werden, die geeignet erscheint, die konfessionellen, gesellschaftlichen und politischen Verwerfungen Kursachsens im augusteischen Zeitalter zu erkunden. Um zu sehen, welche Aufschlüsse sie uns im Einzelnen liefern kann, setzen wir sie am besten bei jenem fernen Tag des Jahres 1726 an, an dem alles begann.

I. Ein Mord in Dresden

1. Der Opfertod des Diakons Hahn

Mord am Mittag

21. Mai 1726 kurz nach ein Uhr mittags. Ein ganz gewöhnlicher Dienstag. Im Hahnschen Hause in der Pfarrgasse nimmt man gerade das Mittagessen zu sich, als es an der Türe klopft. Neben dem Diakon Hahn sitzen noch sieben Personen um den Tisch: seine Frau, seine zwölfjährige Tochter Johanna Veronika, die Kinderfrau Maria Teubler, eine Köchin, eine gewisse Christine Sophia Kretzschmar, die vierzigjährige Maria Füßel, Witwe eines Schiffers, sowie die Magd Anna Dorothea Füßel.

Die Speisestube liegt im ersten Stock. Es ist die junge Magd, welche die Treppe hinabeilt und die Türe öffnet. Vor ihr steht ein Mann in der »Mondur« eines reitenden Trabanten, eines Mitglieds der landesherrlichen Leibgarde zu Pferde also.[34] Sie ist nicht die Einzige, die den Fremden zu Gesicht bekommt. Die Kinderfrau beschreibt den Fremden später als groß gewachsenen Kerl, der Uniform und weiße Strümpfe getragen habe.[35] Und die kleine Tochter erinnert sich an einen Trabanten mit einem »großen Barth«.[36] Der Fremde nutzt die Tracht des berittenen Soldaten, um sich Zutritt zum Haus seines Opfers zu verschaffen. Seine ›Montur‹ repräsentiert einen gesellschaftlichen Status, den ihr Träger, wie sich später herausstellt, jedoch gar nicht mehr besitzt.

Die Magd bittet den Fremden, bis nach Tisch zu warten, und steigt wieder in den ersten Stock hinauf. Schon kurz darauf kehrt sie jedoch wieder und bittet den Fremden, den Diakon am Sonntag nach der Amtspredigt aufzusuchen. Doch dieser möchte nicht gehen, ohne mit dem Diakon gesprochen zu haben. Die Dringlichkeit seines Anliegens unterstreichend, gibt er sich als Konvertiten zu erkennen; der Diakon »hätte ihn informiert, er wäre catholisch gewesen und lutherisch worden«. Nun wolle er seinen Abschied von der Leibgarde nehmen, zuvor aber noch einmal seinen Mentor sprechen. Wieder verschwindet die Magd und kehrt Augenblicke später mit der Mitteilung zurück, der Trabant möge Hahn am nächsten Tag nach der Predigt aufsuchen. Doch noch immer erweist sich der Hingehaltene als unnachgiebig. Ruhig setzt er der Magd auseinander, er wolle nur ein paar Worte mit dem Diakon wechseln, denn »er könnte sich nicht recht in die [Heilige] Schrifft finden«. Ein weiteres Mal läuft die Magd zu Hahn hinauf, der den Fremden auf drei Uhr nachmittags vertrösten lässt. Aber der Trabant bleibt hartnäckig: Er habe bereits einen Wagen bezahlt, um die Stadt zu verlassen. Er verliere das ganze Geld, erschiene er nicht rechtzeitig zum vereinbarten Termin. Schließlich siegt die Beharrlichkeit des Fremden; Hahn empfängt den aufdringlichen Bittsteller in einer Stube im ersten Stock seines Hauses. Es handelt sich nicht um Hahns Arbeitszimmer, sondern um einen Raum, in dem man die Wäsche zu pressen pflegt.[37]

Worüber die beiden Männer in der Kammer sprechen, geht aus den Verhören der Frauen leider nicht hervor. Einzig die kleine Tochter des Diakons läuft an der offenen Tür vorbei, wirft neugierige Blicke hinein und schnappt ein paar Brocken der Unterhaltung auf. Sie hört, »daß der Trabante immer von Jesu Christi Bluth geredet« habe. Auch sieht sie, wie die beiden Männer auf Stühlen einander gegenübersitzen. Hahn fordert den Uniformträger einmal auf, mit seinem Anliegen herauszurücken; ein anderes Mal steht der Berittene, holt etwas aus einem Sack heraus und legt es vor sich hin. Dann bemerkt der Vater Johanna Veronika und schickt sie fort.[38]

Nichts deutet auf eine Bedrohung hin, bis ein Schrei die mittägliche Ruhe des Pfarrhauses zerreißt und die Frauen bei Tisch in Angst und Schrecken versetzt. Die Art und Weise, wie die Quellen die folgende Handlungssequenz darstellen, ist stark von zeitgenössischen Geschlechterstereotypen geprägt. Die Frauen schreien nach Hilfe, haben Angst, greifen selbst jedoch nicht in die gewalttätige Auseinandersetzung zwischen Laubler und Hahn ein. Die Kretzschmar und die Tochter eilen flugs zur Stube, in welcher sich der Hausherr und der fremde Trabant aufhalten. Beide berichten später übereinstimmend, dass der Trabant den Diakon an einen Schrank gedrückt habe.[39] Entsetzt läuft die Kretzschmar wieder in die andere Stube zurück, öffnet die Fenster zur Gasse und schreit verzweifelt um Hilfe. Ähnlich reagiert Frau Hahn, die »sich nicht anders zu helffen und zurathen gewust, alß daß sie wieder zurück in die Stuben geflohen, und zum Fenster hinaus: Feuer! Feuer! geruffen«.[40]

Diese Schreie alarmieren nun auch die verbliebenen Frauen. Die Witwe Füßel erblickt Hahn auf der Treppe inmitten einer riesigen Blutlache, die sich über mehrere Stufen ergießt. Dennoch eilt sie die Treppe hinab, um aus dem Haus hinauszustürzen und Hilfe zu holen.[41] Unterdessen stürmt auch die Magd Anna Dorothea Füßel in banger Vorahnung durch den Hof ins Innere des Hauses, wo sie den Diakon mit dem Gesicht nach unten und den Beinen nach oben auf der Treppe liegend vorfindet. Schockiert flieht sie aus dem Haus.[42]

Erst jetzt ergreift auch der Täter die Flucht. Just als der Trabant die Schwelle des Pfarrhauses überquert, kehrt die Witwe mit einer anderen Frau ins Haus zurück; der Fremde, so sagt sie später aus, springt ihr entgegen und ruft:

»Bestie, gehe zurucke oder ich ersteche dich«.[43] Nach und nach treffen nun auch weitere Helfer am Tatort ein. Der Sattler John, der in der Nachbarschaft wohnt, ist von Frau Hahns Hilfeschrei alarmiert worden; er findet den Magister auf der Treppe inmitten einer großen Blutlache vor. Flugs richtet er den Erstochenen auf und hilft, ihn in eine Stube zu tragen. Es ist, wie er zu Protokoll gibt, zu diesem Zeitpunkt jedoch schon »kein Leben mehr in ihm zu verspüren gewesen«.[44]

Karriere eines Leichnams

Dank der zahlreichen Zeugen verbreitet sich die Neuigkeit von der Ermordung des Diakons Hahn in Dresden wie ein Lauffeuer. Während die Neugierigen auf dem Altmarkt zusammenströmen, versammeln sich Magistrat und Stadtgericht im Rathaus und leiten erste Maßnahmen ein: Man sichert das Haus des Opfers und ordnet an, den Leichnam »unberührt« liegen zu lassen.[45]

Noch am selben Abend beginnt die Leichenschau. Bereits am Nachmittag hat die höchste kirchliche Behörde, das Oberkonsistorium, dieser religiös umstrittenen Prozedur zugestimmt.[46] Rasch wird eine achtköpfige Kommission zusammengetrommelt. Sie besteht aus dem Stadtphysikus Dr. Martin Schurich, drei Chirurgen, dem Stadtrichter Zapff, dem Vizestadtrichter, einem Actuarius sowie einem weiteren Bedienten des Stadtgerichts. Als die Männer in der Pfarrgasse eintreffen, ist es bereits sechs Uhr. In der Stube mit den kleinen Fenstern, in der sie den Toten bekleidet auf dem Boden liegend vorfinden, dämmert es bereits.[47] So verfrachten sie den leblosen Körper kurzerhand hinunter in den Hof. Aber auch dort sind die Sichtverhältnisse bald zu schlecht, um die Obduktion zu Ende zu führen. Man vertagt sich daher auf den folgenden Morgen.

Am nächsten Tag geht man frisch zu Werke. Zunächst widmet sich die Kommission dem Kopf des Opfers. Sie stellt fest, dass die Stirn des Opfers verschiedene Verletzungen aufweist, namentlich eine fingerlange Abschürfung der Epidermis (Oberhaut), zwei »kleine braune flecke«[48] – wohl Hämatome oder Blutergüsse – sowie eine Schramme auf der Nase. Danach richtet sie ihren Blick auf den Oberkörper des Ermordeten, der schon auf den ersten Blick löchrig wie ein Sieb erscheint. Insgesamt sechs Stiche zählen die empörten Ärzte, paarweise angeordnete Wunden unter der linken Schulter, auf der Brust und auf dem Rücken. Der erste Stich war beim Achselknochen eingedrungen und hatte den Deltamuskel getroffen, während der zweite kleine Knochensplitter vom Schlüsselbein abgerieben hatte, ehe er, wie einer der

Doktoren mit dem Finger nachprüft, in den Brustkorb vorgestoßen war. Die nächsten beiden Stiche liegen dicht nebeneinander auf der Brust. Der eine Stich war beim Brustbein eingedrungen und bis auf die vierte Rippe gegangen, der andere hatte eben diese durchschnitten und war tief in den Brustkorb vorgedrungen. Das dritte Paar Einstiche findet man, als man den Leichnam auf den Bauch dreht, so dass man den Rücken begutachten kann. Der erste läuft aufwärts, ist jedoch nicht besonders tief, der zweite liegt zwischen der fünften und sechsten Rippe, hatte die siebte Rippe zerstoßen und war dann in den Brustkorb eingedrungen.

Soweit die äußerliche Untersuchung. Um zu überprüfen, wie stark innere Organe durch den Angriff in Mitleidenschaft gezogen worden sind, wird als nächstes der Brustkorb geöffnet. Da man es mit dem Leichnam eines korpulenten Herrn zu tun hat, schneidet man zunächst durch eine dicke Fettschicht. Die rechte Hälfte des Brustkorbs scheint unverletzt, allein die Lunge weist Auffälligkeiten auf. Dagegen ist die linke Hälfte des Brustkorbs durch Blut rot verfärbt und im linken Lungenlappen prangt ein tiefes Loch. Auch das angrenzende Lungengewebe weist erhebliche Verletzungen auf. Endlich entdeckt man auch die genaue Todesursache, einen großen Einschnitt im absteigenden Teil der Hauptschlagader, der nach Meinung der Anwesenden nur von dem Stich herrühren kann, der dem Opfer rücklings zwischen der fünften und sechsten Rippe beigebracht worden war. In seinem Gutachten vertritt Dr. Schurich die Auffassung, nicht die Zerstörung des Lungengewebes habe zum Tode geführt, sondern die Verwundung der Hauptschlagader; diese sei »so hefftig laediret gewesen, dass eine plenaria sanguinis effusio ac Spintuum dissipatio [völlige Entleerung des Blutes und Entweichung des Geistes] erfolgen mußen«.[49]

Es ist dieses Gutachten, das dem Stadtgericht am Mittag des 22. Mai zugeht. Zu dem Zeitpunkt, da er forensisch untersucht und der ärztliche Befund zwecks gerichtlicher Beweissicherung zu Papier gebracht wird, steht der Leichnam freilich längst als Objekt der Trauer im Zentrum des Interesses. Der ermordete Diakon wird in seinem Haus aufgebahrt, so dass neben seinen Angehörigen auch die städtische Bevölkerung von ihm Abschied nehmen kann. Ein Autor mit dem Pseudonym Autoptus Geamoenus[50] berichtet, dass »viele vornehme Standes-Personen sogleich condoliren, welches als eine Marque einer gar besondern Hochachtung gegen den seligen Mann anzusehen«. Nach einer Anstandsfrist lassen sich verschiedene vornehme Damen in Sänften in die Pfarrgasse tragen, um »theils den erblasten Cörper des ermordeten Predigers noch einmal zu sehen, theils den Verlaßnen einen Trost zu zusprechen«.[51] Nicht nur die Frau des polnischen Kronschatzmeisters, sondern auch die verwitwete Gräfin von Vitztum und die Frau von Oberhofmarschall Löwenthal statten der Witwe Kondolenzbesuche ab.

Der Besuch der hochstehenden Persönlichkeiten spendet jedoch nicht nur Trost und Anerkennung, sondern verspricht den Hinterbliebenen auch materielle Unterstützung und gesellschaftliche Protektion. Geamoenus hat nämlich gehört, Frau Hahn sei »von einigen vornehmen Familien reichlich beschencket worden«[52] – Gaben, die gewiss nicht nur als symbolische Gesten geschätzt werden, sondern auch zum materiellen Überleben der Familie, die nun ohne ihren Hausvater auskommen muss, beitragen sollen.

Neben der feinen Gesellschaft steht das Haus aber auch dem ›gemeinen Mann‹ offen; es muss sogar durch Grenadiere der Hauptwache geschützt werden, um den starken Andrang zu zügeln. Geamoenus erzählt, es würden immer »10 und 10 auf einmal hinein gelassen, den seligen Mann vor seiner Beerdigung noch einmal zu sehen und ihn gleichsam mit Thränen zu salben«, so dass »die Thüre biß zu seiner Beerdigung niemals leer gewesen«.[53] Die Menschen sehen aber nicht nur den erkalteten Leichnam des Kreuzkirchendiakons noch einmal, sondern nehmen auch die Stätte des Verbrechens persönlich in Augenschein. Das Blut auf der Treppe, heißt es, kann man »noch fast 8 Tage gantz eigentlich spüren und erkennen«[54], obwohl es gleich nach der Tat abgewaschen worden war. Aber auch die Zurschaustellung des leblosen Körpers berührt die Menschen innerlich; so gibt der später bei den Ausschreitungen verhaftete Schneidergeselle Johann Friedrich Thann an, erst durch den Anblick des bedauernswerten Leichnams selbst zu Gewalttätigkeiten verleitet worden zu sein.[55]

Die Aufbahrung dauert allerdings nur wenige Tage. Bereits in der Nacht vom 23. zum 24. Mai wird der Diakon beigesetzt, und zwar um drei Uhr nachts. Angesichts der gewalttätigen Ausschreitungen am Vortag[56] wird so gewährleistet, dass nur wenige Schaulustige den Leichenzug säumen und die Beisetzung nicht zum Kristallisationspunkt antikatholischer Demonstrationen gerät. Außerdem schätzt gerade eine Zeit, welche die Nacht als Freiraum ›entdeckt‹, nächtliche Beisetzungen besonders; ein mit Fackeln illuminierter Leichenzug bietet inszenatorische Möglichkeiten, die während des Tages nicht bestehen, und wird daher als Mittel gesellschaftlicher Distinktion von Adel und gehobenem Bürgertum gleichermaßen geschätzt. Die Trauerfeier zu früher Morgenstunde steht für Intimität, nicht für Heimlichkeit – allein in Hahns Fall erscheinen beide Motive miteinander verquickt zu sein.[57]

Die Publizistik legt denn auch großen Wert darauf, dass der Trauerzug »in aller Stille«[58] vor sich gegangen sei. Geamoenus spricht von zwanzig gelehrten Theologen sowie von zwanzig Mann von der Bürgerwehr, die dem Diakon das letzte Geleit gegeben hätten[59]; die *Ausführliche und wahrhaffte Relation* berichtet hingegen von 16 Mann von der Bürgerwehr sowie einigen Karossen, neben denen jeweils zwei Mann einherschreiten. Ziel der Prozession ist der Böhmische Kirchhof. Der Sarg selbst wird in »einem Comitat von 3 Carrethen« transportiert und in einem gemauerten Gewölbe beigesetzt.[60] Der Stein, der über dem Grab errichtet wird, würdigt die Umstände von Hahns Tod ausführlich (Abb. 3).

Während Hahn bereits wenige Tage nach seiner Ermordung unter die Erde gebracht wird, laden die Glocken erst am 2. Juni zum Trauergottesdienst in die baufällige alte Frauenkirche. Die Leichenpredigt hält Hahns Vorgesetzter an der Kreuzkirche, der Superintendent Valentin Ernst Löscher, »in Gegenwart einer ungläublichen Menge Volcks«.[61] Zunächst in handschriftlichen Exemplaren, später auch im Druck kursiert sie kurz darauf in der sächsischen Residenzstadt. Als Teil jener reichen Publizistik, die in den nächsten Tagen, Wochen und Monaten anlässlich des Mordfalls auf den Markt geworfen wird, eignet sie sich den Verstorbenen an, unterzieht seinen Tod, und nicht zuletzt auch seinen Leichnam, bestimmten Deutungen. Nur am Rand sei vermerkt, dass die Witwe mit dieser Aneignung durchaus nicht einverstanden ist. Sie hält sie für »unvollkommen«, findet sogar, sie gereiche zur »Verkleinerung« Ihres Mannes. So ersucht sie schließlich die landesherrliche Bücherkommission zu Leipzig, die Leichenpredigt zu konfiszieren. Dies wird ihr zwar zugebilligt, ob die Beschlagnahmung auch in die Tat umgesetzt wird, ist aber unbekannt.[62]

Zu der Flut an Druckerzeugnissen zählen nicht zuletzt Grafiken, welche die Geschehnisse illustrieren sollen. Legt man sie in eine Reihe, so ergibt sich eine Bilderzählung, welche die gesellschaftliche Deutung der Geschehnisse in komprimierter Form spiegelt. Auch anlässlich der Beisetzung erscheint ein solcher Kupferstich (Abb. 4), in dessen Zentrum sich der geöffnete Sarg mit dem in ein langes Totenkleid gewandeten Diakon befindet. Der Sargdeckel liegt daneben auf dem Boden. Kreisförmig um dieses Ensemble herum sind weitere Elemente angeordnet, die zusammengenommen eine Erzählung formen: Links vom Sarg steht ein Engel, der mit ausgestrecktem Zeigefinger auf den Toten weist, und von einer Kanzel hinab predigt mit belehrender Geste ein Pfarrer, vielleicht Superintendent Löscher. Im Hintergrund des Bildes ist eine Kreuzigungsszene zu sehen. Ein halbkreisförmiges Wolkenband am Himmel umschließt einen Strahlenkranz, in dem das Tetragramm prangt. Verbunden werden die unterschiedlichen Elemente durch Spruchbänder. Unter dem Bild befindet sich eine Schrifttafel, die Hahn mit den antipäpstlichen Reformern früherer Jahrhunderte assoziiert:

Abbildung 3: Grabmal für Hermann Joachim Hahn auf dem Trinitatisfriedhof. Nach 1726. Zustand 2008.

Abbildung 4: Aufbahrung von Hermann Joachim Hahn. Kupferstich. 1726

Hus schrie als ein Gans das freche Papstthum an,
Dadurch Er in das Chor der Märtyrer gerathn,
En hundert Jahren drauff, kam Luther als ein Schwan
Und schrie, weit heller zwar, doch blieb Er ungebraten,
Nun hat des Feindes Grim auch einen Hahn ermordt,
Der manch Papistisch Hertz erwecket durch seyn krähen
Doch nach dem Todte kräht Er desto stärcker fort,
Daß auch dem Feinde selbst die Augen übergehen.

Gleich Jan Hus, der ›böhmischen Gans‹, wird auch der Diakon Hahn als Märtyrer dargestellt, dessen Botschaft seinen Tod überlebt oder durch diesen erst besonders klar vernommen wird – eine Botschaft, die sich gegen die römische Kurie richtet.

Wird der ermordete Diakon so zum evangelischen Märtyrer aufgebaut, der der römischen Kurie gegenüber für seinen Glauben eingetreten war, wird zugleich aber auch ein aktives Widerstandsrecht abgelehnt. Der Prediger auf der Kanzel spricht über dem offenen Sarg die Worte: »Ach Erde bedecke das Blut nicht (Hiob 16), laß es kräfftiger schreyen als Abels Blut«. Auch der aufgebahrte Tote schickt einen letzten Stoßseufzer zum Himmel, wo ein Spruchband die Worte des Predigers aufgreift: »Dies geschrey findet keinen Raum auf Erden, sondern dringet zu Gott durch die Wolcken«. Nicht an den Menschen ist es also, den Mord zu rächen; vielmehr soll das gläubige Publikum, das den Stich betrachtet, darauf vertrauen, dass Gott Hahn und seinem Mörder Gerechtigkeit widerfahren ließe. Der Stich beabsichtigt also zweierlei: Er stellt die Deutung des Mordes aus evangelisch-lutherischer Sicht dar, ruft die Menschen aber zugleich zu Ruhe, Besonnenheit und Gottvertrauen auf. Wie im lutherischen Diskurs über die Praxis der Heiligenverehrung[63] angelegt, soll Hahn den Gläubigen als Vorbild für Glaubensfestigkeit und Duldsamkeit dienen, nicht aber als Rechtfertigung für politischen Widerstand.

Der tote Körper des Diakons bleibt also nicht der Trauer der Angehörigen überlassen, sondern wird Gegenstand öffentlichen Interesses. Durch die Zurschaustellung im Hause des Mordopfers können die Dresdner nicht nur den Toten selbst, sondern auch die Stätte des Verbrechens besichtigen und auf diese Weise an den Ereignissen teilhaben. Parallel dazu erfolgt eine medial vermittelte diskursive Aneignung des toten Körpers, der als Zeichen der Tat selbst gedeutet und mit gesellschaftlichem Sinn aufgeladen wird. Zu Grabe getragen hat man nicht einfach den Körper eines Diakons, der einem unglücklichen Mordanschlag zum Opfer gefallen ist, sondern den geschundenen Körper eines Märtyrers als Zeichen seines Glaubens. Der Umgang mit dem Leichnam wird aber nicht nur durch religiöse Praktiken und Diskurse bestimmt, sondern auch von denen der weltlichen Obrigkeiten. Für sie ist der Körper des Ermordeten in erster Linie Beweisstück in einem Inquisitionsprozess und muss als solches forensisch begutachtet werden. Um die Todesursache festzustellen, wird der Körper nicht nur äußerlich untersucht, sondern auch geöffnet, so dass der Zustand der inneren Organe begutachtet werden kann. Der Körper des ermordeten Diakons steht so im Mittelpunkt eines vielschichtigen Geflechts religiöser und medizinischer Praktiken und Diskurse, mit denen die Zeitgenossen den Verblichenen aus ihrer Mitte verabschieden, ihm zugleich aber auch einen Platz im kollektiven Gedächtnis der Stadt zuweisen.

Der Kreuzweg des Diakons

Gleich vorweg sei eingeräumt: Ohne sein klägliches Ende wüssten wir wenig über den verblichenen Kreuzkirchendiakon. Die biographischen Skizzen, die nach seinem Tode erscheinen, verklären ihn jedoch stark. Biblische Anspielungen und Vergleiche beherrschen die Schriften, sollen die Rezipienten von Hahns Märtyrertum überzeugen. Seine Übersiedlung von Leipzig nach Dresden 1707 stellt ein Autor etwa als Kreuzweg dar: »Er heist mit gutem Recht der Creuz-Diaconus, Weil er zu seinem Creutz nach Dreßden wandern muß«.[64] Das Kreuz steht freilich sowohl für die Kreuzkirche als auch für Hahns vorzeitigen Tod. Authentische Quellen über sein Leben sind dagegen rar, lassen aber dennoch den Mann hinter der Apotheose erahnen.

Hahn stammte ursprünglich aus einer Mecklenburger Pfarrdynastie. Sein Vater, Julius Ernst Hahn, war zunächst Hofprediger bei Herzog Friedrich von Mecklenburg-Grabow, später dann bei Friedrich Wilhelm und Carl Leopold von Mecklenburg-Schwerin. Der Bruder des Diakons wurde später Pastor am Güstrower Dom.[65] Hermann Joachim wurde am 31. Juli 1679 im Mecklenburgischen Grabow geboren. Wie ein *curriculum vitae* zu berichten weiß, besuchte er jedoch keine öffentliche Schule, sondern wurde, wie damals in besseren Kreisen üblich, von Privatlehrern zuhause unterrichtet.

1696 wurde ein neues Kapitel im Leben des jungen Mannes aufgeschlagen. Aus der mecklenburgischen Provinz kam er nach Leipzig, einer kosmopolitischen Handelsstadt, in der er fortan gemeinsam mit seinem Bruder die theologische Fakultät besuchte. Die Stadt, berühmt für ihre Messe und als Zentrum des Buchdrucks, eröffnete dem jungen Studenten gewiss neue Perspektiven. Eifrig widmete er sich seinen Studien. Die Atmosphäre an der Fakultät war von innerprotestantischen Auseinandersetzungen geprägt, die bereits seit dem späten 17. Jahrhundert schwelten. Lutherische Orthodoxie, Pietismus und frühaufklärerischer Rationalismus standen einander unversöhnlich gegenüber. Johannes Olearius (1639 – 1713) neigte zum Pietismus spenerscher Prägung, während andere Professoren dieser Strömung äußerst kritisch begegneten. Adam Rechenberg (1649 – 1721) trug dagegen aufklärerische Argumente in die Fakultät hinein. Mit Gottfried Olearius (1672 – 1715) lehrte dort aber auch ein weit gereister Mann, der über ein gut ausgebautes Korrespondenznetz verfügte. Er stand für die historisch-kritische Bibellektüre, was ihm die Gegnerschaft der Wittenberger Orthodoxie einbrachte. Es scheint, dass Hahn sich an Gottfried Olearius orientierte; jedenfalls gehörte dieser der Prüfungskommission an, die ihm nach dreijährigem Studium den Magistergrad verlieh.[66]

Mit dem Magister in der Tasche sah sich der junge Theologe nach einer geeigneten Stelle um. Das war im Deutschland des frühen 18. Jahrhunderts nicht leicht. Am Markt herrschte ein Überangebot an graduierten Theologen, so dass sich viele junge Absolventen jahrelang als Hauslehrer durchschlagen mussten. Hahn jedoch blieb dieses Schicksal erspart. Er passte nicht in die Schablone des brotlosen Theologen. Schon der familiäre Hintergrund hob ihn aus der Masse der Studenten hervor. Jemand, der wie er einen Vater hatte, der mecklenburgischer Hofprediger war, verfügte über relativ gute Startchancen. Es ist allerdings nicht nachweisbar, dass sein Vater die Laufbahn des jüngeren Sohns aktiv förderte.[67]

Wichtiger war, dass Hermann Joachim in Leipzig anscheinend ›Freunde‹ und Gönner fand. Dafür spricht, dass er 1708 Dorothea Sophia Horn heiratete, die Tochter Immanuel Horns, eines Pastors an St. Thomas zu Leipzig.[68] Außerdem fiel seine Art zu predigen dem Dresdner Ratssyndikus zu Leipzig, einem Herrn Gräbe, auf. Und dieser war es dann auch, der Hahn dem Dresdner Magistrat für eine vakante Stelle empfahl.[69] Es handelte sich um die Stelle eines Unter-Diakons an der Kreuzkirche.

Trotzdem war der Ruf auf die freie Stelle keine ausgemachte Sache, sondern ein Produkt verwaltungsinterner Auseinandersetzungen und somit doch recht mühselig. Am 12. Februar 1707 hieß man den jungen Theologen zu einer Gastpredigt nach Dresden kommen als ein Bewerber unter mehreren. Zwischenzeitlich erwog der Rat sogar, die Stelle frei zu halten und die eingesparten Soldgelder dem »Religionamt«[70] zukommen zu lassen – eine Überlegung, die jedoch rasch wieder verworfen wurde, da sie verwaltungstechnisch fragwürdig erschien. Stattdessen beschloss der Magistrat am 17. Februar, Hahn zu einer zweiten Predigt einzuladen, genauer gesagt zu einer Probepredigt, nach welcher man sich für oder gegen den Kandidaten entscheiden wollte. Sie fand schließlich an einem Termin, der nicht überliefert ist, unter großer Anteilnahme der Bevölkerung statt; das Echo war durchaus geteilt. Der Magistrat selbst bezog keine Position, holte aber die Meinung der Viertelsmeister und des Superintendenten ein – ein politisches Ritual, das sich aus der Rollenverteilung zwischen Magistrat und Viertelsmeistern ergab.

Es war der Magistrat, der im frühneuzeitlichen Dresden die Obrigkeit verkörperte – eine städtische Elite, auf deren Zusammensetzung die Bürgerschaft keinen Einfluss hatte.[71] Anciennität und Tradition, nicht die Stimmen der Bürger legitimierten das Gremium. Anders die Viertelsmeister, die von den Bürgern der Dresdner Stadtviertel gewählten wurden und im Laufe der Zeit eine Schlüsselposition zwischen Rat und Bürgerschaft erwarben: Immer, wenn es auf die Meinung der Bürger zu wichtigen städtischen Angelegenheiten ankam, wurden sie vorgeladen und gehört.[72]

Was die Bestallung des neuen Diakons betraf, so besaßen die Viertelsmeister kein eigenes Votum, sondern lediglich das Recht, etwas gegen Hahns »Lehre, Leben und Wandel« vorzubringen. Die Viertelsmeister machten zwar keine derartigen Einwände geltend, ergriffen aber die Gelegenheit beim Schopfe, einige grundlegende Einwände vorzutragen. So kritisierten sie etwa, dass Hahns Predigt »sehr hoch gewesen« sei. Auch hegten sie Vorbehalte, einen Berufsanfänger einzustellen; lieber sähen sie jemanden befördert, der »bereits in ministerio gewesen«. Darüber hinaus beanstandeten sie, dass einmal mehr eine Stelle nicht mit einem Landeskind besetzt werde.[73]

Neben den Viertelsmeistern wurde auch der Superintendent der Kreuzkirche befragt – es handelte sich noch um Löschers Vorgänger im Amte. Dieser merkte an, die Probepredigt sei zu stark durch »flosculis oratoriis«[74], durch Redeschmuck also, geprägt gewesen; solcher ziehe zwar das Publikum stark an, trüge aber wenig zu dessen Erbauung bei. Hahns Qualitäten waren im eigenen konfessionellen Lager also durchaus nicht unumstritten. Dennoch wurde Hahn am 8. März 1707 auf die vakante Stelle berufen.[75]

Als Magister Hahn sein neues Amt antrat, war Dresden eine Stadt im Umbruch; Stadtbild, Bevölkerungsstruktur und die Rolle als sächsisch-polnische Residenzstadt wandelten sich gerade stark. Topographisch gliederte sich die Residenz in zwei Stadthälften, in das rechtselbische Alt-Dresden und das linkselbische Neu-Dresden.[76] Das eigentliche Zentrum der Stadt lag in Neu-Dresden, wo sich die beiden vornehmsten Plätze der Stadt befanden: der Alt- und der Neumarkt. In unmittelbarer Nachbarschaft des Altmarkts lag auch die Kreuzkirche, Hahns neue Wirkungsstätte. Ein Gemälde von Bellotto zeigt hervorragend die räumliche Nähe von Kreuzkirche und Marktplatz, wobei die Rolle des Platzes als städtischer Kommunikationsraum durch Figurengruppen, Wagen und Buden betont wird (Abb. 5). Es handelte sich dabei nicht um

Abbildung 5: Altmarkt mit Kreuzkirche (Ost- und Südseite).
Ölgemälde von B. Bellotto. 1751.

irgendeine Kirche, sondern um die erste Kirche Dresdens, die von Dynastie und Bürgerschaft gleichermaßen zu repräsentativen Zwecken genutzt wurde.

Dresden gehörte zu Beginn des 18. Jahrhunderts zu den größeren Residenzstätten im Alten Reich, in der 1727 rund 46.000 Menschen lebten.[77] Die Mehrheitsbevölkerung hing dem Luthertum an, gleichwohl gab es kalvinische und katholische Minderheiten. 1727 bekannten sich rund acht Prozent der Einwohnerschaft zum katholischen Glauben.[78]

Das Bürgerrecht besaß allerdings nur ein kleiner Teil der Einwohner; um 1700 lebten 1599 sesshafte und 1180 unangesessene Bürger in der Stadt.[79] Sesshafte Bürger verfügten über eigenen Haus- oder Grundbesitz, während die unangesessenen sich lediglich durch selbständige Arbeit ernährten. Das Bürgerrecht war jedoch nicht auf jene beschränkt, die innerhalb der Stadtmauern wohnten; auch die Einwohner der Vorstädte konnten es erwerben.[80] Daneben gab es zwei weitere Gruppen von Einwohnern, die hoch angesehen waren, obwohl sie das Bürgerrecht nicht besaßen: die Angehörigen des Hofes und die akademisch gebildeten Bürgerlichen. Zu dieser ›bildungsbürgerlichen‹ Schicht muss auch der Diakon Hahn gerechnet werden. Die Mehrheit der Einwohner stand dagegen in abhängigen Arbeitsverhältnissen, wurde von Handels- und Handwerksgesellen sowie von Mägden und anderen Bediensteten gebildet.

Wie schon in Leipzig sah sich Hahn auch in der kursächsischen Residenzstadt wieder mit der Frage nach dem rechten Glauben konfrontiert. Diesmal waren es jedoch nicht innerprotestantische Auseinandersetzungen, sondern solche zwischen Lutheranern und Katholiken, die die Gemüter erregten. Wie bereits eingangs beschrieben, tobte in der Stadt ein heftiger Kampf der Geistlichkeit um die Seelen der Gemeinde. Entgegen landesherrlichen Befehlen wetterten die Prediger beider Konfessionen auf den Kanzeln heftig gegen ihre Glaubensfeinde und versuchten, die öffentliche Meinung auf ihre Seite zu ziehen. Während die katholische Hofkirche im ehemaligen Klengelschen Opernhaus im Zentrum der katholischen Aktivitäten stand, war die Kreuzkirche das wichtigste Forum für die Lutheraner mit dem Superintendenten Valentin Ernst Löscher als prominentem Aushängeschild. Da war es nur konsequent, dass auch der neue Diakon Partei ergriff und mit vollem Eifer bei der Sache war. Sein rhetorisches Talent, das bei seiner Einstellung noch kritisch betrachtet wurde, kam ihm nun zugute. Rasch gewann der gewandte Redner an Ansehen, wurde ein beliebtes Mitglied des städtischen Klerus.

Auch im Ringen um die Seelen seiner Herde blieb er nicht untätig. Wie eine Urkunde aus dem Jahre 1709 beweist, gelang es ihm, zugewanderte Katholiken zur Konversion zu bewegen.[81] Über ein Jahrzehnt später war Hahn dann in einen ziemlich spektakulären Konversionsfall verwickelt. 1722 ließ der Dresdner Buchhändler Robring[82], der kein landesherrliches Privileg zur Ausübung seines Gewerbes besaß und sich daher ohnehin am Rande der Legalität bewegte, durch den Buchdrucker Ludewig in Pirna eine Druckschrift mit dem Titel *Gespräche im Reiche der Lebendigen zwischen einem Evangelischen und Papistischen Geistlichen bey Gelegenheit eines von einer hohen Dame in einer vornehmen Stadt erfolgten Abfalls* in einer Auflage von 500 Exemplaren drucken. Man versäumte allerdings, das Placet der Zensur einzuholen. So begann der Fall die Dresdner Obrigkeiten zu beschäftigen. Der Drucker entschuldigte sich damit, dass der Zensor wegen einer Erkrankung nicht zur Verfügung gestanden habe.[83] Er persönlich habe auch keine Bedenken hinsichtlich der Veröffentlichung gehegt, da das Manuskript weder gegen Gott noch gegen den König gerichtet gewesen sei.[84] Der Magistrat hielt das Traktat jedoch für alles andere als harmlos und versuchte deshalb, die gesamte Auflage zu beschlagnahmen. Er scheiterte jedoch, da sie schon ausgeliefert war.

Als Autor des Manuskripts benannten Robring und Ludewig wiederholt den Diakon. Dieser, einmal vorgeladen, bekannte zwar, das Manuskript verfasst zu haben, wollte aber mit dem Druck selbst nichts zu schaffen haben. Dennoch begründete die Schrift, als dessen Verfasser er mehr und mehr galt[85], seinen Ruf als Kämpfer für die evangelische Sache.

Die Nachforschungen des Magistrats zeigen, dass sich die Obrigkeiten der Brisanz der interkonfessionellen Spannungen in Dresden durchaus bewusst waren. Antikatholische Druckschriften waren in diesen Jahren durchaus ein Politikum. Und die Situation spitzte sich in den folgenden Jahren weiter zu.

1723 vermerkte ein amtliches Schriftstück mit Blick auf Dresden, dass dort »alles auf eine Revolution konspirire«.[86] In dem konfessionellen Drama, das die Vertreter beider Kirchen auf ihren Kanzeln inszenierten, spielte Hahn seine Rolle durchaus selbstbewusst. Nicht zuletzt durch die Schrift, als deren Autor er galt, kann er wohl als besonders exponierter Vertreter des kämpferischen Luthertums in Dresden betrachtet werden.

Ein zweites Leben

Trotzdem ist es eigentlich erst der Mord, der Hahns Nachruhm begründet, ihn über Nacht zu einer Art Medienstar macht. Gleich nach seinem Dahinscheiden erscheinen mehrere Porträtkupferstiche (Abb. 6), die Hahn als Diakon und Prediger darstellen, darunter auch einer des Dresdner Kupferstechers C.A. Wortmann (1680 – 1760) (Abb. 7). Er zeigt den Mann mit Perücke und Amtsrobe bekleidet in einem ovalen Medaillon mit Umschrift und einem vermutlich fiktiven Familienwappen, wie er auf ein aufgeschlagenes Buch deutet. Das Wappen zeigt einen Hahn als Wappenbild und einen Apostel mit Schlüssel als Helmzier. Buch und Schlüssel sind in der christlichen Ikonografie die Attribute des Petrus, wodurch die Person Hahns in heilsgeschichtliche Zusammenhänge eingeordnet wird. Zugleich blicken dem Dargestellten Leutseligkeit und Gutmütigkeit aus den Augen, oder, wie es ein Spruch auf einem unterhalb des Ovals befindlichen Sockel formuliert:

> *Gutthat und Freundligkeit, Huld und liebreiches Wesen*
> *kann iedermann gar leicht aus Hahnens Augen lesen.*

Es sind diese beiden Charakterzüge, die auch die Textquellen Mal für Mal beschwören und der ›Boshaftigkeit‹ des Mörders kontrastiv gegenüberstellen. Freilich vertragen sich diese als individuell dargestellten Wesensmerkmale aufs Beste mit den christlichen Werten ›Barmherzigkeit‹ und ›Nächstenliebe‹, zu denen der Diakon schon qua Profession verpflichtet ist. So hebt die Publizistik hervor, Hahn habe seinen späteren Mörder nicht nur gekannt und religiös angeleitet, sondern auch durch milde Gaben unterstützt.[87]

Ein weiterer Charakterzug, auf den das Porträt hinweist, ist das Gottvertrauen des Diakons; so deutet Hahn auf ein aufgeschlagenes Buch, worin die Worte »Herr Jesu Hilff« zu lesen sind. Diese Worte spielen bei der Trauer um den Dahingeschiedenen eine zentrale Rolle, denn sie sind das ›Symbolum‹, der Wahlspruch des Opfers. Der Verfasser eines Pamphlets berichtet, Hahn habe, als ihm der erste Stich ›beigebracht‹ wurde, ausgerufen: »›O! Jesu wie

Abbildung 6: Hermann Joachim Hahn. Anonymer Kupferstich. 1726.

Abbildung 7: Hermann Joachim Hahn. Kupferstich von C. A. Wortmann. 1726

geschicht mir!‹ Bey dem andern [Stich]: ›O! Jesu hilff mir.‹«[88] Auf diese Anekdote verweist auch Wortmanns Stich, der in der Bildunterschrift reimt:

> *der fromme Geist lebt nun in Salems Freuden Pforten*
> *die Gaben siehstu noch in seinen letzten Worten.*

Die Worte »O Jesu hilff mir« tauchen auch auf einem Kupferstich auf, der den Moment der Ermordung zeigt (Abb. 10), sowie auf jener Abbildung, die seinen aufgebahrten Körper darstellt (Abb. 4). Ein gewisser Krug dichtete ein Lied *HErr JEsu Hilff*, das anlässlich der Exequien in der Kirche verteilt und auf die Melodie des Kirchenliedes *Es ist genug, so nimm Herr* gesungen wurde und bald auch in gedruckter Form kursierte.[89] Auf diese Weise wurde der Schmerz um den Ermordeten rasch ein kollektiver.

Die Apotheose Hahns wurde keinesfalls nur von Grafiken, sondern auch von den Flugdrucken, die nach dem Mord kursierten, betrieben. Sie erzählen Hahns Leben bald als Vita eines Märtyrers, der im Kampf gegen den fremden römischen Unglauben sein Leben lassen musste. Während der Mörder seiner Konversion zum Trotz ohne weitere Erörterung zum Katholiken erklärt und als ›Unmensch‹, ›Bestie‹, ›Teufel‹ oder ›Barbar‹ gebrandmarkt wird, avanciert sein Opfer zu einem »Exemplarischen Priester, Versorger und Gutthäter vieler Armen«, der seiner Gemeinde immer aufs Neue »Eckel und Abscheu« gegenüber der katholischen Kirche eingeimpft habe. Er selbst, so die Publizistik, musste unter den Katholiken »um der Wahrheit willen [...] theils heimlich, theils öffentlich« unsägliche Qualen dulden. Auch gibt es wundersame Episoden aus seinem Leben zu berichten. In seiner Jugend ertrank er einmal beinahe, ein anderes Mal entging er um Haaresbreite den malmenden Rädern eines Wagens. Beide Male wurde er auf wunderliche Weise gerettet. Als Student wurde Hahn wochenlang »von einem Atheistischen Geiste, oder besser zureden, atheistischen Gedancken« geplagt – eine »göttliche und wohlgemeinte Versuchung oder Glaubens-Probe«, die er freilich mit Bravour bestand.[90]

Ein weiteres wesentliches Element dieser Legendenbildung war ein Gespräch, das Laubler und Hahn während der Tat angeblich miteinander führten. Autoptus Geamoenus gab es folgendermaßen wieder:

> *Darauf thut der Mörder an dem Seligen diese Frage? Ob er den Spruch Christi wüste: Ein guter Hirte lässet sein Leben für die Schaafe? Der Selige antwortet hierauf: Ach ja. Mörder fragt weiter, ob auch Er ein guter Hirte sey? Der Selige sagt, das hoffe ich. Laubler fähret fort, und spricht: Ob denn auch wohl er sein Leben vor seine Schaafe lassen wolte? Der Selige antwortet, warum das nicht? Wenn es meines Gottes gnädiger Wille also, und meinen anvertrauten Seelen-Schäfgen dadurch ein geistlicher Seelen-Nutzen könte zuwachsen. Endlich fängt Mörder*

Abbildung 8: Hermann Joachim Hahn. Silbermedaille von Christian Wermuth anlässlich seines Todes. Fassung A. 1726

unverschämt an, er sey derjenige von Gott gesandt, der ihm anitzo sogleich das Leben nehmen solte.[91]

Dieses Zwiegespräch erinnert an einen Syllogismus. Wie in einem philosophischen Lehrgespräch stellt Laubler seine Fragen mit der Rechtfertigung des Mordes als blutiger Pointe. Aber nicht nur die verdrehte Logik und der kalte Zynismus des Mörders sind Gegenstand des Gesprächs, sondern auch Hahns Aufrichtigkeit. Als Mann Gottes denkt er bis zuletzt an das Wohl seiner Gemeinde, ja, er scheut nicht einmal, für sie in den Tod zu gehen. Er fügt sich Gottes Willen bedingungslos. Wen stört es da, dass diese Anekdote weder in den Aussagen Laublers noch in denen der Zeugen am Tatort vorkommt?

Während dem neuen Lokalmärtyrer eine eigene Vita auf den Leib geschneidert wird, erscheinen auch Bilder und andere materielle Zeugnisse, welche zur Vergegenwärtigung des Geschehenen dienen. So schlägt etwa der Medailleur Christian Wermuth in Erinnerung an den Verblichenen zwei Medaillen, und zwar in unterschiedlichen Ausführungen für Arm und Reich (Abb. 8 und 9). Wohlbetuchte Dresdner können für zwei Reichstaler eine kostbare Silberprägung erwerben, während für den ›gemeinen Mann‹ eine Zinnprägung zu acht Groschen feilgeboten wird.[92] Nirgends aber wird die Deutung Hahns als Märtyrer so augenfällig gemacht wie in jenem Kupferstich, der die Ermordungsszene selbst inszeniert (Abb. 10): Auf einem Treppenabsatz erkennen wir Laubler, das Messer gezückt, in einer seltsam Pose erstarrend, und links neben ihm Hahn, der bereits vier Wunden empfangen hat, aus denen das Blut in hohem Bogen herausspritzt – eine Darstellungsart, die ikonographisch an die Reinigung der Seelen durch das Blut Christi anknüpft (Abb. 12). Laubler richtet an sein Opfer die Worte: »Du Seelen verführer must jetzo sterben« –

Abbildung 9: Hermann Joachim Hahn. Silbermedaille von Christian Wermuth anlässlich seines Todes. Fassung B. 1726. Hier nach der Zeichnung in Conradi 1797.

die sich so ähnlich übrigens auch in Laublers Aussage vor dem Stadtgericht finden – während sich der Diakon mit seinem Wahlspruch an Gott wendet. Damit der Betrachter nicht gleich auf Rache sinnt, belehrt ihn eine Bildunterschrift:

Nun laßet Abels Blut, auf Trockne Erde spritzen
Ihr Feinde freuet euch, doch mercket auch darbey
Gott wird in Seinem Zorn mit Donner auf euch Blitzen
Zum Zeichen, daß er selbst des Blutes Rächer sey.

Das Auffällige an dem Bild ist jedoch Hahns Körperhaltung, der etwas Künstliches anhaftet. Man könnte seine Haltung als tänzerisch bezeichnen, der Gesichtsausdruck ist durchaus froh, der rechte Arm zum Himmel, der linke zur Erde gerichtet; die Füße vollführen einen eleganten Schritt. Es ist die Pose dessen, der den Opfertod stirbt, wie sie auch von Märtyrerbildern in der Nachfolge des Tridentiner Simonskultes bekannt ist (Abb.11).[93] Zugleich ist es der ›schöne Tod‹ des lutherischen Blutzeugen, der bei seiner Passion Trost spendet, lacht, singt, betet und das Glaubensbekenntnis, Psalmen oder den Namen des Herren herausschreit.[94] Schon streift göttliches Licht das Opfer, während sich über dem Haupt des Täters die in der Bildunterschrift erwähnten Wolken zusammenbrauen – ebenfalls ein in vergleichbaren Darstellungen bewährtes Motiv (Abb. 13). Hahns Tod wird so in eine Meditation um Leben und Tod, um Erlösung und Verdammnis eingebettet.

Zugleich scheint Hahns Körperhaltung aber auch bestens geeignet, die Stichwunden voll zur Geltung zu bringen. Um diese Stichwunden macht die Publizistik übrigens großes Aufheben. Es dauert nicht lange, da deutet man sie

Abbildung 10: Ermordung Hermann Joachim Hahns durch Franz Laubler.
Anonymer Kupferstich. 1726.

Abbildung 11: Ritualmord an sechs Knaben aus Regensburg. Kupferstich von Raphael Sadeler dem Jüngeren. 1704.

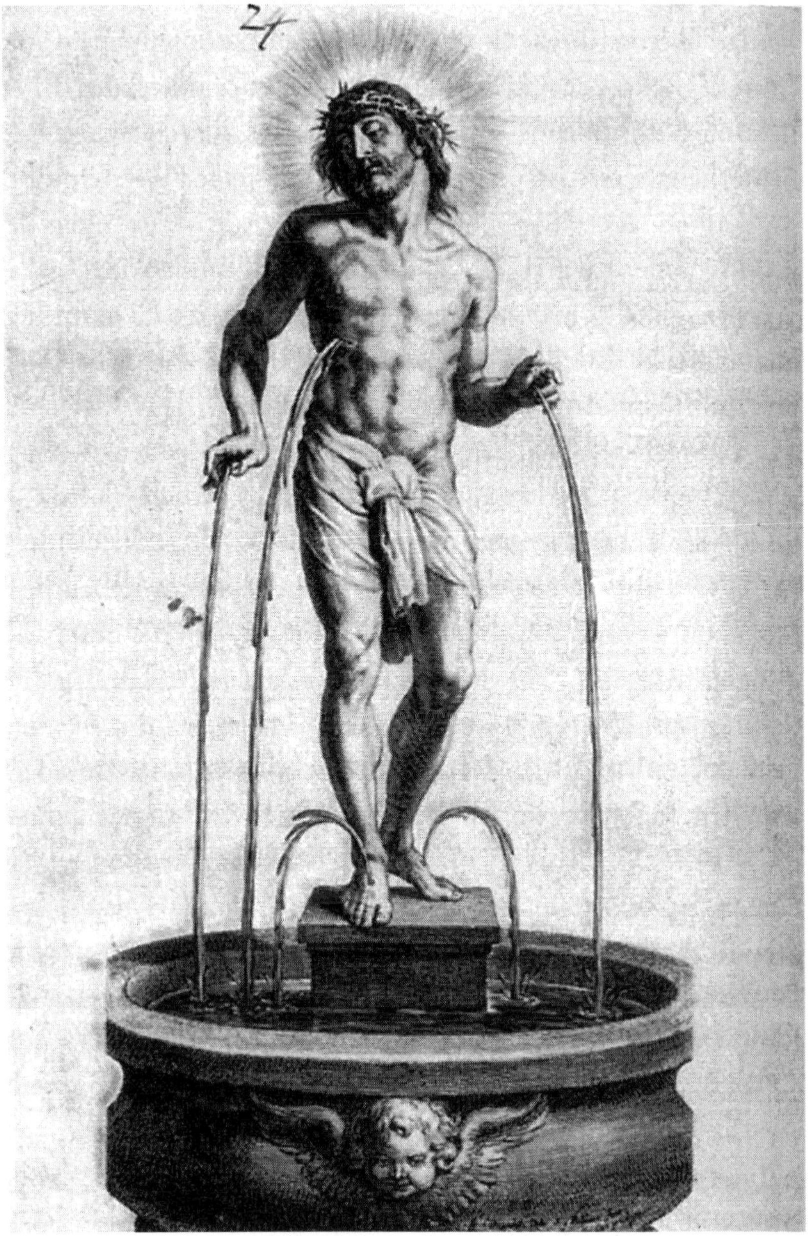

Abbildung 12: Der Lebensbrunnen. Kupferstich von Schelte van Bolswerth nach Abraham van Diepenbeck. 17. Jahrhundert.

Abbildung 13: Die Magdeburgische Dame. Anonymer Flugdruck. Nach 1631.

als Stigmata, als Vergegenwärtigung der Wunden Christi. Ihre genaue Anzahl wird daher zu einer Frage, die brennend interessiert. ICCander alias Johann Christian Crell etwa teilt seinen Lesern erleichtert mit, dass Hahn nicht, wie anfangs angenommen, sechs, sondern »nur 5 Stiche und also die Mahl-Zeichen Christi, wie Galater VI, 17 Paulus sich gerühmet, an seinem Leibe getragen«.[95]

So ist das Blatt über die Ermordung Hahns letztlich ein evangelisches Märtyrerbild, das die Emotionen, welche die Tat freigesetzt hat, von tätlicher Gewalt zu meditativer Andacht umlenken soll. Wie die nach dem Mord erschienene Publizistik insgesamt, wiegelt es nicht auf, sondern tröstet und beschwichtigt. Ist Trost nicht besser als Wut? Erwachsen aus Trost nicht erbauliche Kräfte? Lutherische Theologen der Zeit pflegen diese Frage zu bejahen. Wie der Historiker Peter Burschel treffend bemerkt, ist es in ihren Augen der Trost, »der die Angst nimmt, der bekehrt und bessert, der zur reinen Lehre führt« und damit auch »das aktive und öffentliche Bekenntnis zur evangelischen Wahrheit«[96] ermöglicht.

Der Kupferstich mit der Mordszene soll also dazu beitragen, die Dresdner Lutheraner gegen die Anfechtungen des Katholizismus zu immunisieren. Die dezidiert lutherische Einstellung der Stadt drückt sich sinnfällig in der oft wiederholten Metapher von der Residenzstadt als sächsisches Zion aus.[97] Die Mehrheitsbevölkerung ist in der konfessionell geprägten Gemeinschaft tief verwurzelt. Der kollektive Schmerz lässt, wie man festgestellt hat, »aus Glaubensgemeinschaften Bekenntnisgemeinschaften und aus Bekenntnisgemeinschaften Bekenntniskulturen werden«.[98] Dies funktioniert am Beginn des 18. Jahrhunderts noch genauso gut wie einhundert Jahre zuvor, denn die ›Bekenntniskultur‹ bedarf ständiger Einübung, Bestätigung und Erneuerung. So wird die aktuelle Lage genutzt, um die lutherischen Bewohner der Stadt als Teil einer ›vorgestellten Gemeinschaft‹[99] darzustellen – eine Strategie, die ihre Spitze auch gegen die zum Katholizismus übergetretene Dynastie richtet.[100] So dichtet noch Picander alias Christian Friedrich Henrici am Ende seiner Versdichtung über den Mord und die Ausschreitungen:

Erhalt uns, Herr, dein Wort, verstosse doch das Licht,
Das du uns aufgesteckt, von seinem Leuchter nicht!
Laß die Gerechtigkeit in unserm Lande wachsen,
Laß Fried und Ruhe blühn, erhalt dein theures Sachsen,
Gieb Dem, Den du gesalbt, ein Leben voller Ruh,
Und deck Ihn und Sein Hauß mit deiner Allmacht zu!
[...]
Wir wollen unsre Hand in deine Wunden tauchen,
und dein vergoßnes Blut zu einem Beyspiel brauchen,

Daß unser Hertz an Gott und seinem Worte treu,
Ja! Unser Blut davor uns nicht zu kostbar sey.
So komm, und bethe dann, du jammernde Gemeinde:
Der Höchste sey mit uns, und wider unsre Feinde!
Er schenck uns nach dem Kelch den Freuden-Becher ein,
So wird sein Israel, und Jacob frölich seyn![101]

2. Franz Laubler – Konvertit und Mörder

Das abenteuerliche Leben des Franz Laubler

Als Laubler vom Tatort flüchtet, befürchtet er, dass »die rechte Beschaffenheit und Ursach seiner That nicht bekandt«[102] würde, sollte er der Menge in die Hände fallen. Daher ist es nur konsequent, dass er sich der Leibwache stellt, um seine Geschichte zu Protokoll zu geben.

Laubler wurde 1689 oder 1690 in Oberhausen bei Augsburg geboren. Das Dorf hatte sich bis 1602 im Besitz der Bischöfe von Augsburg befunden, bis größere Teile davon im Zuge eines Gütertausches zwischen dem Domkapitel und Bischof Heinrich von Knöringen sowie der Reichsstadt Augsburg am 28. Juni 1602 in den Besitz der Stadt Augsburg übergingen. Der Augsburger Magistrat setzte für Oberhausen zwei Oberpfleger ein.[103]

Ein Kupferstich, der im Zusammenhang mit der Dresdner Affäre erschien, zeigt die flache Silhouette des Ortes: Ein- und zweistöckige Häuser liegen in einer ebenen Landschaft, überragt nur vom Zwiebelturm der kleinen Kirche (Abb. 14). Die Lage des Elternhauses am Ortseingang ist sogar mit einem Zeichen (♂) markiert (Abb. 15). Sechs Brüder und zwei Schwestern gehörten zur Familie. Laublers Vater verdiente seinen Lebensunterhalt als Fleischermeister. Vier der Brüder wurden ebenfalls Fleischer, einer erlernte das Handwerk des Sattlers.

Das Elternhaus war fest im Katholizismus verankert. Deshalb wünschte der Vater sich, der Sohn möge genug lernen, um »bey der messe mit ministrieren« zu können. Auch »den Glauben und den Gruß Mariä« sollte er lernen. Ansonsten blieb Laublers Schulbildung wohl äußerst rudimentär. Er gab an, sein Vater habe ihm freigestellt, eine Schule zu besuchen, er sei »aber hinter die Schule gegangen«, was heißen mag, dass er sich vor dem Schulbesuch gedrückt habe. Einige Winter lang besuchte er jedoch die St. Martins-Schule in Augsburg. Winterschulen waren besonders im ländlichen Milieu verbreitet, da man die Kinder nach der Ernte im Herbst nicht mehr so dringend als Ar-

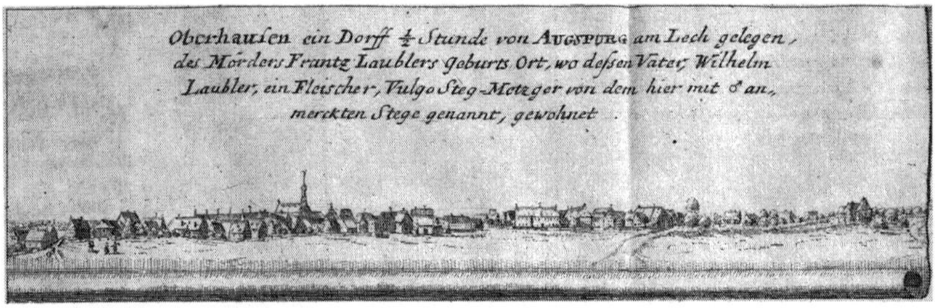

Abbildung 14: Oberhausen bei Augsburg. Anonymer Kupferstich (Ausschnitt). 1726.

beitskräfte benötigte. Laublers Schreib- und Lesekünste blieben aber recht begrenzt; in einem der Verhöre sagte er aus, er könne »mit genauer Noth ein wenig Schreiben« und »gedrucktes langsam lesen«.[104]

Dennoch lädt die Umwelt, in der Laubler aufwuchs, zu Spekulationen ein. Augsburg gehörte damals zu den wenigen bikonfessionellen Reichsstädten, in denen Katholiken und Lutheraner paritätisch zusammenlebten, während es in Oberhausen selbst zumindest eine kleine lutherische Minderheit gab. Das Verhältnis der beiden Konfessionen in der Reichsstadt charakterisiert der Historiker Etienne François mit einem Wort Willy Brandts als »Miteinander trotz und in der Trennung«. Die städtischen Lebenswelten wiesen demnach »sowohl Praktiken der Abgrenzung und Unterscheidung wie der Toleranz und Osmose auf«. Während es Bereiche der gesellschaftlichen Wirklichkeit gab, die sich der Konfessionalisierung komplett entzogen, blieb die Familie in konfessioneller Hinsicht völlig homogen; gerade Konversionen und bikonfessionelle Ehen wurden daher tabuiert. Begann gerade in dieser Stadt, die sich gleichzeitig durch besonders stark determinierte konfessionelle Identitäten und die ständige Konfrontation mit der Glaubensalternative auszeichnete, Laublers lebenslange Suche nach dem richtigen Glauben?[105]

Wie dem auch sei, Laublers Leben verlief zunächst in vorgezeichneten Bahnen; wie seine Brüder trat er in die Fußstapfen seines Vaters und lernte das Fleischerhandwerk. Anschließend zog er durch die Lande, bis sich seine Finanzen nach einem halben Jahr erschöpft hatten – er hatte von zu Hause etwas Geld mitbekommen – und sich seine Aussichten verdüsterten. Laubler begab sich nach Wien und versuchte sich als Bettler. 13 Kreuzer nahm er ein, bevor ihn die Rumorwache aufgriff und in den Militärdienst zwang.[106]

Das Österreich jener Jahre sah sich gleichzeitig mit dem Spanischen Erbfolgekrieg (1701 – 1714) und dem von Fürst Franz II. Rákóczi geführten Aufstand in Ungarn (1703 – 1711) konfrontiert. Franz Laubler war 18 Jahre alt,

Abbildung 15: Geburtshaus Laublers. Anonymer Kupferstich (Ausschnitt). 1726.

als er um das Jahr 1708 zu den kaiserlichen Truppen kam und als Musketier nach Ungarn geschickt wurde. Zwei Jahre lang, bis 1710 also, diente er im Löffelholzischen Regiment, mit dem er in Tokaj stationiert war.[107] Dann desertierte er, stand jedoch schon nach kurzer Zeit wieder im Militärdienst. Diesmal war es das Regiment des Herzogs von Croÿ, dem er dann ungefähr neun Jahre lang als berittener Soldat dienen und mit dem er auch an Kampfhandlungen teilnehmen sollte.[108] Schließlich desertierte er ein weiteres Mal, fand sich jedoch schon bald in einem Dragonerregiment wieder, in dem es ihn nur eine gute Woche hielt. Sobald er erfuhr, dass ihm Häscher seines ehemaligen Dienstherrn nachstellten, zog er es vor, einmal mehr das Weite zu suchen.[109]

Drückende Dienste und strenge Disziplin stellten wohl neben drohenden Kriegsgefahren gängige Motive dar, welche Soldaten während der frühen Neuzeit immer wieder das Risiko der Fahnenflucht auf sich nehmen ließen.[110] Laublers individuelle Motive bleiben freilich im Dunkeln. Zwar versuchten die Stadtrichter ihnen auf den Grund zu gehen, doch Laubler verweigerte hartnäckig jede diesbezügliche Auskunft. Entsprechenden Fragen begegnete er stets ausweichend: »Wer einmahl desertiret, müste offters desertiren, wer einmahl lüge, müste immer lügen, biß er den himmlischen Pardon in dem heiligen Sacrament des Altars wieder kriegt«.[111]

Um das Jahr 1719 kehrte Laubler nach Wien zurück, wo er anfangs bei dem Jesuiten Ziegelofen als Tagelöhner sein Auskommen fand. Auf der gesellschaftlichen Leiter stand er nun ganz weit unten. Nach einiger Zeit verdingte er sich dann – immer noch in der Donaumetropole – als Sänftenträger bei Antonio Folch de Cardona, dem exilierten Erzbischof von Valencia. In Wien galt dieser als Haupt der spanischen Partei und bekleidete als Präsident des für die Verwaltung Neapels, Mailands und Sardiniens zuständigen *Consejo de España* ein wichtiges kaiserliches Amt. Nach der Schlacht von Saragossa (1710) hatte er sich Kaiser Karl VI. angeschlossen und war diesem in die österreichische Hauptstadt gefolgt. Vor den Toren Wiens baute er sich schließlich sogar ein Gartenpalais. Er liebte Bücher und gilt bis heute als einer der großen Bibliophilen des Wiener 18. Jahrhunderts.[112]

Aus den Aussagen geht hervor, dass dieser zweite Aufenthalt in Wien einen Wendepunkt in Laublers Leben markierte. Als Laubler in Wien eintraf, gestand er sich wohl ein, dass er bisher nicht gerade einem vorbildlichen Lebenswandel gefolgt war. Er hatte sich auf die Walz begeben, ohne in seinem Handwerk Fuß zu fassen. Er hatte gebettelt, war Soldat gewesen und mehrfach desertiert. Desertieren bedeutete, den Fahneneid zu brechen, und es ist gut möglich, dass ihm dieser Normverstoß schwer zu schaffen machte. So nimmt es nicht Wunder, dass er noch vor dem Stadtgericht angab, »in seiner Jugend ein großer Sünder gewesen« zu sein.[113]

Bei dem neuen Dienstherrn besann sich Laubler aber schließlich eines Besseren. Als der Erzbischof von Valencia ihm eines Tages persönlich das Abendmahl reichte, erlebte der Soldat etwas Ungewöhnliches: Die Hostie blieb ihm im Halse stecken. Gegenüber den Stadtrichtern sagte er aus, »er hätte von 6 Jahren her die Hostie noch in der Kehle, die er noch, wie er bey dem Erzbischoff zu Valenzia als Heyducke in Diensten gewesen, empfangen und damals hätte er sich bekehret«.[114] Aus diesem Grunde empfand er auch später keine Notwendigkeit mehr, am Abendmahl teilzunehmen; als er bei seiner Verhaftung gefragt wurde, ob er am Abendmahl teilnehme, antwortete er, »er wäre in 6 Jahren nicht gewesen und wenn sie ihm den Kopf würden abschlagen, würden sie die hostie noch im Halße finden«.[115] Gegenüber einem Kameraden erzählte Laubler noch eine zweite Version der Bekehrungsepisode. Danach reichte ihm nicht der Erzbischof von Valencia, sondern ein Engel die Hostie: »Das [Abendmahl] hat mir ein Engel vor 6 Jahren aufm Pferde gegeben [...] und dieses wird nun lebendig in mir«.[116] Durch diese Gabe fühlte sich Laubler ein für alle Mal gerechtfertigt. Nach einer Entlassungsurkunde befragt, gestand er etwa freimütig ein, kein solches Dokument zu besitzen,

> *weil er desertirt wäre, jedoch wäre Jesus von Nazareth, ein König der Juden, welchen er im heiligen Abendmahl genossen und noch bey sich in der Seele habe, sein ewiger Abschied, der im Himmel gelten würde, welches heilige Abendmahl er durch die Vorbitte der Heiligen Jungfrau Maria erbethen, sie auch solches ihm als einen bußfertigen Menschen freywillig vergönnet.*[117]

Durch das Bekehrungserlebnis, so Laubler, sei er »in seinem Herzen sehr geistlich und tieffsinnig«[118] geworden.

Kurz nach seinem Bekehrungserlebnis steckte Laubler aber schon in der nächsten religiösen Krise. Eingedenk seiner mannigfachen Sünden, beschloss er, eine Generalbeichte – eine Beichte über sein bisheriges Leben – abzulegen. Das sollte ihm aber schlecht bekommen. Seine späteren Aussagen zeigen einen Gläubigen, der seine bisherigen Sünden durch übersteigerte Frömmigkeit gewissermaßen überkompensierte. Ständig verspürte er das Bedürfnis zu beten, ohne recht zu wissen »was er bethen sollen«; darüber, so Laubler im Verhör, sei er schließlich sogar »närrisch worden«.[119] Nicht länger mehr vermochte er den internalisierten Normen der katholischen Glaubenspraxis zu entsprechen.

Auch die Umwelt nahm Laublers Zustand anscheinend mehr und mehr als krankhaft wahr. Hinsichtlich der genauen Symptome tappen wir freilich im Dunkeln. Sie offenbarten sich aber so deutlich, dass der Unglückliche vorübergehend aus dem Verkehr gezogen wurde; die Rumorwache griff Franz Laubler um 1720 auf und verfrachtete ihn kurzerhand in das Bürgerspital zu St. Marx, das schon im ersten Drittel des 17. Jahrhunderts einen Trakt für geistig verwirrte Personen erhalten hatte. Vier Wochen sollte es dauern, bis der Eingewiesene wieder zur Besinnung kam. Danach nahm sein Lebensweg abermals eine neue Wendung.

Nach seiner Entlassung quittierte Laubler seinen Dienst beim Erzbischof und strebte neuen Ufern entgegen. Rund zwölf Monate waren seit seiner Bestallung vergangen, beinahe ein ganzes Jahr. Statt sich weiterhin in Wien mit der Glaubensausübung zu quälen, ergriff Laubler nun den Pilgerstab und zog gen Rom. Ob er damit einer eigenen Eingebung folgte oder einer Anregung des Erzbischofs, der auf diese Weise die religiösen Energien seines ehemaligen Bediensteten zu kanalisieren suchte, muss freilich offen bleiben. Auf jeden Fall stattete Folch de Cardona ihn mit einem Passport aus, der ihm die Reise zum Papst ermöglichte. Vor Laubler lag ein langer, mühsamer Weg.

Die Reise nach Italien ist ein weiterer Lebensabschnitt, über den wir nur wenig wissen. Die Route war beschwerlich, führte auf holprigen Straßen am wahrscheinlichsten über Salzburg und Tirol sowie über die lombardischen Städte nach Süden. Gefährlich war vor allem die Überquerung der Alpen, die man üblicherweise auf dem Rücken eines trittsicheren Maultiers passierte. Ansonsten bewegte er sich wohl auf Schusters Rappen fort, dem Fortbewegungsmittel des ›gemeinen Mannes‹. Vielleicht nahm ihn auch ab und an ein Karren oder Fuhrwerk mit. Für die Nutzung der bequemeren Postverbindungen fehlte ihm jedoch vermutlich das Geld. Eigenen Aussagen zufolge gelangte er aber schließlich glücklich nach Rom.[120]

Das Rom, das Laubler kennen lernte, war wohl das Rom Papst Clemens' XI. Absolvierte Franz das typische Pflichtprogramm für Rompilger? Wir wissen es nicht. Die Akten des Stadtgerichts überliefern keine Details über seinen Aufenthalt am Tiber. Nur dass er den Papst sah, wird gebührend vermerkt. Auch wie lange Franz Laubler in der Ewigen Stadt weilte, entzieht sich unserer Kenntnis. Schließlich reiste er zurück nach Norden, brach seine Fahrt aber in Florenz ab und trat als Musketier in die Dienste von Großherzog Cosimo III. de' Medici ein. Zwei Jahre lang hielt er es bei seinem neuen Dienstherrn aus, dann desertierte Franz erneut, da ihn die Geistlichen zum Beichten anhielten. Den Sakramenten, besonders Abendmahl und Beichte, entzog er sich weiterhin. Solange er unterwegs war, gelang dies recht gut, aber sobald er sesshaft werden wollte, lebten die alten Konflikte und Vorbehalte wieder auf.

Während seiner Soldatenjahre hatte Franz Laubler neues Wissen erworben, das er zur Bewältigung des Alltags benötigte. Besonders hatte er sich im Laufe der Zeit recht umfangreiche Sprachkenntnisse angeeignet: Einer seiner Kameraden bei der Leibgarde sagte aus, er habe gut Italienisch und Ungarisch gesprochen[121]; ein anderer Trabant meinte, »die Italiänische Sprache habe er perfect gesprochen wie auch etwas Latein«.[122] Auch im Schreiben hatte er sich weiter geübt, schrieb gelegentlich sogar etwas für Kameraden nieder, allerdings nicht besonders flüssig; bei längeren Texten blieb er auf die Hilfe anderer angewiesen.[123] Gesprochene Fremdsprachen gehörten zum »Alltagswelt-Wissen«[124], das der Soldat Franz Laubler benötigte, Schriftlichkeit dagegen nur in einem äußerst geringen Grade.

Im Oktober oder November 1722 gelangte Laubler schließlich nach Dresden. Sein neues Domizil, die Stadt an der Elbe, hatte er offenbar mit Bedacht gewählt. Die Nachricht, dass in Dresden Katholiken geduldet wurden, hatte die Runde gemacht und auch die Neugier des heimatlosen Soldaten geweckt. Vor dem Stadtgericht sagte er aus, er habe »ausserhalb dieser lande specifice beichten mussen, hier aber nicht«; außerdem habe er sich »aus Noth ins lutherische retiriren müssen, weil das kleinod, so bey ihm war, ihm schrecklich gewesen und fort getrieben«. Seine heterodoxen Ansichten, symbolisiert durch das ›Kleinod‹ beziehungsweise »die heilige Hostie«[125], machten ihm das Leben in katholischen Gegenden unmöglich. Mit der Ankunft in Dresden schloss sich der Kreis. Laubler lebte nun in einer Stadt, in der konfessionelle Spannungen an der Tagesordnung waren, da sich die lutherischen Bürger und die vom Hof protegierten Katholiken unversöhnlich gegenüberstanden. Dass Laublers instabile konfessionelle Identität hier erneut ins Wanken geraten würde, war eigentlich geradezu vorprogrammiert.

Ein reitender Trabant als Konvertit

In Dresden angekommen, bezog Laubler zunächst eine Schenke, die ein Wirt namens Winckler in der Schreibergasse unterhielt. In der Hosentasche führte er Ersparnisse in Höhe eines Speciestalers mit sich; mit ihnen hielt er sich zunächst über Wasser. In dieser Zeit lernte er auch den Kreuzkirchendiakon Hermann Joachim Hahn kennen, der in ihm Konversionsbereitschaft witterte. Noch in der Anfangszeit treffen wir Laubler aber auch in »Wilßdorff« an, womit nur die Wilsdruffer Vorstadt oder Wilschdorf bei Dresden gemeint sein kann, und zwar um sich »in der Evangelischen Religion informieren zu lassen«.[126] Laublers Glaubensübertritt hatte also mehrere Väter.

Eine ganz andere Frage ist aber, weshalb der Soldat sich schließlich zur Konversion durchrang. Übertritte von einer christlichen Konfession in eine andere kamen in der frühen Neuzeit in allen Ständen immer wieder vor, wenngleich die Meinungen darüber, wie alltäglich sie waren, in der Forschung auseinandergehen.[127] Gemäß den Regelungen des Westfälischen Friedens stand es zwar jedermann rechtlich frei, eine andere Konfession anzunehmen, weite Teile der Bevölkerung folgte aber dennoch dem Spruch: »Man soll in jenem Glauben leben und sterben, in dem man geboren ist«.[128] Trotzdem gab es Personengruppen, die eine gesteigerte Konversionsbereitschaft erkennen ließen. Zu diesen zählten junge Leute genauso wie Heimatlose und Menschen, die in sozialer Abhängigkeit lebten; sie erwiesen sich als besonders empfänglich für Einflüsse, die aus ihrer Umgebung kamen.[129] Neben Handwerksgesellen, Tagelöhnern und Knechten gehören gerade auch Soldaten zur Gruppe jener, die eine gewisse Bereitschaft zum Glaubenswechsel auszeichnete.

Heimatlosigkeit und soziale Abhängigkeit trafen gewiss auch auf den Soldaten Franz Laubler zu; dennoch genügen sie nicht, um den höchst ungewöhnlichen Schritt hinüber zu einem neuen Glauben zu erklären. Laubler fiel die Entscheidung zu konvertieren nicht leicht. Seine Aussagen verraten inneren Zwiespalt. So bestritt er heftig, den evangelischen Glauben jemals innerlich angenommen zu haben, brachte sich dadurch aber in Erklärungsnot: Warum hatte er den Glaubenswechsel dennoch vollzogen?

In den Verhören tat sich Laubler schwer damit, über dieses Detail seiner Biographie Rechenschaft abzulegen. Zeitweilig hüllte er sich darüber in hartnäckiges Schweigen, verweigerte jegliche Aussage. Einmal wurde ein Verhör deshalb sogar unterbrochen. Ein anderes Mal stellte er seinen Glaubensübertritt als göttliche Eingebung dar, die er nicht enthüllen durfte; dazu aufgefordert, erwiderte er schnippisch: »Das wäre hohe Geheimnüsse, die gehörten vor Welt Menschen nicht, sondern vor dieselben Käse und brodt«.[130] Einem Kameraden hatte er dieses Geheimnis vor dem Mord jedoch verraten: »Gott hat das gethan, mich euch Kezern vorgestellet, um euch zu zeigen, daß ihr falsch seyd«.[131] Letztlich spiegeln sich in solchen Äußerungen aber nur Laublers Rechtfertigungsversuche zwei Jahre nach seinem Glaubenswechsel, und nicht seine Beweggründe zum Zeitpunkt der Konversion.

Zu diesen befragt, sagte Laubler aus, er sei nur »aus zwang lutherisch worden, weil er doch eine Religion haben müssen«.[132] Fühlte er sich letztlich keiner Konfession mehr zugehörig? Klafften die innere Glaubensauffassung und die offizielle Glaubenspraxis der orthodoxen Amtskirchen so weit auseinander? Konvertierte Franz Laubler am Ende nur aus Konformität zur neuen Umgebung?

Gewiss, die Ankunft in einem protestantischen Territorium gewährte Laubler eine Möglichkeit, seinen Gewissensqualen endlich ein Ende zu bereiten. Man wird seine Konversion daher wohl auch als Weg in eine fremde Stadt deuten dürfen. Die Übernahme eines wesentlichen Merkmals der fremden Mehrheitsbevölkerung mag durchaus als Versuch gelten, die eigene als störend empfundene Alterität ein für alle Mal abzustreifen und endlich in einem neuen Leben anzukommen. So gesehen erscheint Laublers Schritt als kulturelle Mimikry, die jedoch aufgrund seiner hybriden religiösen Ansichten zum Scheitern verurteilt war. Letztlich war Laublers eklektische religiöse Weltdeutung dazu angetan, ihn zu jeder kirchlichen Orthodoxie in Widerspruch geraten zu lassen.

So nimmt es nicht wunder, dass der Soldat mit seiner kulturellen Mimikry letztlich scheitert. Dabei sah es zunächst so aus, als würde er sich gut in die fremde Stadt einfügen. Offensichtlich fiel es ihm nicht schwer, Kontakte zu knüpfen, und etwa zwei bis vier Wochen nach seiner Ankunft in Dresden stand er auch schon wieder im Militärdienst. Es war die Königliche Leibgarde, die ihn in Sold nahm. Den Anstoß gab anscheinend sowohl ein Gastwirt als auch ein Knecht, von dem er in der Kreuzkirche angesprochen wurde, und nicht, wie die Publizistik immer wieder behauptete, Hahn.[133] In der amtlichen

Überlieferung finden sich keine Hinweise darauf, dass der Diakon bei der Bestallung seine Finger im Spiel hatte. Laublers Konfession ist in diesem Zusammenhang übrigens ohne Belang. Die Leibgarde nahm auch Katholiken auf.

Die nächsten zweieinhalb Jahre in Laublers Biographie verschwinden einmal mehr im Dunkeln. Als er 1725 wieder auf der Bildfläche erschien, zeigte sich, wie brüchig die Fassade seines neuen Lebens bereits war. Als Mitglied der Leibgarde war der Trabant ständig in Dresden und den Vorstädten einquartiert, eine Zeit lang auch in einem Zeltlager bei Pillnitz. Die Ermittlungen des Stadtgerichts zeigen einen Mann, der sich nur schwer in seine Umwelt einfügte. Die Kameraden beschrieben ihn als launisch und wenig umgänglich. Ein besonders schlechtes Zeugnis stellte dem Delinquenten sein ehemaliger Zeltkamerad Andreas Wittig aus. Laubler sei »ein fauler und verdrießlicher Kerl gewesen«. Weder putzte und fütterte er sein Pferd gerne, noch mistete er den Stall aus. Wenn ihn seine Kameraden dazu anhielten, reagierte er »gleich mürrisch«, so dass man mit ihm »leicht zu Händeln« kam; außerdem, so Wittig weiter, sei er ein »durchtriebener Mensch gewesen, in den man sich nicht finden können und habe er sich in einer Stunde wie vielmahl verändert«. Wittig und andere Zeugen merkten ferner an, Franz Laubler sei »ein Mensch von großem raisonniren gewesen«.[134] Ein Querkopf in Uniform, so schilderten ihn die ehemaligen Kameraden.

Nicht nur mit anderen Leibgardisten, auch mit seinen Wirten entstanden Konflikte. So sagte Martin Schuhmann, Bauer in Räcknitz, gegenüber dem Stadtgericht aus, eines Tages sei der Delinquent nach Hause gekommen und habe ihm Fleisch verkaufen wollen. Das habe der Bauer seltsam gefunden. Woher Laubler das Fleisch denn habe, wollte er wissen. In der Frage schwang Misstrauen mit, das der Befragte witterte. Zwar ließ Letzterer die Sache vorerst auf sich beruhen, als Schuhmann jedoch zwei Wochen später in die Stadt kam, habe der Trabant »ihn gesuchet und gedrohet, er müsse sterben, er habe seinen ehrlichen Nahmen angegriffen und ihn gleichsam beschuldiget, als ob er ein Dieb wäre und das geschlachtete Vieh gestohlen habe«.[135] Der Vorwurf, ein Dieb zu sein, stellte eine der bevorzugten Verbalinjurien der Zeitgenossen dar. Oft stand dahinter jedoch nicht ein Eigentumsdelikt im rechtlichen Sinne, sondern »das vage Gefühl der Übervorteilung und ungerechten Güterverteilung«.[136] Zurück in Räcknitz, lauerte ihm Laubler auf der Straße auf, verzog sich aber rasch, als Schuhmann drohte, ihm eine Klage anzuhängen.

Zwar erwecken die Zeugenaussagen den Eindruck, dass Streitigkeiten stets von Laubler ausgingen, lassen aber gleichzeitig den gesellschaftlichen Druck erkennen, der auf dem Konvertiten lastete. Die religiöse Identität bedurfte eben nicht nur offizieller Anerkennung, sondern auch der Bestätigung durch die Mitmenschen im Alltag. Doch nur vereinzelt wurden Stimmen laut, die auch noch nach der Mordtat gewillt waren, ihm solche Anerkennung zu zollen. So berichteten beispielsweise zwei Einwohner des Dorfes Räcknitz, wie Laubler im Herbst 1725 an einem Examen von Magister Weller teilgenommen habe. Als man Letzteren daraufhin befragte, stellte er dem Trabanten ein gutes Zeugnis aus; »wenn der inhafftirte Mörder eben derjenige ist«, meinte er,

> *der im Herbst vorigen Jahres in meinem zu Reckniz gehaltenen Examine Catechetico gewesen, so muß von ihm bekennen, daß er ganz vernüfftig und bescheiden sich auffgeführet, auch das Zweystündige Examen in aller Stille und Andacht mit angehöret, und sich daraus gar sehr erbauet zu haben vorgegeben, umb des willen ihm auch nicht nur die Höffligkeit erwiesen, daß er an unsern Tisch mit gespeiset, sondern habe ihm auch die Freiheit gegönet, daß, wenn er nach Dreßden käm̄e, mir zu sprechen möchte, ich würde ihm alle liebe und guten Willen erzeigen.*[137]

Der Eindruck des Magisters weicht stark von dem ab, was Laublers Kameraden über ihn zu sagen hatten. Verhielt sich Laubler, der von Seinesgleichen oft als ›raisonnierend‹ und ›hochmüthig‹ beschrieben wurde, anders, wenn er auf gebildete Leute traf? Manches spricht für diese These. Friedrich Klozze, ein Bürger und Seiler zu Dresden, bei dem unser Mann zwischen Februar und April 1726 einquartiert war, vermerkte etwa anerkennend, Laubler habe

> *sich gar bescheiden aufgeführet, wie er dann auch ganz friedlich sich bezeiget, hiernechst auch dann und wann in die St. Annen Kirche hinüber gegangen, hätte in Dr. Luthers Hauß Postilla, sowohl seinen Tischreden, die Referent sich gekaufft, gelesen, und ein mahl eine gelesene Predigt sehr gelobet, mit dem zusaze, der seelige Luther müste ein herliger Mann gewesen seyn.*[138]

Außerdem habe der Trabant mit Frau Klozze »fleißig aus der Bibel geredet, auch da ihn Referent gefraget, ob er Lutherisch worden, solches ausdrücklich bejahet«. Verdächtig schien höchstens, dass der Fremde »in ubrigen nicht communiciret« habe.[139]

Es ist dieser Klozze, der berichtet, dass Laubler zugleich Anfechtungen aus dem katholischen Milieu ausgesetzt war. Einige Fußsoldaten im Dienste des Kurprinzen kündigten beispielsweise an, ihm »wieder umhelffen«[140] zu wollen. Laubler zeigte sich davon zunächst unbeeindruckt. Schließlich gestand er sich aber wohl ein, dass seine Konversion gescheitert war. Sie verhalf ihm zwar dazu, eine Zeit lang mit gelehrten Männern wie Hahn oder Weller Umgang pflegen zu dürfen, sie hörten ihn auch an und nahmen ihn ernst, dennoch gelang es ihm nicht, sich nahtlos in seine neue protestantische Umgebung einzufügen. Die Aussagen aus seinem Umfeld zeigen, wie er zwischen Integration und Abstoßung pendelte, letztlich aber zwischen allen Stühlen saß. Der Übertritt zum Luthertum versöhnte ihn weder mit sich selbst noch mit seiner Umwelt.

Als Laubler Anfang Mai 1726 bei dem Bauern Rühle in Wurgwitz[141] im Quartier lag, stürzte die Fassade der kulturellen Mimikry schließlich völlig in sich zusammen. Am Morgen des 10. Mai setzte sich eine Kette von Ereignissen in Gang, die schließlich Zweifel an Laublers geistiger Gesundheit aufkommen lässt und in seinem Abschied von der Leibgarde mündet.

Wie jeden Morgen fährt Rühle mit seinem Knecht früh zur Aussaat auf den Acker hinaus. Da kommt der Trabant plötzlich auf einem Pferd angesprengt und erklärt ihm unumwunden, bei ihm zuhause sei »der böse Feind« und er müsse ihm unbedingt berichten, was der so treibe. Noch während er vom Pferde springt, bedeutet er Rühle, das Saatgut, das er gerade ausbringe, sei verflucht, denn der Teufel sei letzte Nacht auf dem Feld gewesen und habe »den Saamen bey ihm durchsiebet«.[142] Schließlich löst Laubler sich in Tränen auf und spricht dem Bauer, laut die Jungfrau Maria anflehend, sein aufrechtes Bedauern aus. Dann hievt er sich wieder in den Sattel und galoppiert von dannen.

Doch damit nicht genug. Als Rühle mehrere Stunden später nach Hause kommt, hockt Laubler in einer Kammer und erwartet ihn schon. Unter mehrfachen Eidesschwüren wiederholt er seine Behauptung, gibt nun auch Worte des Teufels wieder: Gott möge das neue Haus des Bauern mit sämtlichen Nebengebäuden in Flammen aufgehen lassen. Das jagt dem Bauern freilich einen gewaltigen Schrecken ein, doch vermutet er den potentiellen Brandstifter eher in dem Trabanten als im Teufel. Laubler spürt, dass Rühle ihm nicht glaubt, und schreitet daher zu einem seltsamen Beweis. Er nimmt das kleine Kind des Bauern aus der Wiege und befiehlt ihm, zur Bestätigung der Geschichte drei Mal zu niesen, was aber nicht geschieht.[143]

Rühle ist über das Verhalten des Soldaten gleichermaßen bestürzt wie beunruhigt. Noch am selben Tage sucht er Wachtmeister Albrecht in Dresden auf, um ihn zu bitten, Laubler in ein anderes Quartier zu verlegen, was auch umgehend erfolgt. Außerdem sorgt der Wachtmeister dafür, dass Laubler am 11. Mai das Gewehr abgenommen wird. Einige Tage später taucht der Trabant jedoch abermals in Wurgwitz auf, um seine Sachen abzuholen und noch ausstehende Abgaben einzutreiben. Bei dieser Gelegenheit stößt er wieder wilde Prophezeiungen aus: Rühle und seine Frau würden in ihrer »lezten Todtes-Stundte«[144] schon noch an seine Worte denken.

Auch während des Dienstes fällt Laublers Verhalten in diesen Tagen auf. Und der Gastwirt in Dresden, bei dem der Trabant mittlerweile wohnt, beklagt sich ebenfalls über dessen wirre Reden. Als sein Vorgesetzter bei der Leibwache, Korporal Jahn, ihn am 15. Mai persönlich besucht, bietet sich ihm ein Bild völliger Mutlosigkeit. »Es könne ihm niemand helffen«, klagt der Soldat, »er habe ein Creuz auf seinem Herzen«.[145] Verzweifelt bittet er darum, seinen Abschied einreichen zu dürfen – ein Ersuchen, dem umgehend stattgegeben wird. Die Abschiedsurkunde datiert vom 19. Mai 1726. Sie besiegelt nicht nur einen Rechtsakt, sondern auch Laublers gescheiterten Versuch, sich in Dresden eine neue Identität zu schaffen.

Laublers Konfessionen

Die Frage nach Laublers Konfession war für dessen Umwelt von großer Wichtigkeit. Wie bereits erwähnt, musste sich der Konvertit immer wieder fragen lassen, zu welchem Glauben er sich bekenne. Die Obrigkeiten, die sich mit dem Fall Laubler befassten, betrachteten ihn als Katholiken – eine Interpretation, die die Vernehmungsprotokolle auf ihrer Seite hatte. So gab der Delinquent bei einer Vernehmung an, er sei »in seinem Herzen gut Catholisch jeder Zeit«[146] gewesen und bekannte sich auch jetzt noch zur römisch-katholischen Kirche.[147]

Die katholische Kirche zeigte sich allerdings wenig erbaut davon, dass sich der ›Priestermörder‹ als einer der ihren gerierte. (In Sachsen war es durchaus nicht unüblich, das Wort ›Priester‹ auch für protestantische Kleriker zu gebrauchen.) Laubler selbst wies darauf hin, dass er wegen seiner Konversion bei der katholischen Geistlichkeit schon vor der Tat nicht wohl gelitten gewesen sei. Auch danach ließ die katholische Kirche dem Delinquenten keine Schützenhilfe zukommen, sondern distanzierte sich von diesem deutlich. Ein Brief, der von einem Dresdener Hofkaplan stammte, bezeichnete Laubler folgerichtig als Menschen »keiner Religion«[148], womit er ihn quasi zum ›Heiden‹ erklärte.[149]

Laublers Selbstdarstellung erweist sich dagegen zunächst als stark von katholischen Traditionen geprägt, welchen zufolge es zwei Arten von Gläubigen gibt. Während die große Masse der Gläubigen eines Priesters als Seelsorger und sakramentalem Heilsvermittler bedarf, gibt es einige wenige Fromme, die Christus nachfolgen und den Kampf gegen das Böse aufnehmen. Diese zweite Glaubensauffassung formulierte Thomas a Kempis' Buch *De imitatione Christi*, das im Laufe der Frühen Neuzeit zahlreiche Auflagen erlebte und starke Verbreitung fand. Während Kempis jedoch eine auf Leid und Erduldung gebaute Christusnachfolge predigt (Buch 2, Kap. 12), formuliert das Neuen Testament den Kampf gegen das Böse weitaus offensiver; mit der Waffenrüstung des Glaubens gewappnet soll dem Teufel Widerstand geleistet werden (Epheser 6, 10-20). Diese Tradition des *miles Christi* spielt vielleicht gerade im soldatischen Milieu, dem Laubler letztlich angehörte, auch noch zu Beginn des 18. Jahrhunderts eine gewisse Rolle.[150]

Ob Laubler mit solchen Texten selbst in Berühung kam, bleibt freilich dahingestellt. Manche der Äußerungen Laublers weichen allerdings auch von der Frömmigkeitspraxis eines Thomas a Kempis deutlich ab. Laublers Aussage vor dem Stadtgericht, »er habe seine ganze Wissenschaft in sich und wenig die Bibel gebrauchet«[151], zeigt sich zwar noch solchen Traditionssträngen verhaftet, seine Abneigung gegenüber den Sakramenten trägt jedoch deutlich heterodoxe Züge. Wie bereits erwähnt, betrachtete er sowohl das Sakrament der Beichte als auch das des Abendmahls mit äußerstem Widerwillen. Er verwies darauf, dass ihm eine Hostie, die ihm der Erzbischof von Valencia oder ein Engel sechs Jahre zuvor verabreicht habe, noch im Hals stecke; gerade die Variante, in der ihm die Hostie von einem Engel gereicht wird, erinnert an mittelalterliche Legenden, in denen Heiligen die Eucharistie von einem solchen Wesen gereicht wird. In mystischen Traditionen des Mittelalters wird davon berichtet, dass die Engel durch eine Art geistlicher Kommunion ihren kontemplativen Zustand aufgeben und das Böse in der Welt zu bekämpfen beginnen.[152]

Auch Laubler verbindet mit der Hostie im Hals ein Bekehrungs- oder Erweckungserlebnis, das ein persönliches Verhältnis zwischen ihm und Gott nach sich zieht. Seine Handlungen, besonders Konversion und Mord, stellte er daher auch als Handlungen Gottes dar. Die Kommunion war für ihn zu einem inneren Akt geworden, der die äußerliche Zeremonie überflüssig machte. »Er mache sich aus der Communion nichts«, erklärte er dem Gericht gelegentlich, »er sähe es an, wie anderes schlechtes Brodt. Er communicire im Geist«.[153]

Aus seinen heterodoxen Ansichten machte Laubler bis zur Tat keinen Hehl. Immer wieder tat er sich durch Äußerungen hervor, die das Misstrauen seiner lutherischen Umgebung erregten. August Siegmund von Zeutsch, ein Korporal der Leibgarde, sagte etwa aus, Laubler habe sich manchmal »vor einen Evangelischen Christen ausgegeben«[154], manchmal aber auch behauptet, »er sey weder Evangelisch noch catholisch, sondern glaube an Jesum Christum, den Gecreuzigten«.[155] In diesem Sinne war es vermutlich auch zu verstehen, wenn sich der Mörder vor seiner Tat gegenüber dem Korporal Creuznach als »Nazarener«[156] und bei seiner Verhaftung als »Jesuiter«[157] bezeichnete. Wie dieses Nazarenertum aussah, lässt sich nur ansatzweise bestimmen. Offenbar reduzierte sich sein Glaube nahezu ausschließlich auf die Leiden Christi am

Kreuze und die Erlösung der Menschheit durch seinen Tod. Durch die Kontemplation der Leiden, aber auch durch die Hostie im Hals sah sich Laubler in der Nachfolge Christi, als einen der wenigen Frommen. Aus diesem Grunde fand er auch ›in sich‹, was Gott von ihm verlangte, ja fühlte sich sogar als Auserwählter Gottes, der mit den Märtyrern auf einer Stufe stand. Korporal Creuznach rief er einmal übermütig entgegen: »Herr Corporal, nun hat ein Apostel getanzet«.[158]

Die Zeugenaussagen sprechen aber keineswegs dafür, dass Laubler ursprünglich starke Affekte gegen eine der beiden Konfessionen hegte. Das änderte sich erst als seine Integration in Dresden scheiterte. Immer schwerer fiel es ihm wohl auch, die Konversion vor sich selbst zu rechtfertigen. Schließlich tröstete er sich mit der Einsicht, dass er seinen Glauben nicht aktiv aufgegeben habe, sondern zum Übertritt verführt worden sei. Und wer konnte der Verführer anderes sein als der Teufel, der die Menschen seit Anbeginn der Schöpfung mit falschen Versprechungen anlockte?

Seit der Episode mit dem Bauern Rühle, die seinen Abschied aus den Diensten der Leibgarde einleitete, fühlte sich der Trabant vom Teufel bedrängt. Der Bauer Rühle sagte aus, Laubler habe auch »zu anderer Zeit vom Teuffel, der ihn gar sehr plagete, zu reden angefangen«.[159] In einer Unterredung mit Korporal Creuznach bezeichnete Laubler die Lutheraner ausdrücklich als Teufelsanbeter. Als sich der Korporal erkundigte, ob er konfessionelle ›Skrupel‹ hege, antwortete Laubler vehement: »Nein, ich bin ein Nazarener, aber ihr Lutheraner seyd alle des Teuffels«. Und auf wiederholte Nachfrage, ob er nicht Lutherisch geworden sei: »Nein, der Teuffel ist Lutherisch und ich nicht«.[160]

Diese Anschuldigungen wiederholte er auch zu einem späteren Zeitpunkt: »Ihr Lutheraner bethet Gott als den Teuffel an«.[161] Der Korporal, der ja selbst Lutheraner war, fand solche – aus seiner Sicht – blasphemischen Bemerkungen freilich wenig ersprießlich. Schließlich kam es zu einer unangenehmen Auseinandersetzung zwischen beiden: Der Korporal sagte, Laubler

> *solle fortgehen oder er wolle ihn was anders weisen. Es sey aber Laubler in ihn neingefahren, daß er auch gemeinet, er werde ihn übern Hauffen reißen, sagende: Das seyd ihr nicht capable [fähig], ihr könnet mir nicht einen Nagel krümmen, das seyd ihr nicht vermögend. Solches auch mit großer Hastigkeit ausgesprochen worauf Referent fortgegangen, Laubler aber ihme nachgeruffen: Ihr seydt eine bestie, eine verfluchter Mensch.*[162]

Diese Worte können wir keinesfalls als bloße Schimpf- oder Schmähworte zur Herabsetzung des anderen abtun; vielmehr entsprechen sie Laublers Weltsicht: Dieser sah sich in einem Kampf mit dem Teufel verwickelt, bei dem sein Seelenheil auf dem Spiel stand. Und als Verkörperung des Verführers –

das geht ebenfalls aus den Verhören hervor – betrachtete er eben jenen Mann, der ihn zum Luthertum ›bekehrt‹ hatte. Alte Motive tauchten also in Laublers Geständnis wieder auf: das Motiv der Versuchung, des Teufelsbundes und des manichäischen Kampfes von Licht- und Schattenreichen. Am Vormittag vor der Tat soll der Trabant zu einer Frau gesagt haben, er wolle »einen Teufel fangen«.[163] Nach der Festnahme schwebte er auf einer Wolke des Triumphes. Euphorisch rief er aus: »Ich bin bey euch gewesen und wißet nicht, wer ich bin, auch nicht warum; ich bin von Gott gesandt und die Handt Gottes hat ihn getödtet, den Lucifer«.[164]

Diese Perspektive erscheint im Spiegel der lutherischen Publizistik seitenverkehrt. Die Drucke, die die Ermordung Hahns aus lutherischer Sicht darstellen, erzählen dieselbe Geschichte mit vertauschten Rollen. Für sie ist nicht Hahn, sondern Laubler mit dem Teufel im Bunde. Ein Versepos über den Mord inszeniert beispielsweise ein Zwiegespräch zwischen dem Teufel und dem Mörder. Es spricht der Teufel:

Nun, mein Sohn, so höre drauff,
Eyle, fördre deinen Lauff,
Nimm das Wort aus meinem Munde:
Du solst in der ersten Stunde
Hinter jener Creutzes-Kirchen
Einen schwartzen Hahn erwürgen.[165]

Die Verteufelung des jeweils anderen gehörte freilich zum Standardrepertoire konfessionell geprägter Polemik seit der Reformation. Diese Polemik konnte ihre volle Wirkung aber nicht zuletzt deshalb entfalten, weil sie auf den populären Teufelsglauben rekurrieren konnte, den beide Konfessionen seit Jahrhunderten eingeübt hatten.[166] Der Teufel galt gleichzeitig als Verkörperung des Bösen und als Gestalt mit realer Macht. Laublers Bund mit dem Teufel wurde sogar bildlich in Szene gesetzt, etwa auf jenem Kupferstich, der Laubler als von den Jesuiten gedungenen Mörder zeigt (Abb. 16). Der Teufel erscheint als aufrecht gehende Bestie mit Hörnern und Bocksbeinen, dem Delinquenten seine Kommandos durchs Ohr eingebend. Aber auch Laublers Version der Geschehnisse bahnt sich ihren Weg in die öffentlichen Druckschriften, allerdings nur als Zeichen seines Zynismus; auf jenem Kupferstich, der Laubler im Augenblick seiner Tat darstellt, taucht etwa ein Spruchband auf, das Laublers Selbstdarstellung recht nahe kommt. »Du Seelenverführer musst jetzo sterben«, sagt der Mörder zu seinem Opfer.

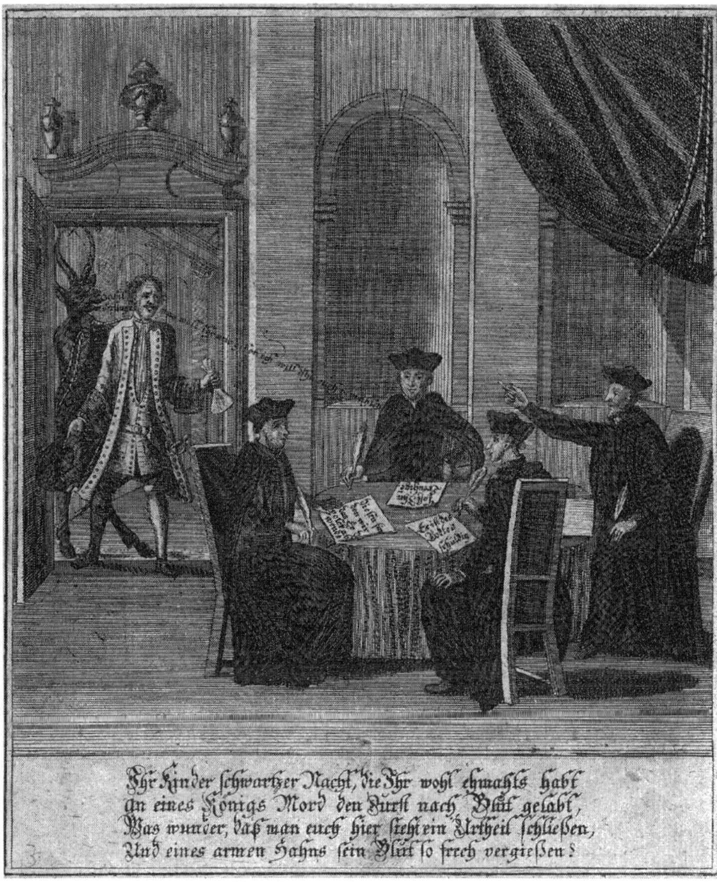

Abbildung 16: Laubler bei den Jesuiten. Anonymer Kupferstich. 1726.

Fasst man Laublers Äußerungen über Glauben, Religion und Konfession (sowie die ihm zugeschriebenen Äußerungen aus dem Munde Dritter) zusammen, so ergibt sich ein heterogenes Bild. Laubler selbst stellte sich als Frommen dar, der kirchlicher Heilsvermittlung nicht bedurfte. Den Platz, den die katholische Amtskirche ihm zuweisen wollte, mocht er nicht einnehmen.So geriet Laubler in Widerspruch zu der kirchlichen Tradition, in der er aufgewachsen war. Die lutherische Lehre, zu der er übertrat, blieb ihm wohl letztlich fremd. So meinte er einmal, »er sey weder Evangelisch noch catholisch«[167], ein anderes Mal, er sei nur »aus zwang lutherisch worden, weil er doch eine Religion haben müssen«.[168] In seiner konfessionellen Identität zutiefst verunsichert, zog sich Laubler schließlich auf Christus und einen diskursiv eingeübten populären Teufelsglauben zurück, den er als ›dritten Raum‹[169] jenseits kirchlicher Glaubensformulierungen verstehen mochte, der aber tatsächlich tief in katholischen Glaubensauffassungen verwurzelt blieb. Dass dieser ›dritte Raum‹ in einer Zeit, die konfessionelle Konformität einforderte, für den Einzelnen schwer zu behaupten war, versteht sich von selbst. Dennoch stand Laubler mit seinem Rückzug auf Jesus von Nazareth in seiner Zeit nicht alleine da, wenngleich Strömungen, die sich selbst als Nazarener bezeichneten, erst im weiteren Verlaufe des 18. Jahrhunderts und dann vornehmlich im protestantischen Milieu aufkamen.[170]

Der Tag der Tat

Die Nacht zum 21. Mai verbringt Laubler in der Gastwirtschaft Stern, seinem letzten Quartier. Das geht aus dem Protokoll des Verhörs vom 28. Mai hervor.[171] Was dieses allerdings nicht erwähnt, ist die Tatsache, dass Laubler am 21. früh morgens als erstes die Trabantenstube aufsucht, wo er sich um eine Aussprache mit dem Korporal Johann Christoph Creuznach bemüht. Mit diesem hatte er sich vor wenigen Tagen überworfen. Der Korporal, der sich gerade einen Herrenzopf flechten lässt, weist Laubler jedoch zurück, so dass dieser betrübt in sein Quartier zurückkehrt. Creuznach, der ebenfalls im Stern wohnt, trifft dort wenig später ein und empfängt gegen acht Uhr Wachtmeister Albrecht und den katholischen Adjutanten Gatterburg. Gatterburg, so der Wachtmeister im Verhör, habe »wunderliches Zeug«[172] von Laubler gehört und wolle sich nun selbst ein Bild von diesem machen. Über den Verlauf dieses Besuches liegen Aussagen von Albrecht und Creuznach vor. Den Gesprächsverlauf schildern beide jedoch recht unterschiedlich.

Als die drei Männer die Wirtsstube betreten, sitzt Laubler still mit Bier und Tabakspfeife auf einer Bank. Gatterburg erkundigt sich freundlich nach dem Befinden des ehemaligen Trabanten, woraufhin dieser ihm die Hand küsst und antwortet, es gehe ihm gut, aber Creuznach sei eine Bestie. Daraufhin bietet der ehemalige Trabant Gatterburg einen Schluck Bier an und Handkuss und Erkundigung werden noch einmal wiederholt. Aber auch diesmal hält sich Laubler nicht an die gesellschaftlichen Konventionen, sondern bekräftigt seine Abneigungen: »Mir geht es gar wohl, aber das (auf referenten zeigend) ist eine Bestie und verfluchter Mensch«.[173] Wutentbrannt verlässt der Korporal daraufhin die Stube.

Soweit die Darstellung Creuznachs. In der Aussage von Wachtmeister Albrecht kommt dieser Teil der Unterhaltung gar nicht vor. Zwar schildert auch dieser, wie Laubler Gatterburg mit einem Handkuss begrüßt, aber den weiteren Verlauf des Gesprächs stellt er anders dar. Zunächst fragt der Adjutant den ehemaligen Trabanten, was er nun eigentlich zu tun gedenke. Laubler antwortet, er wolle »in die Welt« ziehen, denn dort gäbe es »arme Sünder, die er erlösen müste«.[174] Über diese Bemerkung entwickelt sich ein kurzer Disput, der einmal mehr in der Frage nach Laublers Konfession mündet. Als man sich trennt, fordert der Adjutant Laubler auf, ihn vor seiner Abreise noch einmal kurz in seinem Quartier zu besuchen. Die gegen Creuznach ausgestoßenen Schmähungen erwähnt der Zeuge mit keinem Sterbenswörtchen.

Auch der weitere Verlauf des Vormittags ist nicht frei von Rätseln. Im zweiten Verhör gibt der Delinquent an, er habe sein Quartier um neun Uhr verlassen, um in der Stadt »die Instrumenta, so er zu Ausübung der That gebrauchet, zusammen zu kauffen«.[175] Anhand von Aussagen verschiedener Personen, die Laubler im Laufe des Vormittags aufsucht, entsteht jedoch ein anderes Bild. Es zeigt einen kurzentschlossenen Täter, der sich erst zwei Stunden vor der Tat zu dieser rüstet. Die Stunden zwischen neun und elf Uhr liegen im Dunkeln. Sitzt Laubler noch immer sinnierend und eingehüllt in dichten Tabakqualm über einem Bier in der Wirtsstube? Oder streift er rastlos durch die Straßen Dresdens? Wir wissen es nicht. Die Quellen schweigen. Gewiss ist nur, dass er um elf Uhr bei der katholischen Kirche auftaucht. Eine gewisse Johanna Minetti, die »unter der Catholischen Kirche«[176] logiert, lehnt gerade im Eingang ihres Wohnhauses, als ein großer reitender Trabant auf sie zukommt und sich sehr freundlich nach dem Beichtvater der Kurprinzessin erkundigt. Sie antwortet ihm, dass der Beichtvater leider gerade zusammen mit der Kurprinzessin verreist sei, woraufhin der Trabant sich nach einem anderen katholischen Geistlichen erkundigt. Sie schickt ihn daraufhin kurzerhand in die Jesuitenniederlassung, die ganz in der Nähe der katholischen Hofkapelle liegt.

Dort angekommen, landet der Trabant unversehens in der Küche der Jesuitenniederlassung, wo neben dem Koch Johann Georg Täuber auch etliche Küchenjungen zugange sind. Wieder gehen die Angaben über den genauen Gesprächsverlauf auseinander. Laubler erinnert sich, dem Koch gesagt zu haben, »er wolte eine Kurzweil machen«.[177] Mit Kurzweil habe er den Mord gemeint. Der Koch kann sich dieser Bemerkung jedoch nicht entsinnen. Ihm zufolge erkundigte sich Laubler lediglich, ob er einen Pater sprechen könne. Er sei zwar als Katholik geboren, vor drei Jahren jedoch zum Luthertum übergetreten. Nun wolle er »eine[n] Friede[n] machen«.[178] Der Koch schickt ihn in Begleitung eines Küchenjungen nach oben zu den Patres.

Oben angelangt, klopft der Küchenjunge an mehrere Türen, aber keiner der Geistlichen öffnet. Wie sich bei den Ermittlungen herausstellt, ist zur fraglichen Zeit lediglich ein Pater anwesend, der jedoch gerade ungestört eine Predigt einstudieren möchte und daher aufs Anklopfen nicht reagiert. So muss Laubler schließlich unverrichteter Dinge wieder abziehen.

Kurze Zeit später wird auch im Hause von Superintendent Löscher ein Trabant vorstellig. Dies jedenfalls sagen zwei Mägde aus, die dort in Lohn und Brot stehen. Doch auch Löscher ist nicht zuhause, sondern speist gerade mit seinen Studenten im Seminar. Man erwartet seine Rückkunft für zwei Uhr. Der Fremde solle dann zurückkommen, um beim Superintendenten vorstellig zu werden.

Es ist allerdings nicht sicher, ob es sich bei diesem Trabanten tatsächlich um Laubler handelt. Gegenüber dem Stadtgericht geben die Mägde an, den Trabanten nicht richtig gesehen zu haben, und erkennen Laubler auch bei einer Gegenüberstellung nicht wieder. Laubler selbst leugnet den Besuch bei dem lutherischen Würdenträger hartnäckig und die Episode findet auch keinen Eingang in den *Status causae*, den offiziellen Bericht, der auf Anweisung des Geheimen Konsiliums von den Ereignissen angefertigt wird.

Es ist aber auch nicht von der Hand zu weisen, dass die Besuche in beiden Häusern einander stark ähneln. In beiden Fällen versucht ein Trabant einen möglichst hochstehenden Vertreter der Geistlichkeit – hier den Beichtvater der Kurprinzessin, dort den Herrn Superintendenten – zu sprechen. Doch weshalb sucht Laubler den Superintendenten auf? Gewiss nicht, um ihn zu ermorden, denn zu diesem Zeitpunkt verfügt er noch gar nicht über die Mordwerkzeuge; wohl eher, um seelischen Beistand zu erhalten oder auch um seinem Unbehagen mit sich und der Welt Luft zu verschaffen. Ist dem so, dann besitzt Laubler ein klares Motiv, den Besuch bei dem evangelischen Geistlichen zu leugnen; denn nach der Tat führt er ja an, allzeit ein treuer Katholik gewesen zu sein.

Erst jetzt, nach den fehlgeschlagenen Visiten, nimmt Laubler seine Einkaufstour in Angriff.[179] Die erste Station dieser Tour ist der Laden des Seilers Haferkorn, in dem ihn die Frau des Handwerksmeisters bedient. Diese sagt gegenüber dem Stadtgericht aus, der Trabant habe »einen rechten festen Strang vor sein schwartz Pferd«[180] begehrt, denn dieses beherrsche alle möglichen Kunststücke. Zur Rechtfertigung, erinnert sich die Haferkorn, zeigt er eine eiserne Kette, die sein Pferd zerbissen habe und die es nun zu ersetzen gelte. Die Seilersfrau verkauft ihm daraufhin einen Strang zu neun Kreuzern und, als er nach einem noch stärkeren fragt, auch noch einen zu einem Gulden und sechs Kreuzern. Kurz darauf betritt Laubler dann ein zweites Mal den Laden, um für drei Kreuzer »Klaffterschnüre«[181] zu kaufen. Als der Seiler zu wissen begehrt, wozu der Trabant die Schnüre benötigt, gibt dieser vor, damit Säcke zubinden zu wollen. Nach seiner Landsmannschaft befragt, antwortet der ehemalige Trabant, »er wäre aller frommer Christen Landsmann und hielte es mit dem heiligen Ignatio«.[182]

Auf diese Weise mit Seilen und Schnüren eingedeckt, steuert Laubler nun die Schmiede des Jonas Grund an. Mittlerweile ist es schon fast ein Uhr. Da der Meister nicht da ist, bedient ihn ein Geselle. Der Soldat verlangt drei große Nägel und bietet an, als Vorlage ein Holzmodell anzufertigen. Der Geselle aber entgegnet, es genüge ihm, wenn Laubler die Größe der Nägel mit Kreide auf den Amboss zeichne. Anscheinend ist der Schmied angesichts der Größe dann doch etwas erstaunt, denn Laubler beeilt sich, seinen Bedarf zu erklären: Er möchte mit den Nägeln einen »Fleischstock«[183] befestigen. Als der Geselle zu bedenken gibt, dass dazu auch kleinere Nägel genügen, behauptet Laubler, er sei

ein frommer Soldat und wolte sich bey denen Nägeln erinnern, wie sein Jesus wäre ans Creutz geschlagen worden. Er solte die Nägel nur fein groß machen, daß er sich Christi leiden desto schmertzlicher könnte vorstellen. Wie er denn auch einen strick hätte, den er bey sich trüge und sich dabey erinnere, wie sein Jesus wäre gebunden worden.[184]

Den Strick zieht Laubler rasch aus der Tasche und hält ihn dem erstaunten Schmied unter die Nase. Er bezahlt für die drei Nägel ebenso viele Kreuzer und verlässt den Laden.

Wohl in der Nähe der Schmiede kauft Laubler ein weiteres Requisit: eine Rute. Der Bäckersfrau, von der er sie bekommt, zahlt er einen Groschen. Der Name der Verkäuferin bleibt unbekannt, denn es werden keine Anstrengungen unternommen, sie aufzuspüren. Im Gegensatz zu den anderen Händlern liegt daher von ihr keine Aussage vor.[185]

Laubler befindet sich wohl schon auf dem Weg zum Diakon Hahn, als ihm einfällt, dass er noch ein Messer benötigt. Die Frau eines Messerschmieds, die auf dem Altmarkt einen Stand unterhält, sagt jedenfalls gegenüber den Stadtrichtern aus, Laubler habe um dreiviertel eins sehr eingehend ihr Angebot gemustert. Da ihm die ausgelegten Messer zu klein erscheinen, fragt er nach einem größeren und erwirbt schließlich eines zu 3 Gulden und 3 Kreuzern. Wofür das Messer benötigt wird, wird diesmal nicht erörtert. Allerdings bedankt sich Laubler höflich für eine Scheide, die die Händlerin ihm mitgibt.[186]

Gegen ein Uhr pocht der Trabant dann, wie schon erwähnt, an die Tür des Diakons. Laublers Aussagen vor dem Stadtgericht decken sich weitgehend mit denen der Mitglieder des Hahnschen Haushalts. Nicht zuletzt äußert er sich freimütig über seine Unterredung mit Hahn. Folgt man den Worten des ehemaligen Trabanten, dann verläuft das Gespräch allerdings ganz anders als später von der Publizistik dargestellt. Statt zynische Fragen zu stellen, hält er seinem Opfer eine kleine Predigt, die er später auch den Schreibern des Stadtgerichts bereitwillig in die Feder diktiert. Darin spielen nicht nur das Seil, die Nägel, die Rute und das Messer eine wichtige Rolle, sondern auch die Gliedmaßen des Delinquenten selbst. Seinen eigenen Körper und alltägliche körperbezogene Handlungen stellt er als Vergegenwärtigung der Leiden Christi dar. Sobald er seine Schuhe ausziehe, berichtet Laubler,

> *erinnerte er sich allemahl seines heylandes, der 33 Jahr in der Welt wäre herumbgegangen und dancke demselben, daß er seiner Seelen Heyl auffs fleissigste als ein treuer Hirte gesuchet. [Und sobald er seine Strümpfe ausziehe,] gedächte er an die Nägel Mahl seines Heylandes, daß er sich seinetwegen so gedemüthiget hätte und das allerlezte mahl mit eissernen Nägeln am Stamme des Heiligen Creuzes annageln lassen, ja so feste, daß er nicht ein Haar wancken können, umb seiner sündigen Gänge willen.*[187]

Stück für Stück geht Laubler nun seine einzelnen Körperteile durch: Seine Schenkel erinnern ihn etwa an die Schenkel Christi, die »güldenen Säule des ewigen Lebens«[188]; sein nackter Leib gemahnt ihn daran, dass Jesus sich »umb seiner seelen Heyl willen«[189] entblößen ließ. Seine Arme erinnern ihn an den Henker, der Christus geißelte, und sein Hut an die Dornenkrone. Und wenn er abends zu Bett geht, dankt er Jesus dafür, »daß er sich an das harte Creuz legen lassen«[190], während er, der Sünder, sich weich betten könne.

Laubler interpretiert seinen Körper als Zeichen der Marter Christi. Er spricht über seinen Körper als über etwas, das eine spirituelle Bedeutung trägt. Er schreibt seinem Körper eine Bedeutung zu, die außerhalb seiner selbst liegt. Er betrachtet ihn als »Spiegel des Leidens Christi, den ein Jedweder Mensch solte an sich haben«.[191]

Dieser Körperspiegel genügt Laubler jedoch nicht, um die Leiden Christi zu vergegenwärtigen. Er setzt bei seiner Predigt auch die Gegenstände ein, die er während des Vormittags als reliquienartige Devotionalien erworben hatte. Auch sie dekliniert er nun Stück für Stück durch. Der Degen, mit dem er umgürtet ist, gemahnt ihn an die Lanze, »die mit dem blut der Unschuld Christi gefärbet«[192], und dankt Christus dafür, dass er sich mit ihr »aus liebe vor ihn« die Seite öffnen ließ. Als nächstes holt er die Rute hervor, die er dem Diakon als Geißel vorstellt. Sodann sind die drei Nägel an der Reihe und zu guter Letzt wird der dicke Strick zutage gefördert, den er gerne »mit blute Jesu gefärbet haben« möchte.[193]

Laublers Meditation über die Arma Christi und seinen Körper gehen auf monastische Traditionen des Mittelalters zurück, die im Katholizismus aber letztlich bis ins 18. Jahrhundert hinein lebendig geblieben sind. Schon zu Beginn der Kreuzzüge schrieb man der heiligen Lanze besondere Kräfte zu, hielt sie für die beste Waffe im Kampf mit dem Teufel. Auch Nägel galten in der Antike als Amulette, die »menschliche und dämonische Feinde bezwingende Kraft« besitzen – eine Bedeutung, die später den zur Kreuzigung verwendeten Nägeln ebenfalls zugesprochen wurde. Das meditative Nacherleben der Leiden Christi durch die Vergegenwärtigung der Arma war eine Frömmigkeitstechnik, die – zumindest dem heiligen Benedikt zufolge – den Weg zur Erlösung bahnte. In monastischen Traditionen wurzelte auch die Idee, dass die Gliedmaßen Christi von denjenigen Sünden erlösten, die die Menschen mit ihren Gliedmaßen begingen. Das Fortleben solcher Frömmigkeitsformen in der Frühen Neuzeit ist nur wenig erforscht; der Fall Franz Laubler legt ein beredtes Zeugnis davon ab, dass sie in der katholischen Volksfrömmigkeit zu Beginn des 18. Jahrhunderts noch lebendig waren.[194]

An dieser Stelle geht die Predigt, die Hahn mit bestätigendem Kopfnicken begleitet hatte, unversehens in Vorwürfe über. Laubler hält dem Diakon vor, »daß er ihm seinen vorigen Römisch-catholischen alleinseeligmachenden Glauben ausgeredet und verachtet und hingegen seinen als einen besseren eingeredet [habe]«.[195] In den Augen des Trabanten ist der Diakon also der große Verführer, Satan höchst persönlich, der ihn in Versuchung geführt und seine Seele gekapert habe. In einem Akt der Verzweiflung versucht der Konvertit nun, seine Seele wiederzuerlangen. Er stürzt sich auf den Diakon und versucht, ihn mit dem Strick an sich zu fesseln, »weil derselbe seine Seele auff sich genommen und an sich gebunden« habe.[196] Dabei ruft er emphatisch: »Nun fessele ich dich, du falscher Engel des falschen lichts«.[197] Der Diakon aber wehrt sich aus Leibeskräften, woraufhin Laubler ihn heftig anfährt: »wenn ihn einer wolte in die Hölle führen, dürffte er ihn nicht umbs Leben bringen?«[198] Als Hahn daraufhin laut zu schreien versucht, greift Laubler nach dem Messer und rammt es ihm in die Brust. Auch die Tatwaffe ist eine von Laublers persönlichen Devotionalien. Wie der Degen steht sie für die Lanze, mit der Jesus am Kreuze gepeinigt wurde. Der ehemalige Trabant sticht noch weitere Male zu, weiß selbst aber nicht mehr, wie oft.

Alles in allem liest sich Laublers Aussage wie eine Erzählung, die zwangsläufig in der Ermordung Hahns gipfelt. Die geschilderten Handlungen gehen auseinander logisch hervor: zuerst der Versuch, Kontakt zu Geistlichen aufzunehmen, dann der Kauf der Utensilien, zuletzt der Mord selbst. In dieser Erzählung erscheint Laublers Vorgehen als von langer Hand geplant und rationell umgesetzt. Diese Darstellung folgt freilich nicht allein dem Interesse des Stadtgerichts, das von den landesherrlichen Behörden dazu angehalten ist, rasch Beweise zu liefern, die für eine Hinrichtung ausreichen, sondern auch dem Laublers. Nicht als schnöder Mörder möchte er gesehen werden, sondern als Werkzeug Gottes, als Auserwählter. Eine Tat im Affekt passt weder zu Laublers Selbstdeutung noch ins Konzept des Stadtgerichts. Indes ist es nicht völlig auszuschließen, dass der ehemalige Delinquent Stricke, Nägel, Rute und Messer zunächst tatsächlich nur als persönliche Devotionalien mit reliquienartigem Charakter erworben hatte, ohne mit ihnen einen Mordplan zu verbinden. Dagegen spricht, dass Hahn Laubler während der Unterredung anscheinend in keiner Weise provozierte – eine Feststellung, die sich freilich wiederum nur auf die Aussage des Täters stützt. So konvergieren in den Erzählungen, die in die Akten des Stadtgerichts eingehen, letztlich wohl Laublers Selbstdarstellung und die Tatanalyse der Obrigkeit.

Die Stunden nach der Tat

Kehren wir noch einmal zum Tatort zurück. Der Körper des Diakons liegt tot auf der Treppe des Pfarrhauses, während der Täter flüchtet. Der *Ausführlichen und wahrhafften Relation* zufolge läuft er »übern Altenmarckt, Schösser- und Schloß-Gassen«[199] bis zur Residenz. Gefolgt von einigen Kreuzschülern, die sich an seine Fersen geheftet haben, stürmt Laubler in das Schloss, hastet eine Treppe empor und gelangt in die Galerie, wo drei Trabanten vor dem Königszimmer Wache halten. Einer von ihnen gibt zu Protokoll, dass der Flüchtige bei seiner Ankunft in der Galerie »recht mörderisch« aussieht; »Ich bin dein Arrestant«, sagt er zu ihm. Dann wendet er sich um, geht zu einem Tisch und bekennt der daran sitzenden Wache: »Er habe Magister Hahnen erstochen«.[200] Laubler zeigt das blutige Messer vor, drei Fußtrabanten treffen ein und bestätigen die Bluttat des Soldaten. Sie beeilen sich, Laubler zu entwaffnen, und verständigen den wachhabenden Leutnant von Wiedemann.

Offenbar sind bei der Verhaftung des Trabanten allerhand Passanten anwesend. Der Trabant Christoph Köckert berichtet etwas verschleiert, er habe »an die Thür treten« müssen, »damit das Volck nicht so hinein gedrungen«; nach der Aussage eines anderen ist bei der Verhaftung viel Volk anwesend, das den Festgenommenen sprechen möchte.[201] Erst der Stadtschultheiß, der auf Geheiß des Obristlieutenants von Polenz – Laublers ehemaligem Vorgesetzten – gegen zwei Uhr im Schloss eintrifft, ordnet an, das Schlosstor zu schließen, und unterbindet dadurch jeden direkten Kontakt zwischen der Bevölkerung und dem Täter.[202]

Der Mörder indes zögert nicht lange, verleiht seiner Befriedigung über die geglückte Tat freudig Ausdruck. Nach der Aussage eines Zeugen hatte er den Hut »in die Augen gedruckt« und »lachte recht verwegen«. Wohlgemut verkündet er, sein Herz sei ihm »nunmehro recht leichte und ganz geruhig«, denn mit Gottes Hilfe habe er »den Teuffel oder Lucifer erleget und überwältiget«. Selbst als der Profos ihn an Händen und Füßen in Ketten legt, lacht er noch und beschwört sein »geruhig Gemüthe«. Kaum gefasst, beginnt Laubler also schon, sich selbst als Werkzeug Gottes und Überwinder des Teufels zu inszenieren. Im Nu formiert sich aber auch ein städtisches Publikum und demonstriert sein Interesse an Laublers Taten und Worten.[203]

Sobald sich der Mörder Franz Laubler in Gewahrsam befindet, setzt sich die Maschinerie der Justiz in Bewegung. Die Frage der Zuständigkeiten wird innerhalb weniger Stunden geklärt. Als Soldat – die Entlassungsurkunde trägt das Datum des 19. Mai, die Zustellung erfolgte jedoch erst am 26. Mai[204] – fällt Laubler unter die Zuständigkeit eines Militärgerichts. Die Leibwache selbst legt jedoch keinen Wert darauf, den brisanten Fall in eigener Regie zu verhandeln.[205] Auch die Landesregierung hält es für besser, den Täter »zur Untersuch- und bestraffung« an den Rat der Stadt zu überstellen. Man begründete die Entscheidung damit, dass Laubler

die Mordthat unter des Raths Jurisdicition begangen habe und es der erbitterten Bürgerschafft und [dem] gemeinem Manne zum Soulagement [Erleichterung] würde gereichen, wenn sie wißen würden, daß ihre Obrigkeit die Untersuchung wieder denselben führen werde.[206]

Es ist also die Staatsräson, die für die Wahl des Gerichts den Ausschlag gibt.

So wird Laubler schließlich in Ratsgewahrsam überstellt. Die Zeremonie findet gegen neun Uhr abends statt. Der Platzmajor und einige Offiziere eskortieren Laubler bis zur Tür des Stockhauses und händigen ihn den Repräsentanten des Stadtgerichts aus. Umringt von einigen reitenden Trabanten, von ehemaligen Kameraden also, löst der Profos die Ketten und übergibt den Delinquenten dem Ratsstockmeister; dieser schließt Laubler an Händen und Füßen sofort wieder zusammen und durchsucht ihn.[207] Währenddessen erklärt Laubler:

Der Knecht wäre nicht beßer als der Herr, hätte Christus gelitten, was wolte ein anderer sagen. Der Heilige Laurentius wäre gebrathen worden, er wolte sich auch brathen laßen.[208]

Werden diese Worte noch vor dem Stockhaus gesprochen? Verbreiteten sie sich unter den Umstehenden? Ein Aktuarius des Stadtgerichts weiß jedenfalls zu berichten, dass sich die Auslieferung »unter großem Zulauffen des

Volcks«[209] vollzieht. Die Augenzeugenschaft der Bevölkerung ist essentieller Bestandteil dieser Inszenierung, die zugleich die Handlungsfähigkeit der Obrigkeiten und die Funktionstüchtigkeit des Rechtssystems unter Beweis stellen soll. Doch die Bevölkerung möchte nicht nur zusehen, sie möchte auch informiert werden und verstehen. Ihre Wissbegierde zeigt sich schon während der Verhaftung und Überstellung des Übeltäters. Es ist das Rätselraten über die genauen Umstände des Mordes, das nun beginnt.

3. Ein Mord, der Rätsel aufgibt

Mathematik der Mordwerkzeuge

Anlässlich der Hinrichtung Laublers publiziert der Dresdner Kupferstecher C.A. Wortmann ein Blatt mit dem Porträt des Delinquenten (Abb. 17). Es handelt sich um den ersten Stich, der Laubler nicht in einem handlungsbezogenen Kontext, sondern als Individuum präsentiert. Gewandet in einen dunklen Mantel, unter dem ein Hemd, wohl das Gefängnishemd, sichtbar wird, ist er in einem Oval im Halbporträt dargestellt. Sein Gesichtsausdruck ist ernst, vielleicht sogar sinnierend, aber keinesfalls der eines reumütigen Sünders. Der Bart ist modisch gestutzt. In ihrer Gravität knüpft die Darstellungsart durchaus an die Bildformel des Gelehrtenporträts an, auf Schmuckformen wird jedoch verzichtet. Zwischen dem Oval und dem Bildrand befinden sich in den vier Ecken die Mordwerkzeuge – die Schlinge, das Messer und die drei Nägel. Sie weisen nicht nur auf die ›Profession‹ des Mörders beziehungsweise auf das ›Handwerk‹ des Mordes hin, sondern spielen auch auf die *Arma Christi* an – jene Marterwerkzeuge, mit denen Christus am Kreuze gepeinigt wurde. Es besteht also ein Kontrast zwischen der von Laubler verkörperten Würde und der Unwürdigkeit seines ›Handwerks‹, der als Kommentar auf Anspruch und Wirklichkeit im Fall Laubler gedeutet werden kann. Das Porträt wäre dann als Travestie des traditionellen Gelehrtenbildnisses zu verstehen. Seine Aussage: ›Er wollte ein Gelehrter sein, war aber doch nur ein gemeiner Mörder.‹

Den Mordwerkzeugen kommt bei der Interpretation der rätselhaften Tat eine Schlüsselposition zu. Doch bevor sie zu Objekten öffentlicher Neugier avancieren, sind sie Beweisstücke im Verfahren gegen Laubler. Der Oberauditeur Jahnicke ist einer der ersten, der auf dem Schauplatz der blutigen Tat eintrifft. Er ist es auch, der die Utensilien sicherstellt, die Laubler am Tatort zurückgelassen hat. Es handelt sich um »das von dem Mörder zu seiner barbarischen That gebrauchte Meßer«[210], zwei Stricke, drei Eisennägel und ein paar

Abbildung 17: Dresnischer Priester Mörder Frantz Laubler. Kupferstich von C. A. Wortmann. 1726.

Handschuhe[211], die er noch am selben Tag dem Stadtgericht übergibt. Ein weiteres Utensil, eine Rute, taucht dagegen erst Tage später auf. Frau Hahn entdeckt sie in dem Zimmer, in dem die Begegnung zwischen ihrem Mann und seinem Mörder stattgefunden hatte, unter einem Schrank und schickt sie am 29. Mai an das Stadtgericht.[212]

Gerade hinsichtlich der eigentlichen Tatwaffe, des Messers, enthält die Akte des Stadtgerichts allerdings einige Ungereimtheiten, welche die Ermittlungs-

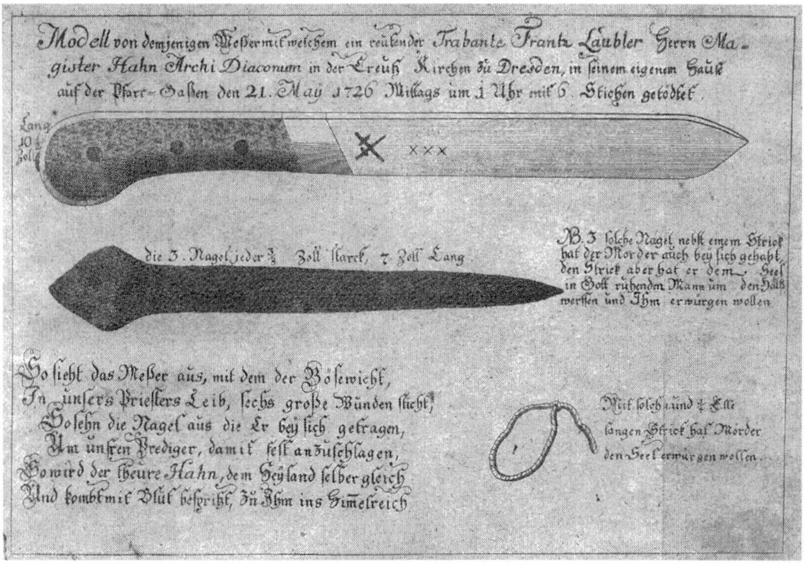

Abbildung 18: Modell von demjenigen Meßer. Anonymer Kupferstich. 1726.

behörde anscheinend aber nicht weiter beunruhigen. Das Messer, das Jahnicke am Tatort an sich genommen hatte, führt der Stadtphysikus Dr. Schurich während der Autopsie in die Stichwunden der Leiche ein und befindet es für passend. Stutzig macht allerdings eine undatierte und unsignierte Randbemerkung in einem Protokoll des Stadtgerichts, woraus hervorgeht, dass Laubler die Tatwaffe mit auf die Trabantenwache nimmt. Tatsächlich wird dies von den Aussagen der Trabanten bestätigt, die bei der Verhaftung Laublers zugegen sind. Der Stadtschultheiß berichtet später, dass ihm von Polenz dieses Messer, das dieser als »Brodt Meßer« bezeichnet, gezeigt habe; es sei »von Fleischer calibre, auch sonst gar breit und groß«[213] gewesen. Dass auch dieses Messer Dr. Schurich vorgelegt wird, geht aus den gerichtlichen Aufzeichnungen jedoch nicht hervor.

Letztlich bleibt so nur die Feststellung, dass das Stadtgericht offensichtlich zwei Messer als Tatwaffen sicherstellt. Eines der beiden Messer wird auch im Verlauf der weiteren Ermittlungen benutzt. Man legt es der Messerhändlerin vor, die es prompt identifiziert[214], und näht es, wie damals üblich, in die Akte ein – an verschiedenen Stellen wird auf das Messer ›post fol. 22‹ verwiesen. Heute befindet es sich allerdings nicht mehr an seinem Platz. Hat man es, wie damals üblich, dem Delinquenten als Zeichen seiner Tat bei der Hinrichtung um den Hals gehängt?

Als Ensemble sind Laublers Utensilien freilich dazu angetan, die Fantasie der Zeitgenossen zu beflügeln. Sie erscheinen als Zeichen, die nur gelesen zu werden brauchen. Was wollte Laubler mit ihnen ausdrücken? Laublers Selbstdarstellungen werden dem Publikum vorenthalten. Dennoch dauert es nicht lange und die Publizistik folgert aus den Mordinstrumenten und dem Tathergang, der ehemalige Trabant habe sein Opfer kreuzigen wollen. Geamoenus etwa meint, Laubler habe

> *ohne Zweifel das verfluchte Propos [Vorhaben] gefasset, den seligen Mann erstlich in seiner Studier-Stube aufzuhencken, und hernachmals denselben mit den bey sich habenden spitzigen Nägeln an Händen und Füßen anzunageln und also zu creutzigen.*[215]

Dementsprechend groß ist auch das öffentliche Interesse an den Utensilien, die Laubler mit in das Pfarrhaus gebracht hatte. Vermutlich schon kurz nach der Tat kursiert ein Kupferstich, der die Mordwerkzeuge detailliert darstellt (Abb. 18). Zuoberst wird ein Messer gezeigt, in dessen Klinge zwei gekreuzte Schwerter und drei kleinere Kreuze eingraviert sind und dessen Griff durch drei Nieten zusammengehalten wird. Seine Länge wird mit 10 ½ Zoll beziffert. Eine kurze Erläuterung weist es als eigentliches Mordwerkzeug aus:

> *Modell von demjenigen Meßer, mit welchem ein reutender Trabante Frantz Laubler Herrn Magister Hahn Archi Diaconum in der Creutz Kirchen zu Dresden in seinem eigenem Hause auf der Pfarr-Gaßen den 21. May 1726 Mittags um 1 Uhr mit 6. Stichen getödtet.*

Unter dem Messer wird einer der drei Nägel gezeigt, und auch der zur Schlinge geknüpfte Strick fehlt nicht.

Die Darstellung von Messer, Nagel und Schlinge wird auch auf anderen Bildern aufgegriffen. Der bereits erwähnte Porträtstich Laublers (Abb. 17) etwa zeigt ebenfalls ein Messer, dessen Griff mit drei Nieten befestigt ist, und ein zu einer Schlaufe geknüpftes Seil. Lediglich den Nägeln verleiht Wortmann eine leicht abweichende Form. Dieselbe Trias taucht auch auf jenem Kupferstich auf, der den Augenblick des Mordes darstellt (Abb. 10). Laubler hält hier das Messer mit den gekreuzten Schwertern und den drei kleinen Kreuzen auf der Klinge in der Rechten und die drei Nägel in der Linken. Die Schlinge ist bereits um Hahns Handgelenk gewunden und festgezogen. Die gedruckte Ausgabe von Picanders alias Christian Friedrich Henricis Gedicht auf den Dresdner Mord wird ebenfalls von einer Abbildung von Messer, Nagel und Schlinge geziert. Auch auf einem Bild, das Laubler mit einem anderen Verbrecher in eine Unterhaltung vertieft an einem Tisch sitzend darstellt, liegen vor ihm die drei Nägel, das Messer und ein dünnes Seil ausgebreitet (Abb. 19). Die Rute, die nachträglich unter dem Schrank gefunden worden ist, findet sich dagegen nirgends abgebildet.

Abbildung 19: Besonders curieuses Gespräche Im Reiche derer Todten.
Titelblatt. Anonymer Kupferstich. 1726.

Diese Werkzeugtrias, die Spekulationen über eine etwaige Kreuzigung sowie das öffentliche Interesse an der genauen Anzahl von Wunden tragen dazu bei, Hahns Martyrium argumentativ zu untermauern. Wie bereits erwähnt, werden die Wunden, egal ob man nun vier, fünf oder sechs zählt, als Stigmata gedeutet, welche auf Christi Passion verweisen. Auch die auf dem Kupferstich mit den drei Utensilien abgedruckten Zeilen bringen die Mordinstrumente mit der Leidensgeschichte in einen Zusammenhang:

So sieht das Meßer aus, mit dem der Bösewicht
In unsers Priesters Leib, sechs große Wunden sticht;
So sehn die Nagel aus, die Er bey sich getragen,
Um unsern Prediger, damit selbst anzuschlagen,
So wird der theure Hahn, dem Heyland selber gleich
Und kombt mit Blut bespritzt, zu Ihm ins Himmelsreich.

Diese simplen Verse gestalten die Darstellung von Messer, Nagel und Schlaufe zu einer Meditation über das Martyrium des Diakons. Die geplante Kreuzigung macht Hahn sogar ›dem Heyland selber gleich.‹ So kommt es, dass die Publizistik und der Mörder die drei Utensilien letztlich in sehr ähnlicher Weise interpretieren – jedoch unter umgekehrten Vorzeichen. Christliche Symbole stehen also sowohl im Zentrum der Inszenierung der Tat selbst als auch im Zentrum ihrer diskursiven Reinszenierung in Wort und Bild. Allein die Logik der Strafjustiz rückt sie als Beweise in andere Zusammenhänge ein.

Wahnsinn vor Gericht

Dass die gerichtliche und publizistische Wahrnehmung der Geschehnisse von unterschiedlichen Fragestellungen geleitet wird, zeigt nicht nur die Untersuchung der Mordwaffen, sondern auch die des Mörders. Während Laubler in den Flugdrucken als Verkörperung des Bösen erscheint, beschäftigt sich die Justiz mit dessen Zurechnungsfähigkeit. So durchzieht die Frage nach der geistigen Gesundheit des Täters sämtliche Zeugenvernehmungen, die nach der Verhaftung durchgeführt werden.

Die Erkenntnisse, die man dabei gewinnt, gehen zunächst in dieselbe Richtung. Der Trabant Andreas Wittig findet zwar, dass sein früherer Kamerad ein »fauler und verdrießlicher Kerl« sei, immer »gleich mürrisch« und »leicht zu Händeln« aufgelegt, wohl auch ein »durchtriebener Mensch […], in den man sich nicht finden können«, weil er sich »in einer Stunde wie vielmahl verändert«; trotzdem habe er nie beobachtet, dass der Delinquent »vor sich etwas geredet oder phantasien gehabt«.[216] Dieselbe Tendenz kennzeichnet die Aussage des Korporals August Siegmund von Zeutsch. Zwar habe Laubler in religiösen Dingen »immer von vielen Fabelwerck geredet, sei aber ansonsten in seiner ganzen Thun serieus gewesen und habe er niemahls etwas an ihm gemercket, daß er nicht richtig im Kopff gewesen«. Er bezeichnet ihn jedoch als hochmütig und raffiniert, »spizig in Reden«, wobei er eine »moquante Arth«

an den Tag gelegt habe; auch habe er »immer zwey deutige Wortte geredt, welche er bald auf diese, bald auf jene Arth expliciret«.[217] Der Trabant Friedrich bestätigt Schmidt, nichts habe darauf hingedeutet, dass Laubler »nicht richtig im Kopffe gewesen«[218] sei. Korporal Johann Christoph Creuznach, der kurz vor der Tat mit Laubler das Quartier teilte, merkt an, Laubler habe »nicht das geringste von einer Melancholie« zu erkennen gegeben, sei sogar »lustig gewesen und [habe] getanzet«.[219]

Diese Aussagen werden auch von Zivilisten bestätigt, die mit Laubler Umgang gepflegt hatten. Folgt man Georg Schuhmann, einem Richter zu Räcknitz, so habe der Delinquent »von der Religion als auch sonst sehr vernünfftig geredet«[220]; auch ein protestantischer Geistlicher namens Weller bestätigt, »daß er ganz vernünfftig und bescheiden sich auffgeführet«.[221]

Dennoch verlangt der Schöppenstuhl Leipzig schließlich, der Täter möge auch noch einem Arzt vorgeführt werden, damit dieser »sich mit aller möglichsten Behutsamkeit deßen temperaments und Zustandes erkundige und nach denen principiis medicis und Physicis sein vernünfftiges Gutachten erstatte«.[222]

Mit dieser Aufgabe wird einmal mehr der Stadtphysikus Dr. Schurich betraut, der sich am Morgen des 19. Juni zusammen mit den Stadtrichtern im Stockhaus einfindet, um Laubler in der Verhörstube zu befragen. Der ehemalige Trabant tritt kooperativ und diskussionsfreudig auf. Sein medizinisches Urteil legt der Physikus noch an demselben Tag in einem Gutachten nieder: Schurich hält Laubler für einen »sanguineo-colericus darbey aber starck von Leibe, vollkommen gesund und munter«. Das Gesicht erscheine weder schrecklich noch besonders streng (»Vultus ipsius non est terribilis nec torvum videns«.) Er verfüge über »eine herliche Memoriam [Gedächtnis], acutum judicium [scharfes Urteil] und antwortet ganz prompt et absque haesitatione [ohne zu zögern], jedoch nach seinen principiis«. Alles in allem kann Schurich »kein einziges Zeichen einer Imbecillitatis vel aberrationis mentis [Bosheit oder Verwirrung des Geistes], Melancholiae, delirii oder Maniae an ihm spüren«.[223]

Dr. Schurich klopft also eine ganze Reihe von Krankheitsbildern ab, die seit der Antike bekannt waren. Neben dem Verdacht auf melancholische Neigungen war es vor allem jener auf manische, der widerlegt werden musste. Schwermut und Raserei, Melancholie und Manie galten als einander diametral entgegengesetzt, waren aber auch in Form bipolarer Störungen in ein- und derselben Person bekannt.[224] Als Symptome galten Schlaflosigkeit, Gedächtnisverlust, vor allem aber unvernünftige Äußerungen und Handlungen.

Gerade Irrationalität spielt im Gutachten des Arztes wie auch im Urteil des Schöppenstuhls eine wichtige Rolle. In erster Linie zeigt sich dieses jedoch der hippokratischen Lehre[225] von den Körpersäften verhaftet. Als Mann, der vom Typus her zwischen dem Sanguiniker und dem Choleriker steht, ist Laubler mit den Elementen Luft und Feuer verbunden und besitzt ein eher heißes, fiebriges Temperament, das sowohl zu Kühnheit als auch zu Heiterkeit neigt. Unter den Körpersäften dominieren Blut und helle Galle. Ein Zuviel an schwarzer Galle, dem Saft der Melancholie, kann der Stadtphysikus Laubler nicht attestieren.

In der Darstellung des Laublerschen Geisteszustandes verschränken sich so Argumente der hippokratischen Medizin mit solchen der Frühaufklärung. Psychologische Ansätze, wie sie in den Schriften Descartes oder Lockes bereits formuliert worden sind und an westeuropäischen Universitäten seit längerem gelehrt werden, spiegeln sich dagegen in Schurichs Gutachten nicht wider.[226]

Auf der Grundlage dieses Gutachtens gelangte auch der Schöppenstuhl zu der Auffassung, der Täter sei zum Zeitpunkt der Tat voll zurechnungsfähig gewesen. Als Tatmotiv, das ja nicht unbedingt auf der Hand liegt, nannte er den religiösen Fanatismus des Mörders:

> *In der That [ist es] aber nicht unmöglich, noch mit deßen gesunden Vernufft incompatible, daß Inquisit von obbemelter Zeit und vorgehabter Religions Veränderung her einige Scrupel und Morsus Conscientiae [Gewissensbisse] empfunden [und durch] die abergläubischen und fanatischen Impressiones, wobey iedoch viel affectirtes mit untergelauffen, sich zu einem unzeitigen Eifer [...] und zu der am Tage liegenden Zunöthigung und Ermordtung Anreitzen laßen.*[227]

Es ist aufschlussreich für die diskursive Verortung der Äußerungen der Richter, dass diese die auffälligen religiösen Ansichten Laublers nicht mit Formen des Wahnsinns in Verbindung bringen. Aufklärerische Prämissen verbieten es ihnen, Laublers Tat als vom Teufel motiviert darzustellen. Stattdessen werden die religiösen Überzeugungen des Täters auf ›abergläubische und fanatische Impressionen‹ zurückgeführt und fallen damit implizit unter das Verdikt der von der protestantischen Orthodoxie aufs schärfste bekämpften Schwärmerei. Die wesentliche Trennlinie verläuft einmal mehr zwischen Orthodoxie und Heterodoxie, nicht zwischen Gesundheit und Krankheit. Wahnsinn ist – das zeigt der Fall Laubler – ein (noch) relativ randständiges Interpretament, das zwar nicht völlig ausgeblendet werden kann, letztlich aber doch eine untergeordnete Rolle spielt.[228]

Von der Verschwörungs- zur Kollektivschuldthese

Der ›gemeine Mann‹ entwickelte freilich seine eigene Sicht auf die Dinge. Am 22. Mai wird ein gewisser Friedrich Bischoff beim Stadtgericht vorstellig, um eine Aussage zu machen. Der Maurermeister hat nämlich etwas gehört, was er der Obrigkeit als guter Untertan unbedingt mitteilen möchte. In einer Unterhaltung mit zwei ›Handlangern‹ des Akzisekalkulatoren Schulze hatte er erfahren, dass weitere Anschläge auf lutherische Geistliche geplant gewesen seien. Einer von ihnen hatte angegeben, dass ihm die Schneiderin Catharina Kobcobius erzählt habe, als Opfer seien Superintendent Löscher und Magister Weller auserkoren gewesen.[229] Als die Kobcobius daraufhin selbst vernommen wird, weiß sie nicht mehr, wer ihr dies erzählt hatte. Es werde »jezo vieles unter einander geredet«, so dass sie »solches auf der Gaße, dem Marckte und in Alt-Dreßden gehöret«.[230] Binnen Stunden nach dem Mord brodelte in der Residenzstadt die Gerüchteküche und beflügelte die Vorstellungskraft der Einwohnerschaft.

Zahlreiche Beispiele dafür lassen sich anführen. Magister Strecke, ein Laienbruder, zeigt etwa schriftlich an, er habe an der Ecke der Schlossgasse drei Männer auf Latein miteinander diskutieren hören. Der eine habe seinen Gefährten ›Hodie Gallus, cras Fabianus cadet‹ zugewispert. Da Fabianus ein Kirchenpatron sei, der ein Feuer löschen soll, spiele die Formulierung auf Löscher an: ›Heute der Hahn, morgen ist der Löscher fällig‹ – in den Augen des Magisters ein konkreter Hinweis auf ein weiteres Attentat.[231]

Verschwörungstheorien kursieren allerdings nicht nur in Dresden, sondern verbreiten sich durch die Publizistik rasch auch außerhalb der Stadt. Eine wichtige Nachrichtenbörse im Alten Reich ist Regensburg, die Stadt des Immerwährenden Reichstags. Als Informationsbroker fungieren die Gesandten, die dort ständig anwesend sind. Johann Friedrich von Schönberg, sächsischer Gesandter in Regensburg, lässt dem Geheimen Konsilium am 10. Juni drei Abschriften von Berichten zukommen, welche die Verschwörungstheorie kultivieren. Weitere Anschläge, so einer der Berichte, seien nur vereitelt worden, weil Laubler zu früh losgeschlagen habe. Man habe einige Verdächtige verhaftet, die dieselben Mordwerkzeuge wie Laubler mit sich geführt hätten. Außerdem wird noch berichtet, dass Laubler für seine Tat von den Katholiken 200 Spezialdukaten versprochen worden seien.[232] Am 27. Juni erreicht das Konsilium aus Regensburg sogar noch eine weitere Druckschrift, die den Jesuitenpater Nonhardt als »Uhrheber und Anstiffter dieser barbarischen That«[233] bezichtigt. Nonhardt ist jener Jesuit, mit dem Hahn um 1722 einen religiösen Disput führte, der kurz darauf im Druck erschien. Nun habe sich der Jesuitenpater für seine damalige Niederlage rächen wollen. Drei Tage vor der Tat habe der Pater zwar die Stadt in Richtung Böhmen verlassen, unterwegs aber öffentlich Fürbitte dafür gehalten, »daß doch Gott der Herr zu einen gewissen Anschlage in Dreßden seinen Seegen verleihen wolle«.[234]

Der Jesuitenpater wird zwar nicht als Mörder, wohl aber als Mitwisser und treibende Kraft hinter dem Anschlag dargestellt. Durch das Zusammenspiel von ›barbarischem‹ Mörder, ›einfältigen‹ Gläubigen und anstiftendem Pater wird der Mord als kollektive Tat stilisiert, die den Katholiken insgesamt anzulasten ist.

Die Begriffe und Argumentationsmuster, die in diesem Zusammenhang gebraucht werden, stammen aus dem Arsenal eines sich selbst als ›zivilisiert‹ und ›aufgeklärt‹ verstehenden lutherisch-protestantischen Diskurses. Sie gehen auch in die bildliche Darstellung der Geschehnisse ein (Abb. 16). Den Teufel auf den Fersen betritt Laubler einen getäfelten Raum, in dem sich vier Jesuitenpater um einen Tisch versammelt haben. Mit Federn in den Händen und beschriebenen Papierseiten vor sich auf dem Tisch ahmen sie ein Spruchkollegium nach, das den Stab über den Diakon Hahn bricht. Einer der Pater schreibt auf ein Blatt die Worte »Er ist des Todtes schuldig«, ein anderer Pater heißt den gedungenen Mörder näher treten. Dieser wird seiner Rolle als neuer Judas gerecht und fragt: »Was wolt Ihr mir geben; ich will Ihu [=Ihn] Euch verrahten«. Der Teufel flüstert ihm unterdessen die Antwort ins Ohr: »30 Silberlinge«. Die Bildunterschrift ordnet die Ermordung des Diakons in historische Zusammenhänge ein:

Ihr Kinder schwartzer Nacht, die Ihr wohl ehmahls habt
An eines Königs Mord den Durst nach Blut gelabt,
Was wunder, daß man euch hier sieht ein Urtheil schließen,
Und eines armen Hahns sein Blut so frech vergießen?

Der Königsmord, auf den die Bildunterschrift anspielt, ist die Ermordung von König Heinrich IV. von Frankreich im Jahre 1610 durch den Mönch Ravaillac – ein Attentat, bei dem ebenfalls Konversion und Konfession wichtige Rollen spielten. Zwar wurde auch Heinrich IV. bald nach seinem Tod als *bon roi Henri* verehrt und verklärt, dennoch können beide Fälle höchstens als Parabel aufeinander bezogen werden. Während damals der Mönch Ravaillac den mehrfachen Konvertiten Heinrich tötete, ist es nun der Konvertit Laubler, der den glaubensfesten Diakon Hahn ermordet. Vergleichsmoment ist also nicht der Glaubenswechsel, sondern der religiöse Fanatismus hinter der Tat. Dass Heinrich IV. wie Friedrich August I. um der Krone willen konvertierte (›Paris ist eine Messe wert!‹), erscheint dagegen ohne Belang. Historisch gebildeten

Zeitgenossen dürfte allerdings klar gewesen sein, dass die französische Königskrone nach dem Tode Heinrichs in die Hand der katholischen Bourbonen gelangte, jener Dynastie, die dem Protestantismus in Frankreich dann den Boden entzog. Implizit drückt der Kupferstich also die Befürchtung aus, das Kurfürstentum könne nach der Konversion des Königs ein vergleichbares Schicksal erleiden.

Die Obrigkeiten verfolgten gegenüber den Gerüchten und Theorien der Straße keine einheitliche Linie. Das Stadtgericht etwa nahm sie durchaus ernst und überprüfte ihren Wahrheitsgehalt. Allerdings wurden diese Bemühungen nicht von Erfolg gekrönt.[235] Obwohl konkrete Anhaltpunkte fehlten, lehnte es die Einzeltäterthese in einem Bericht an die Landesregierung ab:

> *Was nun Laublern zu Vollbringung seiner barbarischen That bewogen, solchen haben wir zwar zur Zeit noch nicht völlig ans Licht bringen können, wollen aber bald nicht zweiffeln, zum Voraus zu sagen, daß er zu dieser That von andern verleitet.*[236]

Eine ganz andere Haltung nahm dagegen das Konsilium ein. Keinen Moment lang schenkte es den Gerüchten der Straße Glauben. Rasch erkannte es, dass nicht von katholischen Verschwörern, sondern von den empörten Lutheranern Gefahr drohte – eine Gefahr, die sich nur wenige Stunden nach der Tat entlud.

Die Verschwörungstheorie lieferte der politischen Linie des Dresdner Magistrats neue Munition. Schon lange sann er auf eine Gelegenheit, die katholischen Zuwanderer aus der Stadt zu verbannen. Laublers Tat kam da wie gerufen. Darüber hinaus bot diese Theorie eine einfache Erklärung für eine Tat, die ansonsten äußerst rätselhaft erschien und bestätigte zugleich das religiös gefärbte Weltverständnis des ›gemeinen Mannes‹, das tief verwurzelt war im protestantischen Diskurs der vorangegangenen zwei Jahrhunderte.

II. Eine Stadt in Unruhe

4. Der Gang der Ereignisse

Erste Ausschreitungen

Der 21ste May itzigen Jahrs war der guten Stadt Dreßden ein Tag trauriger Bothschafft, ein solcher betrübter Tag, dergleichen unsere Stadt noch niemahlen erlebet gehabt, und wolte Gott! Und aber wolte Gott! Itzo noch nicht sehen dürffen.[237]

Mit diesen Worten leitet der anonyme Verfasser der *Ausführlichen und wahrhafften Relation* seine Erzählung über die Dresdner Ereignisse im Frühjahr 1726 ein. Wenn er die Einzigartigkeit des 21. Mai beschwört, so ist er dabei in bester Gesellschaft. Die Publizistik überbietet sich geradezu mit Superlativen, die die Besonderheit des Ereignisses unterstreichen. Eine fingierte Grabschrift auf den Toten weist beispielsweise schon im Titel marktschreierisch auf die Besonderheit der Mordtat hin: *Entsetzliche und in zwey hundert Jahren nie erhörte grausame Mord-Geschichte, Welche An einem treuen Diener Gottes [...] ausgeübet wurde.*[238] Aber nicht nur Publizisten, sondern auch Amtsträger schlagen diese Tonart an und unterstreichen den besonderen Stellenwert der Geschehnisse. So schreibt der Dresdner Magistrat an den Grafen von Wackerbarth, am 21. Mai habe sich »eines der erschrecklichsten und betrübtesten begebenheiten, so wohl jemahls gehöret worden seyn mag«[239], ereignet. An hyperbolischen Formulierungen lässt man es also nicht fehlen.

Wie stark der Mord die Dresdner Mehrheitsbevölkerung aufschreckt, zeigt sich bereits wenige Minuten nach der Tat. Unter jenen, die sofort auf den Beinen sind, ist auch der Aktuarius Rothe. Anfangs weiß er gar nicht, was um ihn herum geschieht. Er sitzt wohl gerade zuhause beim Mittagbrot, als er wahrnimmt, wie größere Menschenmengen durch die Zahnsgasse zum Altmarkt strömen. Es ist gerade »mittags nach 1 Uhr«.[240] Ohne lange zu zögern, schließt Rothe sich den Menschen an und eilt mit ihnen zum Rathaus.

Der Altmarkt, auf dem die Menschen zusammenkommen, ist freilich nicht irgendein Ort, sondern *der* zentrale Platz Dresdens. Das ausgedehnte Areal bietet nicht nur Märkten ausreichend Raum, sondern auch den städtischen und höfischen Zeremonien und Festivitäten. Hier zieht die Bürgerschaft zur Musterung auf, hier feiert der Hof 1719 die Vermählung des Kurprinzen mit aufwendigen Spektakeln (Abb. 21 und 22). 1707 lässt der Kurfürst-König das alte Rathaus abbrechen, um den Altmarkt besser für Repräsentationszwecke

Abbildung 20: Fußturnier auf dem Altmarkt zum Marsfest, 12. September 1719. Deckfarbenblatt von Johann Samuel Mock. 1719.

nutzen zu können.[241] Der Rat bleibt indes auch nach der Niederlegung seines Hauses am Altmarkt präsent, zunächst in dem 1709 gekauften Haus an der Ecke zur Scheffelgasse, ab der Jahrhundertmitte dann in einem zeitgemäßen Neubau.[242] Zumindest im 17. Jahrhundert ist der Altmarkt aber auch ein Ort symbolischer Kommunikation zwischen dem Landesherren, dem Rat und den Untertanen.[243] Dass dieser symbolträchtige Platz in unmittelbarer Nachbarschaft zum Haus des Ermordeten in der Pfarrgasse liegt, macht ihn zum idealen Sammelbecken und Informationsknotenpunkt für die bestürzten Stadtbewohner. Wer auf dem Laufenden sein will, der kommt flugs zum Altmarkt.

So kommt es also, dass – so der Magistrat – die Nachricht »gleich wie ein Bliz unter die ganze populace divulgiret gewesen«.[244] Als Rothe auf dem Altmarkt eintrifft, beklagen die Massen den Ermordeten bereits »mit vielem Ach und Weh«.[245] Erzürnt verlangen sie, man möge den Täter aufgreifen und vorführen. Zusätzlich angeheizt wird die Stimmung wohl auch durch Aufwiegler, die schreiend und rufend durch die Gassen ziehen. Der Magistrat berichtet Graf Wackerbarth, dass von diesen öffentlich

> *unbesonnene Reden geführet worden, welche das Schrecken, die Neugierigkeit und unbesonnenheit der Populace [Pöbel] in noch mehrere Hize gejaget und die besorgung erweckt, daß zulezt es noch weiter gehe und sie sich wohl gar an Menschen und Gebäuden vergreiffen dörfften.*[246]

Abbildung 21: Der Bürgerschaft Aufzugk zur Musterung vom alten Markte bis in die Wilsdruffer Gasse hinunter. Anonymer Kuperstich. 18. Jahrhundert.

Rothe, der die Gärung spürt, versucht zu erklären, weshalb die Nachricht die Menschen im eigentlichen Sinne des Wortes ›bewegt‹, weshalb sie also zuhauf durch die Gassen strömen. Drei unterschiedliche Haltungen macht er aus: Während die einen die Neugierde vom Mittagstisch aufscheucht, treibt andere ein vages Gefühl der Bedrohung aus dem Haus; wieder andere rennen vielleicht aus ›Unbesonnenheit‹ oder ›Rachgier‹ in die Gasse, ohne zu wissen, was sie eigentlich anzustellen gedenken.

Der Zustrom ist aber noch aus einem anderen Grund besonders groß. Am 21. Mai findet in Alt-Dresden gerade der Cantatemarkt statt, ein Jahrmarkt, der am vierten Sonntag nach Ostern beginnt und acht Tage dauert.[247] Zahlreiche auswärtige Händler halten sich in der Stadt an der Elbe auf, Seiltänzer, Schausteller und Theatergesellschaften bieten ihrem Publikum ein abwechslungsreiches Programm.[248] Eine Reihe bunter Attraktionen facht Neugier und Schaulust an. In die Festtagsstimmung platzt Laublers Tat wie ein Paukenschlag. Wohl nicht zu Unrecht vermutet der Magistrat, der »Trunck bey der Gelegenheit des Alt-Dreßdener Jahrmarckts«[249] habe die Gemüter zusätzlich erhitzt.

Dass die Stimmung gereizt ist, bestätigt auch Rothe. Von einer »Verbitterung des Volcks« ist da die Rede, auch davon, dass rasch Anstalten getroffen werden müssen, da »der gemeine Pöbel einen haß gegen die Catholischen, so allhier wohnhafft, verspühren ließe«.[250] Kurz darauf beobachtet er erste polizeiliche Maßnahmen zur Sicherung von Ruhe und Ordnung. Kaum im Rathaus angekommen, erhält er den Auftrag, die auf dem Platz versammelte Menschenmenge mit der Nachricht von der Festnahme des Täters zu beruhigen. Doch draußen sieht er sich einmal mehr mit der aufgeheizten Stimmung auf dem Altmarkt konfrontiert. Während Rothe seine Ansprache hält, sieht er, dass die Menge bereits einen Schuldigen ausgemacht hat. Sie traktiert »einen

Abbildung 22: Superintendent Valentin Ernst Löscher. Kupferstich von Christian Fritzsch. 1734.

Kerl in weißer Kleidung und dergleichen Mantel«, der von der Wache abgeführt wird, »mit Spanischen Röhren und Stecken«.[251]

Ob es jedoch bereits am 21. Mai zu weiteren Ausschreitungen kommt, ist ungewiss. Die Akten des Magistrats sprechen dagegen. Folgt man ihnen, so gelang es der Obrigkeit, alle Feindseligkeiten im Keim zu ersticken. Dennoch kommen auch sie nicht umhin, hier und dort den Blick auf schlummernde Gewaltpotentiale zu richten. Hierzu drei Beispiele: 1. In den Akten des Geheimen Rates befindet sich ein Auszug aus einem Schreiben des Hofrats Drewers vom 21. Mai. Darin teilt dieser mit, dass sich nach der Tat ein paar hundert »von Evangelischen Bürgern« vor dem Hause des Superintendenten Löscher (Abb. 22) versammelt hätten »und von Todtschlagen so stark gesprochen, daß er [Löscher] selbst unter sie gehen und um Gottes willen die Gemüther zu beruhigen ersuchen müssen«.[252] 2. Die *Ausführliche und wahrhaffte Relation* erzählt, wie »der Pöbel« in einer Andacht in der Kreuzkirche um zwei Uhr einen Katholikern aufgreift, »so sich zur Wehr stellen und den Degen entblössen wollen«.[253] Man verfolgt ihn bis in die Kreuzschule, wo er von der

Bürgerwehr gestellt, festgenommen und aufs Rathaus geführt wird.3.Wohl etwa zur gleichen Zeit kommt es auch an einem der Stadttore zu einem ersten tätlichen Übergriff, dem ein reitender Trabant zum Opfer fällt, der die Stadt verlassen will. Er wird »mit Schlägen und Halten so übel zugerichtet, daß ihm das Blut häuffig vom Kopff herab geflossen«.[254] Die Soldaten, die am Tor Wache halten, nehmen den Mann schließlich in Schutzhaft und führen ihn ab. Er wird aber noch am selben Tage freigelassen.

In den Quellen stehen solche Einzelfälle als Pars-pro-Toto für die allgemeine Gewaltbereitschaft, die in erster Linie von der lutherischen Bürgerschaft ausgeht, von den Katholiken jedoch noch angeheizt wird. Genuine Quellen, aus denen die Haltung der Katholiken zum Mord hervorgeht, gibt es kaum. Ihre Sicht der Dinge liegt völlig im Dunkeln. Von lutherischer Seite wird freilich immer wieder darauf hingewiesen, dass Katholiken Laublers Tat bejahen und sich abfällig über das Mordopfer äußern, so etwa der weiß gekleidete Mann, dessen Misshandlung Rothe auf dem Altmarkt beobachtet.[255] Darüber, ob sich einige Katholiken tatsächlich zu Schmähungen hinreißen lassen, kann freilich nur spekuliert werden.

Wie hoch die emotionalen Wellen schon in den Wochen vor dem Mord schlugen, zeigt eine Episode in dem südlich von Dresden gelegenen Dorf Leubnitz. Michl Scheffler, ein katholischer Sorbe, drohte dort mit der Ermordung des lutherischen Pfarrers, falls dieser weiterhin gegen die Katholiken wettere. Doch damit nicht genug, schmähte er ihn auch noch völlig ungeniert in aller Öffentlichkeit. Es wird berichtet, er habe diesen

einen alten grau Kopff schimpfsweise geheißen, der nur vor alten Weibern predigte und wenn dieses Land Catholisch würde, Schweine und Ziegen hüthen müste.[256]

An einem Sonntag, so ein Zeuge, sei Scheffler zum Kegeln nach Neustadt-Ostra gekommen und habe »bald in deutscher, bald aber in wendischer Sprache«[257] auf die Lutheraner geschimpft. Der Streit der Konfessionen vergiftete so zumindest punktuell auch das tägliche Miteinander von Katholiken und Lutheranern.

Verbale Konflikte zwischen den konfessionellen Lagern kamen also bereits vor dem 21. Mai immer wieder vor. Am 21. Mai selbst ändert sich aber ihr Modus, indem die Lutheraner die verbale Ebene verlassen. Verbalen Attacken der Katholiken begegnen sie nun mit Handgreiflichkeiten. Die Folge sind blaue Flecke und blutige Köpfe. Glaubt man der *Ausführlichen und wahrhafften Relation*, breitete sich sogar eine regelrechte Pogromstimmung aus; denn der

zu rächen gesonnene unverständige Pöbel, vermehrete den haß gegen die Priester so gar, daß er [...] alle Personen Catholischer Religion, ohne Ansehen ihres Standes und Dignitæt [Würde] auf den Strassen in Furie anfiel, mit Schlägen, Stössen und Steinwürffen so sehr verwundet, daß sie kaum mit dem Leben davon kommen und entweichen können, weswegen die hiesigen Italiäner, Tyroler und andere dergleichen Handels-Leute, ihre Gewölber schleunigst beschlossen und sich in ihren Häusern verborgen hielten.[258]

Am 22. Mai wird der ›Pöbel‹ dann sogar »so wütend, tobend und rasen, daß er die Catholicken gäntzlich zu vertilgen beschlossen«.[259] Ein anderer Flugdruck urteilt etwas milder; es gehe den Demonstranten lediglich darum, die Katholiken »zu relegiren« beziehungsweise sie »aus der Stadt zu führen und fort zu jagen«.[260] Das Wort ›relegieren‹ in diesem Zusammenhang ist entlarvend, verweist es doch auf die *relegatio* oder Landesverweisung als Strafpraxis. Im städtischen Kontext wurde der Delinquent dabei nicht selten mit Schlägen zum Stadttor hinaus geprügelt.[261] Führten die Demonstranten also ein Strafritual auf, dessen Durchführung sie von ihren Obrigkeiten erwartet hatten?

Aus den Aufzeichnungen des Magistrats gehen solche Absichten jedoch nicht hervor. Allerdings zeigte sich dieser kaum bestrebt, die Absichten und Stimmungen der Straße zu dokumentieren, sondern war vollauf damit beschäftigt, das Heft des Handelns in der Hand zu behalten. Wichtigste Maßnahme: Die militärische Sicherung von Altmarkt und Rathaus. Ein Viertelsmeister mustert 100 Mann von der Bürgerschaft. Kurze Zeit darauf steht dann »eine ziemliche Mannschaft von Bürgern mit gewehr vorm Rathhauße«.[262] Die Marktbuden werden vom Platz geschafft, so dass der Platz leichter kontrolliert werden kann. Während sich der Magistrat im Rathaus verschanzt, schwärmt die Bürgerwehr aus und befiehlt der Bevölkerung »mit allen guten Glimpff«[263], sich umgehend nach Hause zu begeben und sich ruhig zu verhalten. Sie könne sicher sein, dass Hahns Tod nicht ungesühnt bleibe und dass die Mehrheitsbevölkerung »sattsame Satisfaction«[264] erhalte.

Am frühen Abend kehrt dann Graf Wackerbarth, Gouverneur der Stadt und Kabinettsminister, von seinem Landsitz in die Stadt zurück und postiert »etliche Compagnien«[265] auf dem Altmarkt, in der Hauptstraße und in der Eckender Gasse. Nun kann auch Laubler vom Schloss zum Rathaus überführt werden, wo er dem Stadtgericht übergeben wird. Die Bevölkerung schiebt sich durch die Gassen, um sich mit eigenen Augen davon zu überzeugen, dass alles mit rechten Dingen zugeht. Der Gerichtsschreiber Rothe stellt erleichtert fest, dass die Bevölkerung »dadurch ziemlich soulagiret [erleichtert] erscheinet und nun nach hauße zu gehen verspricht«; als Rothe gegen Mitternacht den Heimweg antritt, sind die Gassen bereits wieder ganz ruhig.[266]

Der Schuss auf die Kanzel

Am Sonntag, dem 19. Mai 1726, durchschritt der Sattlergeselle Hans Jacob Bauer eines der Dresdener Stadttore, um ein paar Tage in der sächsischen Residenzstadt Rast zu machen. Wie er später aussagen sollte, zählte er 31 Jahre und stammte aus Wasselnheim (Wasselonne) im Elsass. Sein Handwerk hatte er in Straßburg erlernt, bevor ihn die traditionelle Walz nach Warschau führte. Nachdem er dort drei Jahre lang beim königlichen Hofsattler gearbeitet hatte, befand er sich nun auf der Heimreise. Vielleicht wollte er sich einen persönlichen Eindruck von der Stadt an der Elbe verschaffen, von der er in der polnischen Hauptstadt einiges gehört haben mochte; vielleicht wollte er die Reise, die lang und beschwerlich war, auch nur unterbrechen, um sich ein wenig auszuruhen. Hätte er geahnt, was ihn in Dresden erwartet, hätte er gewiss einen großen Bogen um die sächsische Residenzstadt gemacht.

Womit sich Bauer am 20. und 21. Mai die Zeit vertrieb, entzieht sich unserer Kenntnis. Vielleicht besuchte er den Jahrmarkt in Alt-Dresden, erfreute sich an den Lustbarkeiten und genoss ein Bier; vielleicht blieb er auch in seiner Herberge, um sich von den Strapazen der Reise auszuruhen. Am Morgen des 22. Mai steht der Fremde jedenfalls zeitig auf, kleidet sich an, schnallt seinen Degen um und bricht auf, um den Gottesdienst in der Kreuzkirche zu besuchen. Die Warnung seiner Wirtin, er dürfe auf keinen Fall in die Stadt gehen, »er sähe gar frembd aus und möchte ein Unglück erleben«[267], schlägt er in den Wind. Um halb acht, der Gottesdienst ist bereits in vollem Gange, trifft er in der evangelischen Kreuzkirche ein.[268] Ob der Protestant, wie er später beschwört, lediglich »allda seine Andacht«[269] halten und zum ersten Mal nach langer Zeit wieder an einem öffentlichen Gottesdienst teilnehmen möchte oder ob ihn auch die Neugier treibt, muss dahingestellt bleiben.

Wie damals üblich, gab es in der Kreuzkirche nicht nur zu ebener Erde Sitzgelegenheiten. Die besten Plätze befanden sich auf der Emporkirche, einem Umgang auf halber Höhe, wie man ihn heute noch in manchen Kirchen bewundern kann. Während Bauer im hinteren Teil der Kirche bleibt, nimmt ein anderer Teilnehmer des Gottesdienstes, der Ratswächter Michael Frölich, seinen Platz auf der Empore ein. Von dort aus kann er bestens beobachten, wie sich im ‚Parkett' Unruhe ausbreitet. Der Prediger, der junge Magister Funck[270], habe gerade die Bibellesung beendet – so Frölich später – und »etwan 20 Wortte darnach geredet, als plötzlich unten in der Kirche der Lerm angefangen«. Trotz des guten Blicks begreift er allerdings zunächst genauso wenig wie die anderen Zeugen, die später vernommen werden, was eigentlich geschieht.

Abbildung 23: Der Westturm der Kreuzkirche mit Kreuzgasse und dem Platz vor der Kirche, auf dem sich die neugierige Menge versammelte. Kupferstich von B. Bellotto. 1757.

Klar ist nur, dass es ein ›Lärmen‹ gegeben hat, dem, so versichern einige, ein Schuss vorausgegangen ist; dieser Schuss habe dem Prediger gegolten und man habe allgemein einen Katholiken als Schützen vermutet, der das Werk Laublers zu vollenden suchte – die Nerven liegen also nach wie vor blank. Lediglich einer der Verhörten, Siegmund Göbler, Dresdner Bürger und Sattler, vermag die Vorgänge etwas detaillierter zu schildern. Seinen Worten zufolge beginnt alles »an der grosen Kirch Thüre, wo die Allmosen eingelegt werden«, und zwar damit, dass »die Weibes Leuthe die Köpfe zusammen gestecket«. Das Gemurmel bei der Türe schwillt immer weiter an, bis es auch die »Leuthe bey der Canzel gewahr worden und erbärmlich zu schreien angefangen«. Er, Siegmund Göbler, habe zwar »aus seinem Stuhle mit den Kopf und Händen« gewunken, auf diese Weise die Menschen aber genauso wenig beruhigen können wie der Glöckner, der auf die Kanzel gestiegen sei, um die Gemüter durch beschwichtigende Gesten zu beruhigen. Die Gläubigen lassen sich aber nicht besänftigen, sondern strömen aufgeregt zur Kirchentüre hinaus auf den Altmarkt.[271]

Im Mittelpunkt des ›Lärms‹ bei der Kirchentür befindet sich just unser Sattlergeselle aus dem Elsass. Gewiss weiß dieser gar nicht so recht, wie ihm geschieht, als man ihn plötzlich als Katholiken beschimpft und es zu Handgreiflichkeiten kommt, bei denen er »übel zugerichtet«[272] und verhaftet wird; er selbst meint sogar, »er hätte viel Löcher in Kopff gekriegt und würde sein Lebetage ein Krippel bleiben«.[273] Es ist wohl sein Degen, der zuerst das Misstrauen der Umstehenden erregt; Handwerksburschen ist das Tragen von Waffen nämlich nicht erlaubt. Vielleicht lenkt aber auch das ›fremde Aussehen‹, das seine Wirtin konstatiert hatte, die Aufmerksamkeit auf Bauer. Bedrohlicher für Bauer ist aber wohl, dass er beschuldigt wird, den Schuss abgegeben zu haben.

Aber der Sattlergeselle ist nicht das einzige Opfer der aufgebrachten Gottesdienstgemeinde. Es gibt noch ein weiteres, den Trompeter Georg Martin. Hätte er an diesem Morgen seinen Dienstposten in der Hauptwacht nicht verlassen, wäre ihm nicht nur eine Menge Ärger, sondern auch ein mehrmonatiger Gefängnisaufenthalt erspart geblieben. So aber sitzt er genau »unterm Thurme«, als die Unruhe sich auszubreiten beginnt, und gerät selbst ins Visier der aufgebrachten Menge, die auf ihn einzuschlagen beginnt. Später gibt er an, dass er »an der Stirn und im Nacken zwey Löcher habe, ihm auch der Zeige Finger an der lincken Hand beschädiget worden«.[274]

Eine Mitschuld bestreitet er jedoch heftig. Einen Degen habe er nicht gezogen. Es ist sein Pech, dass mehrere Zeugen bestätigen, er habe diesen nicht nur gezogen, sondern auch heftig über seinem Haupt hin und her geschwungen. Siegmund Göbeler führt etwa gegenüber dem Stadtrat aus, er habe bei den Weiberstühlen bei der Kirchentür einen Trompeter gesehen, welcher »den Degen gezogen und in der höhe herum gefahn«, und auf diese Weise viele der Anwesenden erschreckt habe.[275] Außer Göbeler bemerkt noch ein anderer Zeuge, wie Martin »den Degen haußen gehabt und damit gewincket, daß die Leüthe zurücke bleiben sollen«.[276] Nach einer Aufforderung habe Martin den Degen jedoch auch rasch wieder eingesteckt. Erst nachdem die beiden Zeugen Martin bei einer Gegenüberstellung eindeutig identifiziert haben, bekennt sich dieser zu seinem Vergehen. Er habe den Degen, so das Protokoll des Stadtrats, zur Verteidigung seiner eigenen Person und des Predigers, den er bedroht geglaubt, gezogen. Ob durch Zutun von Bauer und Martin oder nicht; die Menge in der Kirche hatte ihre Schuldigen gefunden.[277]

Der ›Lärm‹ entgeht freilich auch den Soldaten und den Männern von der Bürgerwehr nicht; ohne lange zu zögern, stürmen die Soldaten in die Kirche, durchkämmen sie nach Verdächtigen, zerstören etliche Stühle, nehmen aber niemanden fest.[278] Als sich der Lärm langsam legt, beweist sich einmal mehr die Funktion des Kirchenliedes für die Gemeinde; Gesang und Orgel verleihen den Handlungen wieder Struktur und binden die Aufmerksamkeit der Anwesenden; im Kirchenraum erschallt *Ach liebe Christen seid getrost, was tut ihr so verzagen*. Auf performativem Wege wird so der ›Lärm‹ überwunden. Und schließlich kann Magister Funck sogar seine Predigt zu Ende führen und den Segen spenden.

Es muss betont werden, dass die Befürchtungen der lutherischen Gottesdienstgemeinde ihrem kollektiven Erwartungs- und Erfahrungshorizont entsprachen. Während der Frühen Neuzeit wurden gerade Gottesdienst und Sakramente immer wieder vom konfessionellen Gegner durch provokative Aktionen gestört – Aktionen, die dann gewalttätige Auseinandersetzungen nach sich zogen.[279] Aus diesem Grunde bemüht sich die lutherische Kirche sofort, die Gerüchte über den ominösen Schuss zu zerstreuen. Bereits um neun Uhr findet sich Magister Strauz, Katechet an der Frauenkirche, in der Kommissionsstube des Rats ein, um zu bezeugen, dass kein Schuss gefallen sei. Schließlich taucht dort sogar Meister Göbeler auf, um dies zu unterstreichen; der ›Lärm‹ sei vielmehr »von ohngefehr« entstanden.[280] Auch andere Zeugen bestätigen, keinen Schuss vernommen zu haben.

Doch letztlich können sich die besonnenen Stimmen nicht durchsetzen. Ihre Aussagen beruhigen zwar die Obrigkeiten, nicht jedoch die Straße. Unter den Umstehenden, die sich auf dem Altmarkt versammelt haben, verbreitet sich das neue Gerücht wie ein Lauffeuer. Wieder strömen die Menschen zum Altmarkt, um die blutigen Details zu erfahren, wieder erschallt der Ruf nach Rache. Steht nicht schon in der Bibel, Auge um Auge, Zahn um Zahn?

Ausbruch und Verlauf der Gewalttätigkeiten

Johann Georg Liebeskind, Bürger und Koch, schlendert um neun Uhr desselben Tages über den Markt und tätigt seine Einkäufe, als er erfährt, dass in der Kreuzkirche »ein Schuß geschehen und daß etliche Leute mit bloßen Degen darinnen fraye sollten lauffen«.[281] Ohne lange zu fackeln, läuft er durch die Marktgasse zum Altmarkt, versucht dort in die Kirche zu gelangen, bleibt aber im allgemeinen Gedränge stecken. Wieder berichtet man ihm, drinnen sei mit einer Pistole geschossen worden, andere erzählen, die Pistole habe aber versagt. Da der Tumult immer heftiger wird und immer mehr Menschen auf den Markt strömen, eilt Liebeskind nach Hause und macht »sein Hauß Gewehr auf aller unvermuthete fälle zu rechte«.[282] Dann lässt er es aber zuhause stehen und begibt sich wieder zum Altmarkt, um die weitere Entwicklung der Angelegenheit abzuwarten.

Liebeskind ist freilich nicht der Einzige, der seine Handlungen von einem diffusen Gefühl der Bedrohung leiten lässt. Es dauert nicht lang und Wut und Zorn entladen sich gewaltsam. Die Choreographie der Gewalttaten, die sich in den folgenden Stunden in Dresden entfaltet, lässt sich allerdings nur schwer nachzeichnen. Lediglich Druckschriften wie die *Ausführliche und wahrhaffte Relation* entwerfen eine chronologische Ordnung der Ereignisse. Den Ratsherren genügt dagegen festzustellen, wer für welche Taten verantwortlich ist.

Ausgangspunkt der Unruhen ist der Altmarkt bzw. die Menschentraube, die sich nach dem morgendlichen Vorfall in der Kreuzkirche dort gebildet hat. Man wird davon ausgehen dürfen, dass der Platz von einem Gemenge aus uniformierten Ordnungskräften und Dresdnern sämtlicher Stände bevölkert ist – eine nicht gerade überschaubare Situation. Offenbar sind die bewaffneten Kräfte aber deutlich in der Unterzahl.

Nach einiger Zeit bewegt sich schließlich der ›Pöbel‹ »in sehr starcker Anzahl« zur Ordensniederlassung der Jesuiten in der Brüdergasse, schmeißt Fenster ein und verübt im Innern »ein und andere Exorbitantien«.[283] Die Demonstranten bekommen die katholischen Geistlichen glücklicherweise nicht in die Finger, da diese bereits früher in Sicherheit gebracht worden waren.

Von der kleinen Brüdergasse begibt sich der Zug weiter zur Prinzlichen Apotheke in der Schlossgasse, die jedoch verschlossen ist und von der Miliz abgeschirmt wird. Dennoch müssen auch hier die Fenster »ein starckes Stein-Bombardement ausstehen«.[284] Nächstes Ziel der Menge ist die katholische Hofkirche, das Symbol für das Aufblühen des Katholizismus in der sächsischen Residenzstadt. Aber auch hier kommen die Männer und Frauen nicht recht zum Zuge, da Soldaten das Gebäude abriegeln. Wieder gehen Scheiben zu Bruch. Langsam wird die Gangart härter. Graf Wackerbarth, der anscheinend persönlich zur Hofkirche geeilt ist, wird am Rücken von einem Stein getroffen.[285]

Dann schlagen die Demonstranten eine neue Richtung ein, spalten sich in mehrere Gruppen auf und gehen an mehreren Orten gleichzeitig ans Werk (Abb. 24). Rund zwei Dutzend Ziele werden ins Visier genommen, von denen sich jedoch nicht alle genau lokalisieren lassen. Häuser, die von Katholiken bewohnt werden, bilden den Mittelpunkt der Attacken. Das Idiom der Gewalt bleibt aber die ganze Zeit dasselbe: Steinwürfe gegen Gebäudefassaden und Fenster, Erstürmung der Häuser, Verwüstung und Plünderung der Innenräume.

In der Schlossgasse knöpfen sich die Demonstranten neben der Prinzlichen Apotheke auch das Haus der Familie Zimmermann vor. In der benachbarten großen Brüdergasse gehen die Menschen auf das Haus von Philipp Nicolai, dem Sekretär des Kurprinzen, los. Gewaltsam wird die Tür aufgebrochen, das Innere verwüstet und wertvolles Gut gestohlen. In derselben Gasse stürmt man außerdem noch das Haus der Hofratswitwe Häuffel. In der Wilßdruffer Gasse, die in den Altmarkt mündet, greift man das Haus des Seidensieders Grundmann an, in dem der Königliche Kapellmeister logiert. Auch hier wird die Tür aufgebrochen und der Kapellmeister weggeführt. Am Altmarkt selbst nehmen sich die Demonstranten das Ungarische Haus vor, während sie am

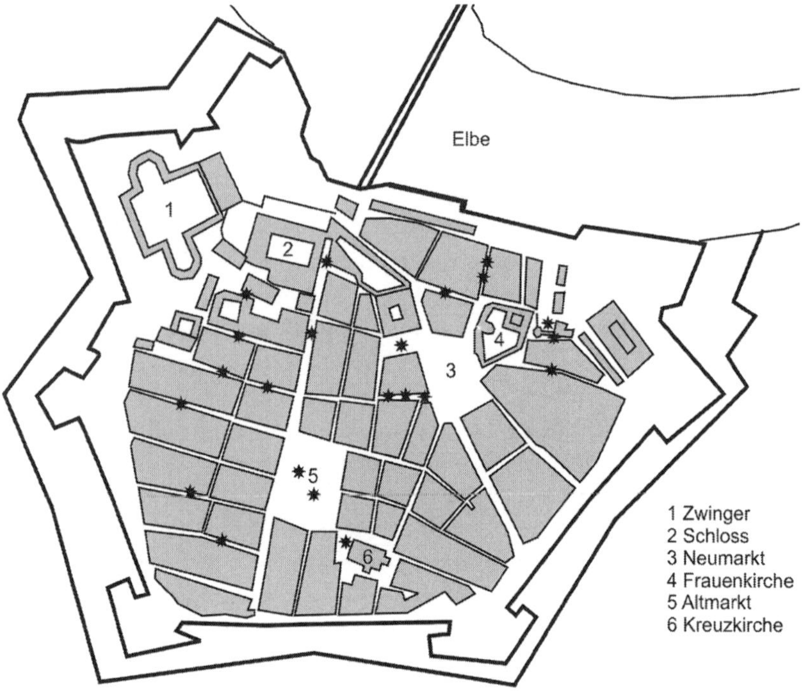

Abbildung 24: Dresden 1726. Straßenzüge, in denen Ausschreitungen stattgefunden haben sollen.

›Fischmarkt‹ das Haus derer von Schönberg und in der Zahnsgasse das Haus der Frau Billich angreifen. Auch hier gehen Fensterscheiben zu Bruch und werden Innenräume verwüstet. In der Rampischen Gasse wählt sich die Menge das Haus von Bausekretär Siegert als Ziel, und auch in der Töpfergasse fliegen Steine in Fenster. In der Frauengasse werden gleich drei Häuser attackiert, nämlich das Körberische, das Wildnerische und das Winklerische. Weitere Brennpunkte der Ausschreitungen sind die Webergasse und die Große-Fischergasse sowie eine Reihe von Häusern, die sich auf dem Stadtplan größtenteils nicht verorten lassen: die Unterkunft des Schneiders Klukovsky und des Portiers Johann etwa, oder Wagners Haus, in welchem der königliche Oberläufer seine Unterkunft unterhält, das Haus der Vogelsangs sowie das Jornische Haus. Übergriffe werden auch gegen eine Reihe von Gasthäusern – den Pelikan, den Grünen Baum an der Frauenkirche und die Glocke am Salzhaus – sowie gegen das Haus des Herrn Coppintheus am Pulverturm gemeldet. Im Jüdenhof, aber auch an anderen Orten, werden überdies Katholiken oder Personen, die man für solche hält, angegriffen und misshandelt.[286]

Wie groß die Menge der Demonstranten ist, lässt sich freilich nur schwer sagen. Den Quellen zufolge sind die Straßen voll, und weit über tausend Menschen nehmen an den Ausschreitungen teil. Wie die *Ausführliche und wahrhaffte Relation* angibt, bevölkern »hunderte ja tausende«[287] die Gassen der Stadt. Auf jeden Fall ist die Menge aber zu groß, als dass Bürgerwehr und Militär ihrer Herr werden könnten. Übergriffe auf Menschen oder Sachen zu unterbinden, gelingt den Ordnungskräften nicht. Lediglich das Schlimmste können sie noch verhindern, indem sie katholische Dresdner in eine Art Schutzhaft nehmen:

Die Catholiquen wurden in denen Häußern, wo sie von dem Rasen des liederlichen Gesindels angegriffen werden, sowohl durch die Miliz als Stadt- und Raths Wacht beschützet, auch zu ihrer Sicherheit in bequemen Logiamenter [Unterkunft] aufs Rathhauß, ingleichen des Raths Hochzeit Hauß gebracht.[288]

Noch während sie abgeführt werden, sehen sich die Katholiken heftigen Angriffen durch herandrängende Demonstranten ausgesetzt. Die Soldaten müssen Hiebe und Stöße austeilen, um die Festgenommenen abführen zu können. Immer wieder betonen die Quellen daher die leibliche Gefährdung der Katholiken:

Die Papisten alle Nationen, so sie angetroffen, darunter sich auch einige Patres befunden, haben diese unbändige Völcklein dermassen zerschlagen und zerschmissen, daß die Miliz und Bürger-Wacht genug zu thun hatte, dieselben unter Bedeckung der reutenden Trabanten, die auf jeden Flügel sich verfüget, vor den gäntzlichen Todtschlag zu conserviren [bewahren] und in Sicherheit zu bringen.[289]

Die Soldaten erhalten den Befehl, alle Personen, die ihnen als Katholiken angezeigt werden, »ohne Ansehung ihrer Condition und Standes« aufzugreifen und abzuführen. So kann man beobachten, wie »aus ihrem Logis 4, 5, 6, 8, 10, 12 und mehr auf einmal zugleich in Habit, wie sie sie angetroffen, in Schlaff-Peltzen, Schlaff Mützen, blossen Hembden usw.«[290], abgeführt werden. Die Beschreibung der Kleidung, die angesichts der Uhrzeit – es muss mindestens gegen neun Uhr vormittags gewesen sein – ungewöhnlich erscheint, unterstreicht das Überraschungsmoment und die Unschuld der Verhafteten. Eine Sonderbehandlung lässt man hochstehenden Persönlichkeiten angedeihen; so wird die Gräfin Castelli »in einer Porte-Chaise mit 24 Mann besetzt auf Rat-Haus getragen«.[291]

Dass die Katholiken keineswegs erbaut über die Verhaftungen sind, illustriert der Autor der *Ausführliche und wahrhaffte Relation* anhand mehrerer Episoden.[292] Plakativ schildert er so das Klima von Angst, Misstrauen und Denunziation, das am 22. Mai in der Stadt herrscht. In der ersten Episode versteckt ein Posamentierer seine katholische Hausmagd und ihr kleines Kind vor den anrückenden Soldaten im Keller. Ein Junge spürt das Versteck auf, weil er das Kleinkind durch das Kellerfenster weinen hört. Er alarmiert die Soldaten, die die Magd und ihr Kind sofort abführen. In der zweiten Episode geht es um einen katholischen Oberoffizier im Ruhestand, der im Schönbergischen Haus am Altmarkt wohnt. Dieser verbarrikadiert sich in seinem Zimmer mit einer Schrotflinte, die er abfeuert, sobald die Männer der Bürgerwehr an seine Tür klopfen. Selbst nachdem die Tür aufgesprengt worden ist, verteidigt er sich noch mit dem Degen in der Hand.

Offensichtlich ist diesem Offizier, aber auch vielen anderen Katholiken nicht im Geringsten klar, weshalb sie abgeführt werden. So geht es auch einer Reihe katholischer Dresdner, die auf Anordnung des Rates in der Ratsbibliothek ausharren. Erst als ein Aktuarius ihnen am Abend des 22. Mai mitteilt, dass sie »keines weges als Arrestanten tractiret, sondern allezeit, wenn sie verlangten, wieder frey seyn und ungehindert passiren«[293] dürfen, atmen sie erleichtert auf.

Zumindest eine Aussage legt nahe, dass auch die Mitglieder der Bürgerwehr selbst über die Natur der Verhaftungen im Dunkeln tappen. Anna Maria Kosk ist Köchin im Haushalt von Geheimsekretär Nicolai. Als das Haus ihres Herren Ziel der Ausschreitungen wird, verkriecht sie sich mit ihrer zwölfjährigen Tochter auf einem »Bödgen« in einem Gewölbe, nicht ohne »vorhero alle Thüren hinter sich feste zugeschloßen« zu haben. Trotz dieser Vorsichtsmaßnahmen wird sie bald entdeckt, und ein Mitglied der Bürgerwehr stochert mit »mit bloßen Degen« nach ihr und ruft erzürnt: »Catholischer Hund, wilst du nicht herunter?« Unter heftigem Betteln, ihr kein Leid zuzufügen, steigt sie mit ihrer Tochter von dem Boden herab und ergibt sich den Soldaten.[294]

Die Verhaftungen sind also eine zweischneidige Maßnahme. Auf der einen Seite sind Leib und Leben der Katholiken zunächst geschützt; auf der anderen Seite können die Protestanten in den Straßen davon ausgehen, dass ihrem Willen endlich entsprochen wird. Das nimmt ihrer Wut den Wind aus den Segeln und verschafft den Obrigkeiten eine Atempause.

Die Rechnung geht aber nur teilweise auf, denn einige Demonstranten sehen sich in ihrem Tun nun erst recht bestätigt. Wenn Katholiken verhaftet und abgeführt werden, kann es nicht so falsch sein, selbst gegen sie vorzugehen. So rechtfertigt etwa Johann Andreas Buchau, ein Kaufmannsgeselle, seine Teilnahme an den Ausschreitungen damit, dass auch die Männer der Bürgerwehr gegen die Häuser von Katholiken vorgegangen seien. »Weil sowohl Büchßen Meister als auch Bürger Wache mit dem Gewehr die Thüren aufgestoßen, so hätte er gedacht, es müste so seyn«[295], erklärt er. Carl Andreas Hase, ein Musketier, geht dagegen geschickter vor als Buchau. Er zählt mit zu jenen, die in das Haus Philipp Nicolais eindringen. Dort erweckt offenbar ein Degen sein besonderes Interesse. Bevor er zugreift, erkundigt er sich aber vorsichtshalber bei der Bürgerwehr, »ob es erlaubet sey?«; offensichtlich fällt die Antwort jedoch nicht in seinem Sinne aus, denn er sagt aus, er habe das begehrte Objekt »auf ihr Verwarnen wieder hingeleget«.[296]

Wann die Unruhen ihr Ende finden, lässt sich nicht genau angeben. Um drei Uhr nachmittags werden noch Häuser gestürmt; um elf Uhr nachts teilt man den Katholiken in der Ratsbibliothek mit, die Straßen seien ruhig; sie könnten, falls sie möchten, nach Hause zurückkehren.[297] Ein Flugdruck berichtet dagegen, dass die Ausschreitungen bis Mitternacht währen.[298]

Viel ist an diesem 22. Mai geschehen. Die Hauptleidtragenden waren die Katholiken, deren Hab und Gut verwüstet, vernichtet oder gestohlen wurde, teilweise aber auch ihre protestantischen Vermieter, deren Häuser Schäden davontrugen. Zahlreiche Katholiken, teilweise aber auch Lutheraner, erlitten darüber hinaus schwere Verwundungen und mussten medizinisch versorgt werden. Beziffern lassen sich die Körperverletzungen allerdings nicht; denn während der Magistrat die Eigentumsdelikte penibel verfolgte, nahm er von solchen Blessuren kaum Notiz. Immerhin kam bei den Unruhen niemand ums Leben; so dankt auch der Autor der *Ausführlichen und wahrhafften Relation* Gott dafür,

> *daß bey allen diesen Troublen zwar auf beyden Seiten Blut vergossen (weil die Soldaten und Bürger, wenn der Pöbel auf die mitten in der Wacht führenden Catholicken zuschlagen wollen, auch offt gute Stösse bekommen, diese auch wieder mit denen Flinten zurück geschlagen und dergleichen Tractament [Behandlung], es treffe, wem es wolle ausgetheilet) aber nicht eine eintzige Person getödtet oder tödtlich verwundet worden.*[299]

Noch am Abend des 22. Mai rücken zusätzliche Truppen in die Stadt ein und auch in den folgenden Tagen wird die militärische Präsenz deutlich verstärkt. Um die Gassen während der hereinbrechenden Nacht besser kontrollieren zu können, wird die Straßenbeleuchtung früher als sonst entzündet.[300] »Curieux war anzusehen«, schreibt Autoptus Geamoenus,

> *daß die Laternen, welche in Dreßden in gar grosser Menge auf den Gassen anzutreffen sind, noch bey hellem Tage von den darzu bestellten Lampen-Putzern angezündet wurden. Denn weil der Tag noch am Himmel stund, doch gleichwohl der hereinbrechenden Nacht gleichsam schon die rechte Hand bot, sahe es nicht anders, als eine Illumination, und da sonst immer eine Laterne bey dem Anzünden zur Menage [Einsparung] des Oels ausgelassen wird, so musten vor dieses mal alle in vollem und schönem Lichte stehen.*[301]

Ein Rest von Unsicherheit bleibt also. Entgegen ökonomischer Vernunft lässt der Magistrat an diesem Abend sämtliche Lampen entzünden. Der festliche Glanz, in dem Dresden erstrahlt, steht in einem seltsamen Kontrast zu den Ereignissen der letzten beiden Tage. In Geamoenus' Erzählung markiert die Beleuchtung der Gassen, die dem Autor als Zeichen ›guter Policey‹ gilt[302], das Ende der Gewalt und die Wiederkehr von Ruhe und Ordnung.

Am Abend des 22. Mai finden die gewaltsamen Ausschreitungen ihr Ende. Schon am nächsten Tag kehrt der zivile Friede in die Stadt zurück und die katholischen Dresdner können wieder auf die Straße gehen, ohne dass ihnen ein Haar gekrümmt wird. Die sichtbaren Zeichen der Ausschreitungen werden unverzüglich beseitigt. Schon am 23. Mai sieht man »Mägde und Glaser fleißig mit den durchleuchtigen Fenstern auf den Gassen dahin marchiren«.[303] Trotzdem ist die Stadt an der Elbe von der Normalität noch weit entfernt. Die Stadttore bleiben geschlossen, der Handel ruht. 5.000 Soldaten schlagen in Dresden und den Vorstädten ihre Lager auf. Die Residenz ist eine belagerte Stadt und würde es noch mehrere Monate lang bleiben.

Die Mobilisierung der Obrigkeiten

Am Tag des Anschlags war Dresden als Residenzstadt nahezu verwaist. Zwar gingen die Bürger und Einwohner der Stadt wie an jedem anderen Tag ihren Geschäften nach, doch der Landesherr[304] und seine wichtigsten Verwaltungsbeamten waren abwesend. Auch wichtige Repräsentanten der königlichen Familie, namentlich der Kurprinz[305] und seine Gemahlin[306], weilten nicht in der Stadt. Den König hielt ein Leiden in Polen fest. Lediglich die Enkelkinder waren in Dresden.[307]

Wichtiger war aber, dass auch die mächtigsten Repräsentanten der staatlichen Obrigkeit fehlten. Die oberste Behörde des sächsischen Kurstaates, das 1704/06 gegründete Geheime Kabinett, tagte ohnehin beim König in Warschau. Rangmäßig unter dem Geheimen Kabinett stand das Geheime Konsilium. Ihm oblagen, wie ein zeitgenössischer Beobachter bemerkte,

> *alle Staats- und Reichs-Sachen, alle Religions- und Landessachen, die Abfassung und Erklärung derer Landes-Gesetze, die Erhaltung der öffentlichen Ruhe und allgemeinen Sicherheit, die Erhaltung und Beschützung der Landesherrlichen Rechte; kurz: alle und jede Regalia [königliche Rechte], die einem Landesfürsten zukommen.*[308]

Aber auch die sechs Spitzenbeamten des Konsiliums, die Geheimräte Seebach, Bünau, Leipziger, Zech, Loß und Gersdorf[309], waren zum Zeitpunkt der Tat nicht in Dresden, sondern weilten anlässlich der Ostermesse in Leipzig.[310]

Der erste Repräsentant des offiziellen Dresden, der in die Stadt eilte, war Graf Wackerbarth (Abb. 25). Er traf am Abend des 21. Mai von seinem Land-

Abbildung 25: Christoph August Reichsgraf von Wackerbarth, Kabinettsminister und Generalfeldmarschall, Gouverneur von Dresden ab 1718.

sitz kommend in der Residenzstadt ein.[311] Als Kabinettsminister und Gouverneur der Dresdner Garnison oblag ihm die Verteidigung der Stadt, aber auch die Aufrechterhaltung der inneren Ordnung. Die Garnison überwachte die Stadttore genauso wie das Prinzenpalais, das landesherrliche Schloss und wichtige Gebäude der kurfürstlichen Verwaltung. Sie bestand aus unterschiedlichen Waffengattungen, der Leibgarde zu Pferde und zu Fuß, den Linientruppen mit Kavallerie und Infanterie, der Artillerie und dem Ingenieurkorps.[312] Wegen ihres Auftretens, aber auch wegen der Einquartierung in den Häusern der städtischen Bevölkerung waren die Soldaten nicht gerade beliebt, aber im Großen und Ganzen kamen Militärangehörige und Zivilisten in Dresden miteinander gut aus.[313]

Nach und nach trafen auch andere Repräsentanten des Landesherren in Dresden ein.[314] Die *Ausführliche und wahrhaffte Relation* vermerkt für den 28. Mai, dass alle Räte wieder aus Leipzig zurück seien und ihre »Sessiones in locis consuetis [ihre Sitzungen am gewohnten Ort]«[315] wiederaufnehmen. Von der landesherrlichen Familie kehrte als Erste die Kurprinzessin zurück, drei Monate später, am 28. August 1726, dann auch Kurprinz Friedrich August aus Warschau.[316] Er, der in der polnischen Hauptstadt von seinem Vater in die politischen Geschäfte eingewiesen worden war, durfte nun ein wenig mitregieren. Einige Vermerke in den Akten des Geheimen Konsiliums weisen darauf hin, dass die Räte sich im Zimmer des Prinzen versammelten, den Prinzen über die neusten Entwicklungen informierten und Entscheidungen erbaten.[317] In der Mehrzahl der Fälle wurde aber auch jetzt noch Warschau befragt.

Die personellen Voraussetzungen für ein rasches Handeln lagen am 22. Mai, dem Tag des großen Tumults, also nicht vor. Aber nicht nur die politischen Entscheidungsträger fehlten, auch die militärischen Optionen waren begrenzt. Es war die Bürgerwehr, die am 21. Mai zuerst aktiviert wurde. Der Kriegsdienst, die Verteidigung der Stadt mit der Waffe, gehörte seit dem Mittelalter zu den Pflichten all jener, die das Bürgerrecht besaßen. Die Bürger mussten sich selbst rüsten und auch in Friedenszeiten den Dienst an der Waffe versehen. Organisatorisch teilte sich die Bürgerwehr nach den vier Stadtvierteln auf. Alles in allem zählte die Bürgerwehr gegen Ende des 17. Jahrhunderts 915 Mann.[318]

Während die Bürgerwehr recht schnell einsatzbereit war, benötigte die landesherrliche Garnison eine längere Anlaufzeit. Zwar hatte Generalleutnant Ernst von Borck, Kommandant von Alt-Dresden, in Vertretung für Wackerbarth das Kommando inne, doch zögerte er alle wichtigen Entscheidungen hinaus, bis der Gouverneur wieder in der Stadt war.[319] Angesichts der geringen Truppenstärke sah sich dieser am 22. Mai gezwungen, eine Deeskalationsstrategie einzuschlagen, denn er fand »die anzahl der Populace weit größer als die der Guarnison«.[320] Ihm fehlten also die Mittel, um richtig durchzugreifen. Zwar gelang es ihm mit der »schwachen Guarnison das böse so viel immer möglich zu verhindern«, er sah sich ansonsten aber dazu verdammt, »die Güte zu gebrauchen«.[321] In einem Brief an Geheimrat von Seebach führte Wackerbarth dementsprechend aus:

Indeßen muß ich wegen Schwäche der Guarnison, indem die populace [der Pöbel] derselben mehr als 10fach überlegen, noch immer aus dem principe der douceur [Milde] agiren, biß ich mich verstärcket sehe.[322]

Außerdem zeigten sich schon nach kurzem Einsatz erste Verschleißerscheinungen, denn für eine Ablösung standen nicht genug Mann bereit. Wackerbarth selbst fürchtete daher am 22. Mai, dass »meine gantze Guarnison aber, welche nunmehro nahe 24 Stunden in Gewehr stehet, zulezt so abgemattet werden wird, daß sie es nicht mehr zu dauern vermag«[323]; auch der Graf selbst fühlte sich »schon so entkräfftet, daß fast nicht mehr fort kann«.[324]

Erst als am Abend des 22. Mai die ersten beiden Artilleriekompanien aus Bischofswerda und Dippoldiswalde eintrafen, gewannen die Obrigkeiten die Oberhand über die Straßen der Stadt. Doch ihre militärische Sicherung war damit noch nicht abgeschlossen. Im Laufe des 23. Mai trafen zwei Kürassierregimenter und ein Infanterieregiment in Dresden ein, die Borck bereits am Vortag angefordert hatte.[325] Erst diese neuen personellen und materiellen Ressourcen erweiterten den strategischen Spielraum erheblich und ermöglichten eine engmaschige militärische Kontrolle des Stadtgebiets. An zahlreichen Straßenecken und vor wichtigen Gebäuden bezogen nun Oberoffiziere mit dreißig Mann und einem Tambour Stellung.[326] Eine ganze Reihe von Gassen und Häusern, die zwei Tage zuvor ins Visier der Unruhestifter geraten waren, sowie die katholische Kirche und die Elbbrücke wurden bewacht. Am Taschenberg wurde ein neues Wachhaus errichtet, um die im Schloss untergebrachte ›junge Herrschaft‹ besser schützen zu können.

Auch an den folgenden Tagen marschierten neue Militäreinheiten in Dresden ein. Am 24. Mai kam ein weiteres Kürassierregiment in die Stadt, am 25. ein zusätzliches Infanterieregiment. Schließlich befanden sich in Dresden also jeweils zwei Kürassier- und Infanterieregimenter sowie zwei Artilleriekompanien. Wachposten patrouillierten nun rund um die Uhr.[327]

Die starke militärische Präsenz ist bezeichnend für den obrigkeitlichen Willen zur Ordnung. Die Soldaten beeindruckten schon durch ihre schiere Zahl; so berichtete der Kanzler des Geheimen Konsiliums Heinrich von Bünau bei seiner Rückkehr nach Dresden, dass er »die Stadt mit Miliz sehr angefüllet [...] befunden.«[328] Das militärische Zeremoniell leistete ein Übriges, um Einsatzbereitschaft und Entschlossenheit zu demonstrieren. Das Kürassierregiment des Prinzen Alexander ritt beispielsweise am 24. Mai mit Pauken, Trompeten und Standarten in der Residenzstadt ein und wurde zusammen mit einem bereits zuvor eingetroffenen Regiment

> *auf dem [Alt]Marckt en Parade rangiret, von Seiner Hoch-Reichs-Gräflichen Excellenz den Herrn Gouverneur nebst bey sich habender Suite [Gefolge] besehen und bey Rührung des Spiels auch Senckung derer Fahnen und Estandarten durchschritten.*[329]

Leider wissen wir nicht, wie die Dresdner auf diese Inszenierungen militärischer Stärke reagierten. Säumten sie wiederum die Straßen? Begrüßten sie die Parade als weiteres spektakuläres Amüsement?

Die militärischen Spektakel reizten nicht nur den Sehnerv, sondern auch das Trommelfell der Zuschauer. Die *Ausführliche und wahrhaffte Relation* berichtet, dass die Kürassiere jeden Morgen um acht Uhr zu Trompetenschall Wachablösung hielten und die Reitergarden um dieselbe Zeit »in ihren Souper-Vesten«[330] zur Wache aufzogen. Die Infanterie marschierte, ebenfalls begleitet vom Klang der Trompete, um zwei Uhr auf. Zweimal täglich erinnerten akustische Fanale die Dresdner an die Präsenz der militärischen Einheiten. Neben den Kirchenglocken trugen die Wachablösungen dazu bei, den Ablauf der Zeit in der besetzten Stadt akustisch zu untermalen. Die militärischen Einheiten schrieben sich in das Dresdner Zeitregiment ein.

Der Aufmarsch in Dresden stellte zwar eine beeindruckende Geste militärischer Macht dar, sie über längere Zeit aufrechtzuerhalten schien aber nicht ratsam. Sobald man die Lage in der Stadt wieder im Griff hatte, dachte man auch schon über eine Verringerung der Truppenpräsenz nach. Geheimrat Leipziger fordert Wackerbarth am 28. Mai auf, »daß Er ordre ertheilen mögte, damit die vielen und starck besezten posten entweder theils abgehen oder theils vermindert werden mögten«; es könne sogar »etwas von denen trouppen wieder abmarchiren«.[331] Die Stadttore sollten wieder geöffnet werden und auch das Schlosstor, denn die Menschen wollten durch den Schlosshof zur Kirche gehen. So wurde letztlich binnen weniger Tage eine langsame Normalisierung der Lebensverhältnisse in der Stadt eingeleitet.

Die Rückkehr der Stadt zu Ruhe und Ordnung quittierten die Zeitgenossen mit Erleichterung. Dass die Unruhen ohne Todesopfer beendet werden konnten, rechneten sie Graf Wackerbarth als persönliches Verdienst an. Nicht nur die Publizistik, sondern auch städtische und landesherrliche Beamte stimmten ein Loblied auf den Gouverneur an. Wackerbarth war der Sieger, das stand für alle fest. Diese Deutung der Ereignisse entsprach freilich einer Zeittendenz, militärische Erfolge (und Misserfolge) zu personalisieren. Letztlich war Wackerbarth aber wohl der einzigen Option gefolgt, die ihm offen gestanden hatte. Die Ressourcen, die ihm in den kritischen Stunden zur Verfügung standen, waren zu gering, um die Unruhen gewaltsam niederzuschlagen. Es war diese Tatsache, die ihn – eingestandenermaßen – zu einer Deeskalationsstrategie zwang. Die Katholiken wurden in Sicherheit gebracht und einige Verhaftungen durchgeführt. Zu mehr reichten die Kräfte nicht aus.

Wackerbarths Rede

Nicht unerwähnt bleiben darf, dass Graf Wackerbarth am 22. Mai mittags um zwölf Uhr, also als die Ausschreitungen am heftigsten wüteten, sich in einem bewegenden Apell an die Bürgerschaft wendete. Er tat dies in seiner Eigenschaft als Gouverneur, als Vertreter des Königs; denn er war nicht nur der mächtigste kurfürstliche Amtsträger in der Stadt, er war auch der unmittelbaren Sphäre des Herrschers zuzurechnen. So meinte der Kammerprokurator und Kriminalfiskal Johann Christian Hoffmann in seiner Klageschrift gegen die Tumultuanten, Wackerbarth könne durchaus »pro parte Corporis Principis gehalten« werden, er sei sogar als »Haupt in Republica« zu bezeichnen. An anderen Stellen lobte er den »von Gott selbst regierte[n] Ministre«, der sich durch sein besonnenes Vorgehen während der Unruhen »zu einem Mit Vater des Vaterlandes machet.«[332] ›Caput rei publicae‹ und ›pater patriae‹ dienten seit der Antike als Metaphern für den Herrscher, die Gottesnähe des Herrschers war dagegen ein Topos staatstheoretischer Schriften.

Wackerbarths Ansprache ist jedoch nicht aus eigener Hand überliefert, sondern als Teil von Rothes Berichts für die Ratsakten. Freilich erscheint es fragwürdig, ob die eingerückte Rede authentisch ist. Gab es ein Manuskript, das der Gouverneur dem Verfasser zur Verfügung stellte? Oder stützte sich Rothe auf Notizen, die er während der Rede genommen hatte, um sie später aus dem Gedächtnis wiedererstehen zu lassen? Als Gerichtsschreiber verfügte er gewiss über diese Fähigkeiten. Der nicht gerade stringente Aufbau der Rede erweckt immerhin den Eindruck von Spontaneität und Authentizität, aber gerade das kann von Rothe so kalkuliert worden sein. Die wörtlich wiedergegebene Rede zählt zu den Gestaltungsmitteln der klassischen römischen Geschichtsschreibung, bei der es nicht um Authentizität, sondern um den Effekt ging. Hat sich Rothe an dieser Tradition orientiert? Wir wissen es nicht. Die Rede sollte daher eher als Ausdruck der allgemeinen Stimmungslage der Obrigkeiten und ihrer Argumentationsmuster angesichts der Krise betrachtet werden denn als authentische Wiedergabe von Wackerbarths Worten.

Die Rede[333] kommt sowohl als Warnung des Vertreters des treusorgenden Landesvaters an seine Untertanen daher als auch als die eines Bürgers unter Bürgern. Dies zeigt schon die erste Anrede des Gouverneurs an die Bürgerschaft: »Ihr meine Mitbürger, ja ihr meine Kinder!« Erst später spricht er von seiner »Bruder, ja Vater Liebe« und stellt sich als guten Regenten dar, der für die *Nahrung* der Bürger sorgt und trotz »meiner schwachen leibes Constitution« höchst persönlich »die ganze Nacht auf denen Gaßen und Wällen patroulliren geritten«, während seine Zuhörer friedlich schliefen.

Wackerbarth weist aber auch darauf hin, dass ihn der König als Gouverneur eingesetzt hat und dass dieser seinem Volk sowohl ein Regent als auch ein liebender Vater sei. Darüber hinaus sei er der oberste Richter im Lande, dem gemäß der überkommenen Zwei-Schwerter-Lehre das weltliche Schwert in die Hand gelegt worden sei:

Ihr wißet auch, daß Ihro Majestät vor Gott das Schwerd verliehen worden, das Unrecht zu straffen, welches auch Gottlob! geschiehet. Jetzo aber will es scheinen, daß ihr sonst wohlgeahrtete und gehorsame Sachßen und liebe Dreßdner das Schwerd selbsten nehmen und Rache üben wollet. Bedencket um Gottes willen, was ihr thut, und etwan noch vorhabet. Laßet euch eure Zeitliche und ewige wohlfarth lieb seyn, glaubet aber auch gewiß, daß wahr wieder kam: Wer das Schwerd nimmt, soll durch das Schwerd umkommen! Ich weiß wohl, daß ihr sagen werdet, der Mordt Todt unsers werden Priesters und beicht Vaters steiget uns zu hertzen! Ach! ich muß sagen, daß ich ihn mehr empfinde als ihr!

Wie schon durch die Anrede der Untertanen als ›Mitbürger‹ betont Wackerbarth also eine grundsätzliche Übereinstimmung der Herzen. Er stellt sich dar als jemanden, der mit den ›sonst wohlgeahrteten und gehorsamen Sachßen und lieben Dreßdnern‹ mitleidet. In der Krise beschwört er eine Gemeinschaft, die durch den gemeinsamen Schmerz um eines ihrer Mitglieder zusammengeschweißt wird. Dementsprechend wird der Ermordete auch als ›unser‹ Priester bezeichnet, dessen Tod ›uns‹ zu Herzen steige.

Der Gouverneur zeigte sich in seiner Ansprache aber auch bemüht, den Zorn der Bürger auf die Katholiken zu beruhigen, ja sogar ihr Mitleid auf diese zu lenken. Dabei streicht er die Unschuld der Andersgläubigen sinnfällig hervor, indem er – ähnlich wie Autoptus Geamoenus – das Bild desjenigen, der aus der Sicherheit seines Hauses getrieben wird, benutzt:

Was können die armen Catholischen Leute darzu, daß ein böser Mensch an einem geistlichen einen Mordthat begangen, daß ihr in ihren Logiamentern [Unterkünften] Thüren, Fenster etc. einschlaget, alles was in Stuben und Cammern sich befindet, zu trümmern schmeißet, die Leute samt Weibern und Kindern darunter viele stillende Mütter und Säuglinge sich befinden, mit gewalt aus denen häußern reißet, halb angekleidet auf denen Gaßen dahin führet. Bedenket um Gottes Willen, was ihr thut!

In diesem Zusammenhang spielte es natürlich auch eine Rolle, dass die regierende Dynastie selbst dem Katholizismus anhing. Zumindest indirekt bedeutete dies, dass ein Angriff auf die Katholiken auch einer auf den König war: »Nur saget mir noch, wie wollet ihr es bey dem Könige, dem so gnädigen Landes Vater, verantwortten, daß ihr das Schwerd genommen und euch an dero Glaubens genoßen rächen wollet?«

Diesem Aufruf, sich wieder zu besinnen, folgen noch ein paar unmissverständliche Drohungen. Bislang habe er, Wackerbarth, Geduld und Nachsicht bewiesen, Blutvergießen verhindert und sich redlich bemüht, die Ordnung in der Stadt wiederherzustellen. Doch wo die Obrigkeit Schutz und Schirm gewähre, müssten die Untertanen auch ihrer Gehorsamspflicht nachkommen – eine Reminiszenz an die politische Theorie des Mittelalters. Das feudale Abhängigkeitsverhältnis zwischen Lehnsherren und Vasallen war als Tauschverhältnis von militärischer und rechtlicher Protektion auf der einen und Dienst und Loyalität auf der anderen Seite definiert.

Sollten sich die Bürger nicht willfährig zeigen, dann stünden die Truppen schon bereit. Unverzüglich könnten sie in die Stadt einrücken. Mit gewaltiger Emphase am Schluss seiner Rede beschwor der Gouverneur sein Publikum noch einmal eindringlich, auf den Pfad der Tugend zurückzukehren:

Ich habe es euch gesagt und rufe über euch euer gewißen, den Herrn Superintendenten, euern löblichen Stadt Rath, himmel und Erden, ja Gott und alle Engel Gottes zum zeugen an! laßet euch warnen, ich sage es euch, ich bitte euch, ja ich bitte euch so lieb euch euere Seeligkeit ist! ich bitte euch um euerer Zeitligen und ewigen Wohlfahrth, um Jesu willen, um seiner Heiligen Wunden, um seines gantzen bittern leidens willen, machet Ruhe!

Die Ansprache mündet in Rothes Darstellung schließlich in die Bestätigung des überkommenen Herrschaftssystems:

So fande man bey der Bürgerschafft über die Anrede und Nachrede einen solchen Eindruck, daß ihrer viele darüber häuffige zehrn vergoßen, hiernechst bedanckte sich die sämtliche Bürgerschafft gegen Ihro Excellenz zum unterthänigsten, daß sie ihnen gnädig zu verstehen geben wollen, wie Sie ihr Schutz und Vater, der Sie Zeithero gewesen und ihnen dießfalls sattsame Proben spühren laßen, noch ferner seyn wolten.

Rothes Wackerbarth-Rede bringt zusammen, was nicht zusammen gehört. Wackerbarths Auftritt vor der Bürgerschaft inszeniert er als Auftritt eines römischen Consuls im Senat, der sich als Bürger an Mitbürger wendet. Dieses Gleichheitspostulat, das dem Selbstbild des Magistrats schmeichelt, hält er letztlich aber nicht durch. Die politische Gewalt, die Wackerbarth repräsentiert, ist keine republikanisch legitimierte, sondern eine monarchische. Er spricht für einen Monarchen, der von Gott eingesetzt ist und über seine Untertanen herrscht wie ein Vater über seine Kinder. Es ist der Typus des hausväterlichen Hofes, der bei dieser Konzeption Pate steht. Zugleich evoziert er aber auch einen Volksbegriff, der die Sachsen im Sinne eines ›partikularen Patriotismus‹ als Leidensgemeinschaft darstellt, die gesellschaftliche Barrieren transzendiert und Untertanen und Obrigkeit zusammenschweißt. Nicht Hass auf Andersgläubige, sondern Schmerz und Trauer bilden den gesellschaftlichen Kitt. Daraus resultieren unterschiedliche politische Handlungsweisen: Gehorsam und Duldsamkeit anstelle von aktivem Widerstand. Rothes Wackerbarth-Rede ist somit ein Partikel eines Diskurses, der ›die Sachsen‹ als ›vorgestellte Gemeinschaft‹ des Leids kreierte.

5. Rituale der Zerstörung

Unruhige Gesellen

Am Sonntag, dem 26. Mai 1726, spricht Pastor Hilscher zu seiner Gemeinde über die Ermordung des Kreuzkirchendiakons. Als besonders verwerflich hebt er hervor, dass Hahn »in seinem eigenen Hause jämmerlich ermordet worden [sei]« und ruft gleich danach aus: »Ist ein Vater, ein Mann, ein Wirth, ein Prediger in seinem Hause nicht mehr sicher, was will es doch endlich werden?«[334] Der mit der Ermordung verbundene Bruch des häuslichen Friedens- oder Immunitätsbezirkes[335] wiegt in den Augen des Pastors genauso schwer wie die Tat selbst. Dass Laubler in die häusliche Sphäre eingedrungen ist, um einen Mord zu verüben, verleiht dem Verbrechen eine zusätzliche Dimension. Was liegt näher, als dieses Verbrechen nicht nur mit Demonstrationen auf der Straße zu rächen, sondern auch mit dem gewaltsamen Eindringen in Häuser, in denen Katholiken wohnen, um ihren Besitz hemmungslos zu zerstören. Gewalt gegen Sachen, Gewalt gegen Häuser, Gewalt gegen Körper – dies sind die Zutaten für die Inszenierung, mit der die Straße Laublers Tat beantwortet.

Die Geschichtsforschung hat solche zivilen Unruhen lange Zeit als wilde Tumulte und pures Chaos betrachtet. Seit einigen Jahrzehnten bemüht sie sich jedoch, diese Sicht aufzubrechen und die ›Poetik‹ frühneuzeitlicher Revolten zu beschreiben. ›Rituale der Gewalt‹ deutet man in diesem Zusammenhang als Ausdruck von Gemeinschaft und Wiederherstellung legitimer Ordnungsmuster.[336] Jüngst ist angemerkt worden, dass kommunale Selbstdeutung in den ›Ritualen der Gewalt‹ nicht nur artikuliert, sondern auch transformiert wird.[337] Wenn dem so ist, wie lassen sich dann die ›Rituale der Zerstörung‹ verstehen, die nach Laublers Mord in Dresden aufgeführt werden? Und von welchen Gruppierungen gehen sie aus?

Beginnen wir bei der zweiten Frage. Die Zeitgenossen hielten sich nicht lange mit ihr auf; die Schuldigen waren noch am Abend des 22. Mai ausgemacht, als man die Hausväter, Zunft- und Innungsmeister dazu anhielt, ihre Gesellen, Lehrlinge und Jungen sowie ihr Gesinde nachts nicht ausgehen zu lassen. Der Rat legte allerdings aus politischen Gründen großen Wert auf die Feststellung, dass unter den Unruhestiftern keine Bürger waren; so zeichneten in seinen Augen »die Handwercks-Purschen, Jungen und andere dergleichen Leuthen, worunter jedoch keine von denen Bürgern observiret worden«[338], für die Ausschreitungen verantwortlich. Auf dieselbe Gruppe verweist ein Flugdruck: »Fünf hundert Handwercks-Bursche haben zusammen gehalten, ohne die Jungen, die waren ganz toll«.[339] Obrigkeiten und Publizistik benannten also einmütig eine Bevölkerungsgruppe, die in der frühen Neuzeit allgemein als schwer beherrschbar galt. Gerade der handwerkliche Nachwuchs trat in den religiösen Unruhen der Frühen Neuzeit immer wieder als legitimes ›Gewissen der Gemeinschaft‹ auf, um gesellschaftliche Normen durchzusetzen, die Gemeinschaft zu ›reinigen‹ und ihre äußeren Grenzen zu definieren.[340]

Im Grunde verfügten die Obrigkeiten aber über keine Mittel, die dazu geeignet gewesen wären, die gesellschaftliche Basis der Unruhen aufzudecken. Dementsprechend schlecht unterrichtet sind auch wir über die Zusammensetzung der Demonstranten. Den besten Ansatzpunkt für eine Analyse bietet immer noch die Gruppe derer, die während der Ausschreitungen verhaftet wurden.[341] Es muss aber darauf hingewiesen werden, dass diese Gruppe nur eine sehr eingeschränkte Repräsentativität besitzt, denn letztlich blieb die Zahl der Verhafteten gering; nur 22 Personen wurden inhaftiert. 15 der 21 Männer gingen handwerklichen Berufen nach[342], und zwar als Schuhmacher (3), Tischler (2), Schneider (2), Maurer (1), Bader (1), Sattler (1), Leineweber (1), Perückenmacher (1), Rohrmacher (1), Färber (1) und Goldschmied (1). Zumindest neun von ihnen wurden als ›Jungen‹, ›Knechte‹ oder ›Gesellen‹ bezeichnet, dagegen keiner als Meister, weshalb wir wohl davon ausgehen können, dass sie alle in abhängigen Arbeitsverhältnissen standen. Der Schuhflicker Seferin Wigand war vielleicht wirtschaftlich selbständig, stand aber außerhalb der einkommensstärkeren Schuhmacherzunft. Wirtschaftliche Unselbständigkeit bedeutete in dieser Zeit zugleich gesellschaftliche Abhängigkeit. Die Dresdner Handwerksgesellen wohnten entweder in Innungshäusern oder im Haus des Meisters, durften jedoch keinen eigenen Familien gründen. Die restlichen sieben inhaftierten Männer gehörten ganz verschiedenen gesellschaftlichen Schichten an. Zwei von ihnen waren ›Gärthner‹, zählten also zum Kleinbauerntum, einer war Lakai. Nur eine Minderheit von drei Personen – ein Studiosus, ein Fechtmeister und ein Gerichtsdiener aus Lommatzsch – standen auf der Schwelle zur Welt der Gebildeten. Bei den beiden Frauen hielt man weder Status noch Berufsstand fest. Der Gerichtsdiener Christian Wagner aus Lommatzsch war der einzige, der in Dresden nur zu Besuch war; die übrigen waren zwar teilweise nicht in der Residenzstadt geboren, lebten dort aber seit längerer Zeit. Wo das Alter festgehalten wurde, waren die Häftlinge tatsächlich noch relativ jung. So mochte es zwar zutreffen, dass die Unruhen von Handwerksburschen angeheizt wurden; dass sie von außen in die Stadt hineingetragen wurden, erscheint dagegen zweifelhaft.

Rosenkranz und Nesselstock

In den Verhören der Inhaftierten scheinen die Rituale der Zerstörung immer wieder auf.[343] Besonders eingehend verhört wurden jene, die vom Magistrat als Anführer der zivilen Unruhen beschuldigt wurden. Eigentlich war der Dresdner Tumult 1726 kopflos; ein charismatischer Anführer, wie Masaniello im neapolitanischen Aufstand von 1647[344], fand sich nicht. Ein Mann, der der Menge einheizt und sich als Identifikationsfigur anbietet, fehlte. Politische Forderungen an die Obrigkeiten wurden nicht gestellt. Dennoch fokussierten sich die Ermittlungen bald auf drei Männer: Bartholomäus Hartinger, Gottlob Köhler und Johann Christian Haupt. Hartinger wurde von der Anklage sogar als »Urheber«[345] des Tumults bezeichnet; die Anklage ging davon aus, dass er – gemeinsam mit anderen –

> *zu obbeschriebenen Tumulte Rath- und Anschlag gegeben, die Tumultuirende angeführet oder sonst angefrischet, dann aber selbst vorher erwehnte Excesse, oder einige derselben, begehen helffen.*[346]

Ähnliche Anschuldigungen erhob die Anklage auch gegen die anderen beiden Verdächtigen. Grund genug, die drei Beschuldigten genauer unter die Lupe zu nehmen.

Bartholomäus Hartinger gehörte zu jenen Festgenommenen, die bestens in das skizzierte Schema passen. Aus Augsburg gebürtig, ging er bei einem Färber zu Alt-Dresden in die Lehre. Er war von kleiner Statur und trug nach Zeugenaussagen am Tag der großen Unruhen eine braune Weste. Pflichtgemäß untersagte es ihm sein Meister, am 21. Mai auszugehen. Am 22. Mai verließ er dann aber doch zwischen elf und zwölf Uhr mittags das Haus, um sich von einem Schuster Maß für ein Paar Schuhe nehmen zu lassen. Über die Elbbrücke gelangte er nach Neu-Dresden, wo er in der Zahnsgasse zu den Demonstranten stieß.

Hartinger zeigte sich bei den Verhören nicht besonders kooperativ und gab immer nur soviel zu, wie ihm aufgrund der Aussagen Dritter nachgewiesen werden konnte. Alles in allem gehörte er anscheinend jedoch zu jenen, die sich den Unruhen aus innerer Überzeugung anschlossen. Besonders schwer wog für die Anklage, dass er sich »unverantwortlicher Reden«[347] bediente. So sagte der Offizier Hans Schweipold von Schlegel aus, er habe gesagt: »Wir wollen hier mit einander sterben, wir müßen die Leuthe heraus haben«[348]; außerdem verlangte er, die Katholiken auf die Ratswache zu bringen. An der Glocke, einem Wirtshaus, drang er einer anderen Aussage zufolge auf die Herausgabe versteckter Katholiken und rief dabei: »Sie müßen raus; wenn uns unsere Obrigkeit nicht hilfft, so müßen wir uns selber helffen«.[349] Als Katholiken andernorts aus einem Haus auf die Straße geführt wurden, schrie er: »Ja, ja, es sind Pfaffen, schmeißet zu«.[350] Die Katholiken seien dann auch tatsächlich mit Steinen beworfen worden.

Ein Zeuge, der dies beobachtete, war der Artillerieauditor Johann Georg Wolff, der gerade von seinem Wachtposten vor dem Rathaus nach Hause ging, um »sich ein Stückgen Brodt zu holen«.[351] Seiner Aussage zufolge rief Hartinger im Getümmel zwei Gefährten zu: »Fort, nun wollen wir in den grünen Baum gehen«.[352] Die drei setzten sich in Bewegung und die restlichen Demonstranten folgten ihnen bis zu einer Straßenecke, an der man schon das Ziel, das Wirtshaus Grüner Baum, erblicken konnte. Die Menge machte Halt. Hartinger und seine zwei Gefährten gingen nun alleine auf den Gasthof zu, vor welchem bereits der Sohn des Wirts wartete. Das Triumvirat baute sich vor ihm auf und fragte, ob noch Katholiken bei ihm im Hause seien. Der Wirt erwiderte: »Nein, ihr Herren, hier habet ihr den Schlüssel, suchet; werdet ihr jemand finden, stehe ich dafür«.[353] Doch erst nachdem ein Nachbar dies bestätigt hatte, ließ man es gut sein und zog von dannen. Der Wirtssohn erklärte Wolff später, »dieser in braunen Rocke müste wohl der Rädelsführer seyn, weil er alle Häußer kennete«.[354] Wodurch ausgerechnet ein Färbergeselle besondere Kenntnisse über die Häuser und ihre Bewohner erworben haben sollte, erfahren wir leider nicht.

Darüber hinaus sagten mehrere Zeugen aus, dass Bartholomäus Hartinger beim Sturm auf verschiedene Häuser zugegen gewesen war. Gesehen wurde er im Hause der Frau Billich in der Zahnsgasse, im Hause des Herrn Coppinuth am Pulverturm sowie im Wirtshaus ›Glocke‹. In der Töpfergasse verging er sich am Harnischen Hause, obwohl ein Obrist durch gutes Zureden versuchte, ihn davon abzuhalten.[355] Außerdem warf man ihm vor, sich am Eigentum der Hausbewohner vergriffen zu haben.

Den Höhepunkt des Zuges stellte aber wohl die Erstürmung eines Hauses in der Rampischen Gasse dar, die Hartinger mit einer selbstbewussten Siegesgeste krönte. Mindestens zwei Männer bezeugen, er habe »oben zu einem Fenster heraus ein Pater noster, daran ein Agnus Dei gehangen, gewiesen [lies: gezeigt], da dann von denen unten stehenden ein Jauchzen entstanden«.[356] Der Jubel der Menschen in der Straße zeigt, wie die Geste verstanden wurde: Der Rosenkranz mit dem daran befestigten Gotteslamm diente der beunruhigten Bevölkerung als Trophäe, als Beweis ihrer eigenen Stärke. Einem der beiden Zeugen zufolge riss Hartinger zuvor sogar den Vorhang vom Fenster, anstatt ihn einfach aufzuziehen – eine weitere Demonstration rücksichtsloser Tatkraft.

Der Färbergeselle verteidigte sich gegenüber den Inquisitoren natürlich so gut es ging. Er stellte sich als naiven Jungen dar, dem alles nur aus Versehen zugestoßen sei. Angesichts der erdrückenden Zahl der gegen ihn aufgebotenen Zeugen räumte er schließlich ein, bei den Unruhen dabei gewesen zu sein. Allerdings sei er »ohne seinen willen unter den Tumult gerathen und habe dann nicht wieder heraus kommen können«.[357] Den Rosenkranz habe er »nur zum Ansehen genommen und sofort wieder an den Ort, wo er es angetroffen, hingeleget«.[358] Er habe aber damit am Fenster gestanden, so dass die Menschen unten auf der Gasse bei seinem Anblick gejubelt hätten; die Geste des Triumphs ein Missverständnis zwischen Hartinger und den Menschen in der Gasse?

Wie Hartinger passt auch Gottlob Köhler gut in das Täterschema. Der Budenträger tauchte allerdings auf der Liste der Inhaftierten ursprünglich nicht auf; vermutlich wurde er erst im Laufe der Ermittlungen festgenommen. Am 22. Mai begab er sich zusammen mit einem Kollegen namens Johann Thomas nach Alt-Dresden, um dort Kästen vom Markt abzutransportieren. Thômas sagte später aus, Köhler sei plötzlich weg gewesen; wiedergetroffen habe er ihn erst um vier Uhr nachmittags auf der Brücke. Was sein Kollege in der Zwischenzeit angestellt hatte, entzog sich seiner Kenntnis.

Es gibt mehrere Zeugen, die diese Lücke füllen konnten. Eine davon war Maria Sophia Mittwoch, die selbst wegen verschiedener Vergehen inhaftiert wurde. Wie andere auch, zeigte sie sich kooperativ, um Schaden von sich selbst abzuwenden, wiederholte ihre Aussage sogar bei einer persönlichen Gegenüberstellung. Ihrer Aussage zufolge sei Köhler

> *einen großen Stock oder einen Nossel, damit man die Pack-Kasten fort zu tragen pflege, in der Hand habend, vor einem Trupp immer hergegangen und habe die Worte: ›Da wohnen Catholische‹, ingleichen: ›Das Catholische Zeug muß heraus‹ von sich hören lassen, auch würklich Leute in die Häuser geführet.*[359]

Es wurden Köhler also ähnliche Vergehen zur Last gelegt wie Hartinger. Mit Worten wiegelte er die Menschen auf und verleitete sie dazu, einzelne Häuser zu stürmen. Sein Handwerkszeug, ein Zeichen seines Berufs, benutzte er als Waffe; wie die Zeugin berichtete, habe er damit etwa »an Dr. Kobers Haus angeschmissen«.[360]

Dass dieses Werkzeug Aufsehen bei den Zeugen erregte, beweist die Aussage von Kommissarius Michael Weise. Er erkannte in dem Verdächtigen denjenigen, der

> *auff der großen Frauen Gasse bey dem Tumult mit und immer fornen vor gewesen und einen grossen Schwall Jungen umb sich, auch ein großes, recht wie mit einer Handhab aptirtes Stück*

Holz, fast grösser, als er selbst und wie eine Latte, in den Händen gehabt, damit er die Thüre an Dr. Kobers Hause auffgerennet.[361]

Im Gegensatz zu Anna Sophia Mittwoch konnte Weise den Gegenstand also nicht identifizierten, er fiel ihm aber aufgrund seiner Größe und speziellen Beschaffenheit trotzdem auf. Offensichtlich hob er Köhler aus dem ›grossen Schwall Jungen‹ hervor, der vermutlich lediglich mit Steinen bewaffnet war, und markierte ihn als Anführer. Vielleicht war es sogar nur jenes Werkzeug, das ihn in den Augen anderer Demonstranten zum Anführer der Unruhen werden ließ.

In diese Interpretation fügt sich die Aussage der Maria Schulze, der Köhler am Morgen des 22. Mai einen Kasten geliefert hatte. Möglich, dass Köhler mit seinem Nesselstock den Kasten vom Markt in Alt-Dresden über die Brücke zu seiner Kundin nach Neu-Dresden gezogen hatte, bevor er sich auf dem Rückweg spontan den Unruhestiftern anschloss. Er selbst sagte freilich aus, er sei nach verrichteter Arbeit nach Alt-Dresden zurückgekehrt, wie er sich überhaupt für völlig unschuldig ausgab. Nicht einmal ein Teilgeständnis entlockte ihm der Magistrat.

Der Dritte, der der Anstiftung verdächtigt wurde, war Johann Christian Haupt. 18 Jahre alt, entsprach auch er – wie Köhler ein Budenträger – dem Täterprofil des Magistrats. Zwar hatte ihn seine Mutter auf die Ausgangssperre hingewiesen, der junge Mann setzte sich aber darüber hinweg. Wenig später treffen wir ihn bei den Unruhen wieder. Ähnlich wie Hartinger und Köhler soll Haupt »bey dem Tumult den Pöbel angeführet, vorausgegangen und das Volck vor die Häuser, wo seinem Angeben nach catholicken gewesen, geführet«[362] haben. Lebhaft habe er sich bemüht, andere durch Zurufen aufzustacheln und zur Mitwirkung anzustiften. Vor dem Hause Grundmanns in der Wilsdruffer Gasse habe er beispielsweise laut gerufen, dass darin Katholiken wohnten; um die Mittagszeit habe er den Marktmeister Johann Friedrich Raff aufgesucht und auch diesem ein Haus gezeigt, in dem angeblich Katholiken wohnten.[363] Raff und andere Zeugen gaben zu Protokoll, sie hätte versucht, den Jungen zu beschwichtigen, aber ohne Erfolg.[364]

Handelte es sich bei Hartinger, Haupt und Köhler nun tatsächlich um die Anstifter des Tumults? Die Last der gegen sie erhobenen Vorwürfe, die sich auf glaubwürdige Aussagen stützen konnten, machte es den Obrigkeiten leicht, sie als solche abzustempeln. Trotzdem bleibt die Frage, ob es sich bei diesem Vorwurf um mehr handelte als um ein obrigkeitliches Konstrukt.[365] Schließlich war keiner der drei Burschen schon bei dem Vorfall in der Kreuzkirche oder anschließend auf dem Altmarkt zugegen gewesen. Am Morgen des 22. Mai gingen sie zunächst ihren täglichen Geschäften nach, bevor sie später zu den Demonstranten hinzustießen. Alle drei hegten antikatholische Ressentiments und ließen ihnen offenbar an diesem Tage freien Lauf. Zu Anführern in den Augen der Zeugen, aber wohl auch ihrer Mittäter wurden sie allerdings durch spontane Handlungen, Gesten und Symbole, letztlich also auf performativem Wege. In gewisser Weise sind es erst die spezifischen Inszenierungsregeln der Unruhen, die ihnen die Rolle als Anführer zuschrieben. So wurden die Akteure letztlich vom Strudel der Ereignisse fortgerissen und zu Opfern ihrer eigenen Vorurteile und Handlungen.

Es erscheint symptomatisch, dass gerade Rosenkranz und Nesselstock in den Quellen als Symbole aufscheinen. Verlangt die Inszenierung ziviler Unruhen gemeinschaftliche Symbole, so verkörperten Rosenkranz und Nesselstock die beiden einander entgegengesetzten Pole der Dresdner Ausschreitungen. Der Nesselstock, ein als Waffe gebrauchtes Handwerkzeug, symbolisierte auf überzeugende Weise die Überlegenheit und den Triumph der Demonstranten. Der erbeutete Rosenkranz dagegen avancierte in der Hand des Siegers zu einer Trophäe. Dabei ist es unerheblich, ob diese Gegenstände von den Akteuren, die sie in den Händen hielten, selbst als Symbole angesehen wurden oder ob sie erst im Auge der Betrachter dazu wurden.

Die Hand mit dem Rosenkranz war aber nicht nur eine Geste des Triumphes, sondern auch eine Mitteilung darüber, was in den Innenräumen der gestürmten Häuser vor sich ging, an die Menschen in der Gasse. Wie die Rituale der Zerstörung in den Wohnräumen praktiziert wurden, lässt sich allerdings nur in Einzelfällen aufzeigen. Eines der eindringlichsten Beispiele ist der Fall Nicolai, der vom Magistrat besonders eingehend untersucht wurde. Als Geheimsekretär des Kurprinzen bekleidete Nicolai nicht nur eine gesellschaftlich herausgehobene Position, sondern war auch wohlhabender als viele seiner Glaubensgenossen, bei denen es außer einem Rosenkranz nichts von materiellem Wert oder religiöser Bedeutung zu holen gab. Der Einzelfall dient also gewissermaßen als historisches Lackmuspapier.

Das Haus des Geheimsekretärs wurde im Laufe des 22. Mai aufgebrochen und erstürmt. Das Ausmaß der noch frischen Verwüstung nahm tags darauf der Gerichtsschreiber Samuel Theodor Gelanius in Augenschein. Mehrere Türen erwiesen sich als gewaltsam aufgestemmt, aus den Angeln gerissen oder beschädigt, Mobilien als entwendet oder zerstört. Nicolai beschäftigte einen Koch, der den Verlust einer Baumwollschürze, eines Halstuchs aus Seide, einer Platzglocke, silberner Bestecke sowie von Servietten, Hemden, Strümpfen und von zehn Groschen Bargeld zu beklagen hatte; außerdem wurden sechs Weingläser auf dem Boden der Stube zerschlagen. Es ist wohl kein Zufall, dass gerade die Küche als Zeichen verfeinerter Lebensführung der Oberschichten Ziel der Zerstörungswut wurde.

Aber damit nicht genug: Die Tür zur Schlafstube des Sekretärs war mit einer Axt oder einem Hammer aufgebrochen worden. Auch hier war der Boden mit zerbrochenem Glas und Porzellan übersät. Zwei Spiegel waren zu Bruch gegangen. Ein grünes Schränkchen, in dem der Sekretär geheime Aufzeichnungen aufbewahrt hatte, war aufgestemmt und ausgeplündert worden. Außerdem fehlten zwei Miniaturen und ein silberner Becher.[366] Gestohlen worden waren ferner sechs Paar Seidenstrümpfe, eine silberne Repetieruhr im Wert von 100 Reichstalern, drei »Futterale mit Schildkröten« sowie ein kostbares Tintenfass, eine Streusandbüchse, ein vergoldeter Leuchter, »eine Silberne Schnupfftabacksdose vergold[et] mit einem Achat auf dem Deckel«[367] und eine silberne Schreibtafel. Alles in allem belief sich der materielle Verlust nach Schätzungen Nicolais auf rund 2.000 Reichstaler – ein beredtes Zeugnis dafür, dass die Ausschreitungen nicht nur von religiösem Unbehagen, sondern auch von gesellschaftlichem Neid getragen wurden.

Abgesehen von solchen Wertgegenständen hatten es die Demonstranten vor allem auf Gegenstände abgesehen, die mit dem Katholizismus assoziiert wurden. So war ein silbernes Kästchen mit einer Reliquie verschwunden, das in einem Alkoven über Nicolais Bett hing. Die Vorhänge vor dem Bett waren heruntergerissen und ein Heiligenbild »zerschnitten und durchlöchert«[368] worden. Einem Kruzifix aus Gips hatte man Kopf und rechten Arm abgeschlagen, ein Marienbild und zwei Ansichten des Markusplatzes zu Venedig zerstochen. Ein weiteres Kruzifix hatte man entwendet.

Die Zerstörung und Entwendung von Wertgegenständen gingen also Hand in Hand mit der rituellen Schändung religiöser Symbole, mit Formen eines spontanen Ikonoklasmus. Die kollektive Aussage dieser Handlungen war durchaus deutlich; es war beabsichtigt, die »Catholicken gäntzlich zu vertilgen«[369] oder zumindest »zu relegiren« und »aus der Stadt zu führen und fort zu jagen«.[370] Die Regeln der Inszenierung ähnelten daher nicht nur denen der *relegatio* oder Landesverweisung, sondern auch denen antisemitischer Pogrome, reichen also bis ins Mittelalter zurück. Symbolisch ausgedrückt wurde vor allem der Wunsch, die Angehörigen der Minderheit in ihrer bürgerlichen und religiösen Existenz auszulöschen, mit dem Ort ihrer alltäglichen Existenz auch den ihrer gesellschaftlichen zu zerstören. Mit den Katholiken nahm man aber auch den Hof aufs Korn, der dem wohlhabenderen Teil von ihnen Schutz und Auskommen bot, sowie letztlich wohl auch den zum Katholizismus konvertierten Kurfürst-König.

Missgunst und Schaulust

Die Motive und Handlungsweisen von Hartinger & Co. taugen allerdings nicht zur Verallgemeinerung. Glaubt man der Publizistik, so nahmen an den Ausschreitungen tausende von Menschen teil, verhaftet wurden aber nur 22. Den Motiven und Handlungsweisen, die in ihren Aussagen aufscheinen, standen andere Handlungsoptionen gegenüber. Auch diese können wir am besten den Verhörprotokollen entnehmen.

Nehmen wir beispielsweise den Schneidergesellen Johann Friedrich Thann. Er gehörte zu den wenigen, welche die Bürgerwehr bereits am 21. Mai verhaftete. Mit seinen 18 oder 19 Jahren entspricht auch er dem Täterprofil der Obrigkeiten. Wie zahlreiche Dresdner zog es ihn am Nachmittag des 21. Mai in die Pfarrgasse, um dem Ermordeten seine letzte Referenz zu erweisen. Der Anblick erschütterte ihn offenbar so stark, dass er sofort auf Rache sann. Wieder auf dem Altmarkt bewaffnete er sich mit einem Stein. Unglücklicherweise – für ihn – wurde er dabei von Soldaten der Garnison beobachtet und sogleich zur Rede gestellt. Trotzig rechtfertigte er sich mit den Worten: »Wer ihn seine Religion changirte oder touchirte, dem werde er einen Treff mit dem Stein geben.«[371] Bei näherer Befragung zeigte sich jedoch, dass dieser Antikatholizismus persönliche Motive hatte. Zwei Jahre vor der Ermordung Hahns besuchte Johann Friedrich Thann das beliebte große Schießen, das seit dem 15. Jahrhundert jedes Jahr zu Pfingsten auf der Dresdner Vogelstangenwiese stattfand. Dieses Vogelschießen stellte den Höhepunkt im Festkalender der Residenzstadt dar. Die allgemeine Belustigung umfasste jedoch nicht nur das Wettschießen, bei dem die privilegierten Bogenschützen-Gesellschaften ihr Können unter Beweis stellten, sondern auch die Darbietungen zahlreicher Händler und Schausteller, die von weither anreisten und das Fest in einen bunten Jahrmarkt verwandelten. Das Vogelschießen bot also nicht nur Raum für die Selbstdarstellung der Bürger, sondern auch für ständeübergreifende Belustigung und Zerstreuung.[372]

Thann jedoch war der Spaß am bunten Treiben vergangen. 1724 war er auf die eine oder andere Weise in einen Händel mit einem katholischen Jungen geraten, der ihn »einen Racker und dergleichen geheißen [hatte]«.[373] Was auf den ersten Blick als Bagatelle erscheint, war für Thann anscheinend eine Ehrverletzung, die er nicht verwinden konnte. Vielleicht war es gerade die zeitliche Nähe des 21. Mai zum jährlichen Vogelschießen an Pfingsten, welche die Erinnerung an die Schmach nun wieder aufflackern ließ. Die allgemeine Aufregung nach dem Mord eröffnete ihm ungeahnt die Möglichkeit, die Scharte mithilfe eines Steins auszuwetzen. Allein an der Ausführung seines Plans wurde er durch seine Festnahme gehindert.

Während sich bei Thann persönliche und religiöse Motive überlappten, wurde in einem anderen Fall ausschließlich ›schmutzige Wäsche gewaschen‹. Im Mittelpunkt der Episode stand Regina Günther, eine Frau, über die wir kaum etwas wissen. Die Ausschreitungen nutzte sie dazu, die Demonstranten auf das Haus der Hofratswitwe Häuffel hinzuweisen; sie unterstellte, auch hier wohnten Katholiken. Die Menge fackelte nicht lange, warf mit Steinen nach den Fenstern und stürmte das Haus. Allein, Katholiken fand sie keine. Als man später im Rahmen des Inquisitionsverfahrens dem Fall nachging, stieß man auf dessen Vorgeschichte. Offenbar war Frau Günther von der Hofratswitwe wegen eines Vergehens bei der Obrigkeit angezeigt worden und hatte einige Zeit im Gefängnis verbracht. Letztlich, so gab ein Zeuge zu Protokoll, soll die Günther aber reumütig gewesen sein. Noch bevor die Steine flogen, habe sie »sich retiriret, und daselbst noch ihr Mitleiden über die HofRath Häuffelin bezeuget«.[374]

Die Episode hatte allerdings noch ein Nachspiel. Verhaftet wurde Frau Günther anscheinend durch den Tipp eines gewissen Johann Friedrich Kriebel. Kurz nachdem Kriebel vor dem Magistrat ausgesagt hatte, überfielen ihn zwei Männer auf seiner Stube. Doch der Einschüchterungsversuch misslang gründlich. Kurioserweise gaben sich die beiden Täter nicht einmal Mühe, ihre Identität zu verbergen, und befragten ihr Opfer über seine Aussage. Als daraufhin die Günther in den Verdacht geriet, die Männer angestiftet zu haben, gab diese zu, dass einer von ihnen ihr Bruder gewesen sei, stritt aber ab, selbst den Auftrag erteilt zu haben.

Die Beispiele Thann und Günther zeigen, dass die Unruhen nicht nur von religiösen Einstellungen, sondern auch von persönlichen Differenzen angeheizt wurden. Diese Differenzen überlagerten sich aber nicht zwangsläufig mit antikatholischen Ressentiments. Die Tumulte boten auch Lutheranern eine günstige Gelegenheit, offene Rechnungen untereinander zu begleichen. Die konfessionell motivierten Gewaltakte gegen Andersgläubige überkreuzten sich also mit anderen Formen nachbarschaftlicher Gewalt.

Es gab allerdings noch eine weitere Haltung, die in den Verhören greifbar wird, und zwar die des Zuschauers oder Schlachtenbummlers, der das Getümmel in den Straßen und die Angriffe auf die katholischen Dresdner mit einer gewissen Neugier verfolgt. Gewiss, der Versuch, sich vor Gericht als passiven Teilnehmer darzustellen, war eine Strategie der Selbstentlastung – eine Strategie, die den Zeitgenossen allerdings alles andere als abwegig vorkam. Sie erfüllte die Plausibilitätskriterien der Zeit, stellte also eine Handlungsoption dar, auch wenn jene, die sich vor Gericht auf sie beriefen, möglicherweise gerade nicht zu denjenigen zählten, die sie auch ergriffen.[375]

Einer von jenen, die aussagten, lediglich Zuschauer gewesen zu sein, war Johann Gottlob Bauer: »Er hätte weiter nichts gethan, er wäre nur auf der Rammischen Gaße mit gewesen, hätte aber nur bloß zugesehen und nicht das geringste gethan«.[376] Ein anderer war der Akziseneinnehmer Christian Helsinger. Auch er stellte sich als einen im Grunde harmlosen Passanten dar, der zum Opfer seiner eigenen Neugier geworden sei; er berichtete,

> *wie er in das Zeug Hauß gehen und einen Krug Bier trincken wollen, aber aus Neugierigkeit im Vorbeygehen ein wenig vor dem Hause [am Pulverturm] stehen geblieben, welches kurtz zuvor gestürmet worden, worüber er in Arrest gekommen. Er hätte aber keinesweges an dem Tumult einigen Antheil gehabt. Negirt auch bey der Vernehmung über Inquisitional Articul durchgehends, daß er darbey gewesen und wäre er […] in kein Hauß gekommen, als in eines bey dem Pulver Thurme in einem Queer Gäßgen, in dem ein Lerm entstanden, als wenn jemand in diesem Hause wäre erstochen worden. Gestehet jedoch […], daß er in des Herrn Bau Secretarii Siegerts Hause auf der Rammischen Gaße gewesen und repetiret übrigens obige Umbstände bey der Vernehmung [..] und negiret beständig, bey dem Tumult gewesen zu seyn.*[377]

Mit anderen Worten, der Beklagte begab sich immer dorthin, wo er hoffte, möglichst Spektakuläres zu erblicken, schreckte auch nicht davor zurück, Häuser zu betreten, die andere aufgebrochen hatten, und sich darin umzusehen.

Aus der Sicht der Zuschauer und Schlachtenbummler fügten sich die antikatholischen Ausschreitungen in eine Kette von spektakulären Vergnügungen und Amüsements ein, die mit dem Dresdner Karneval begann und über den Kantatejahrmarkt zum Vogelschießen führte. Es war nicht zuletzt der Hof, der die Menschen immer wieder mobilisierte und ihnen ihre spezifische Rolle als Zuschauer und Statisten zuwies. Dass die Grenzen zwischen Zuschauen und Mitwirken gleitend waren, erhellt ein Zitat Johann Michael Loens über den kursächsischen Hof:

> *Hier giebt es immer Maskeraden, Helden und Liebesgeschichte, verirrte Ritter, Abendtheur, Wirtschaften, Jagden, Schützen und Schäferspiele, Kriegs- und Friedensaufzüge, Ceremonien, Grimassen, schöne Raritäten; kurz, alles spielet: Man siehet zu, man spielet mit, man wird selbst gespielet.*[378]

Die Bemerkung, man werde selbst gespielt, weist uns noch einmal darauf hin, wie stark Handlungen und Rollen durch die performative Situation determiniert werden. Die Akteure schlüpfen in ihre Rollen und folgen einem kulturellen Drehbuch. Im Dresden der ersten Hälfte des 18. Jahrhunderts war die Bevölkerung es gewohnt, durch alle möglichen Inszenierungen und Aufführungen in Bewegung gesetzt und zum Zuschauen animiert zu werden. Die voyeuristische Grundhaltung gegenüber den antikatholischen Ausschreitungen wurzelte nicht zuletzt in der Festkultur des augusteischen Zeitalters.

In Dresden war das Vertrauen in die landesherrliche Konfessionspolitik grundsätzlich erschüttert. Würde die Obrigkeit den Täter nicht mit Rücksicht auf den König laufen lassen? In Anbetracht der Lage erschien es einem Teil der Mehrheitsbevölkerung offensichtlich angebracht, auf die institutionalisierten Formen der Konfliktbewältigung zu verzichten und auf Formen kollektiver Selbsthilfe zurückzugreifen, um das durchzusetzen, was er als legitim und gerecht empfand. Durch die Zerstörung von Hab und Gut machte man deutlich, dass es für die andersgläubige Minderheit an der Elbe keinen Platz gab.

Der Form nach erinnert diese Selbstjustiz oder Selbsthilfe an traditionelle Rügebräuche, namentlich an die Hauszerstörung sowie an die Hauswüstung.[379] Rügebräuche – der internationalen Forschung als ›Charivari‹ bekannt – wurden gerade in dörflichen, aber auch in städtischen Gemeinschaften bis weit ins 19. Jahrhundert hinein vor allem bei Vorwürfen wie ›Unsittlichkeit‹, ›Ehebruch‹, ›Homosexualität‹ oder ›Blutschande‹ als Mittel sozialer Kontrolle angewendet, daneben immer wieder aber auch bei Vergehen, die durchaus justiziabel waren. Auch bei Fällen von ›Mord‹ oder ›wiederholtem Religionswechsel‹ sind Rügepraktiken belegt.[380] Ob die Gerügten sich überhaupt etwas hatten zu Schulden kommen lassen, spielte dabei keine wesentliche Rolle.[381] Bekannt war auch, dass gerade »burschenschaftliche Vereinigungen bzw. junge, unverheiratete Männer« bei der Ausübung von Rügebräuchen vielfach eine wichtige Rolle spielten.[382] Nach allem, was wir feststellen können, traf dies auch auf die Dresdner Unruhen zu. So kann festgehalten werden, dass die gewalttätigen Ausschreitungen gegen die Angehörigen der katholischen Minderheit in Dresden Züge eines ›Charivaris‹ trugen.

Die Territorien des Alten Reichs sagten dieser jahrhundertealten Tradition der Selbstjustiz spätestens mit dem Ewigen Landfrieden von 1495 den Kampf an. Einst legitimes Mittel der Konfliktbewältigung galt sie mittlerweile als empfindliche Störung von Ruhe und Ordnung.[383] Dennoch blieb die Haltung der Obrigkeiten konfessionellen Auseinandersetzungen gegenüber oft genug zwiespältig. So verurteilte der Dresdner Magistrat zwar die Gewalt in den Straßen, wies aber zugleich darauf hin, dass die Forderung nach Vertreibung der Katholiken reichsrechtlich gerechtfertigt sei, wodurch den Ausschreitungen zumindest ein Anstrich von Legitimität verliehen wurde. Hier wie anderenorts wurde die Gewalt der Untertanen nachträglich durch lokale weltliche oder kirchliche Obrigkeiten gerechtfertigt.[384]

6. Die Deutung der Geschehnisse

Tumult oder Rebellion?

Wie interpretierten die Zeitgenossen die Dresdner Geschehnisse? Wenn wir einen Blick auf ihren Sprachgebrauch werfen, so können wir ohne Umschweife feststellen, dass sie die Ereignisse meist mit dem Wort ›Tumult‹ bezeichneten. Tumult leitet sich aus dem Lateinischen ab und bedeutet nichts anderes als ›Unruhe‹ oder ›Lärm‹. Das Grimm'sche Wörterbuch weist nach, dass das Wort während der frühen Neuzeit eigentlich die gesamte Bedeutungsbreite von Unruhe bis Revolte abdeckte; »auffruhr, aufflauff, empörung, auffstosz, rottierung, rhumor, tumult, rotterey, auffstand, gewirr, conspiranz, meuterey«[385] führt schon ein Lexikon des 16. Jahrhunderts als Synonyme auf. Im 18. Jahrhundert wurde das Wort allerdings häufiger für einen »auflauf in den straszen, straszenkrawall, in der Regel aus geringfügigem anlasz und ohne politischen hintergrund«[386] gebraucht. Dieses Begriffsverständnis spiegelt letztlich auch ein Teil der Dresdner Quellen wider.

Während das Wort ›Tumult‹ die Vorgänge in ihrer Gesamtheit bezeichnet, wurde ›Exzess‹ bevorzugt, wenn es speziell um die Ausschreitungen gegen Katholiken und ihre Häuser ging. Durch pejorative Adjektive drückte man die eigene Abscheu gegenüber den Vorgängen aus und distanzierte sich davon. Die Landesregierung sprach beispielsweise in einem Schreiben an den Magistrat einmal von »groben Excesse[n]«[387], ein anderes Mal bezichtigte sie die Massen »höchst unverantwortlicher Excesse«.[388] Der Ausdruck wurde aber auch von anderen Instanzen gerne und häufig gebraucht, stellte gewissermaßen den Gegensatz zu dem Wort ›Mordthat‹ dar, welches allgemein für Laublers Verbrechen benutzt wurde. Die Adjektive, die es begleiteten, sind freilich in noch viel höherem Maße pejorativ: »horrible Mordthat«, »unmenschliche Mordthat«, »barbarische That«[389] sind gängige Begriffe in Akten und Flugdrucken. Die Abgrenzung gegenüber Laublers Tat stellte für die Mehrheitsgesellschaft eine willkommene Gelegenheit dar, sich ihrer eigenen Zivilisiertheit zu vergewissern.

Bereits wenige Tage nach den Unruhen tauchte in der Publizistik jedoch die Frage auf, wie die Ausschreitungen einzuschätzen seien. Im Mittelpunkt der Debatte stand der lutherische Dresdner Oberhofprediger Walther Marperger.[390] Es waren zwei Sonntagspredigten Marpergers, und zwar vom 26. Mai und 2. Juni 1726, die die Gemüter erhitzten. Sie erschienen später im Druck unter dem Titel *Die einige Gewalt der Christen* und *Der blinde Religions-Eifer, als der grösseste Irrthum in der Religion.* Marperger, ein Freund August Hermann

Franckes, der 1724 nach Dresden gekommen war, bezichtigte darin die Lutheraner, die antikatholischen Ausschreitungen angezettelt zu haben. In seinen Augen waren die Demonstranten »weder Gott noch ihrer Obrigkeit getreu und unterthan«.[391] Ihr eigenmächtiges Vorgehen deutete er als offene Rebellion: »Sie setzen sich wieder die Obrigkeit, indem sie wieder die gemeine Ruhe sich setzen, das Richterliche Amt verachten und allen bürgerlichen Verfassungen zuwieder handeln.«[392] Die Dresdner Bürgerschaft nahm er von seinen Vorwürfen ausdrücklich aus. Er kaprizierte sich in seinen Anschuldigungen – der zeitgenössischen Definition des Täterprofils folgend – »auf die ausgelassene Menge, wilder und meist lediger auch mehrentheils fremder junger Leute.«[393] Deren Handlungen stünden in krassem Gegensatz zur Ethik des evangelischen Christentums. Die Demonstranten hätten nicht, wie sie vorgaben, in Einklang mit der evangelischen Lehre, sondern gegen diese gehandelt, als sie sich gegen die Katholiken wandten:

Sie nehmen nicht Christum, sondern Barrabam, den Aufrührer und Mörder, zu ihrem Führer an. So können auch diejenige nicht für Evangelisch angesehen werden, die dem Evangelio so schnurgerade zuwieder handeln und anstatt des Evangelii Christi (daß ich mit Hieronymo also rede) das Evangelium des Teufels erwehlet. Noch weniger dörfen sie ihnen schmeicheln, daß sie für die Religion gestritten hätten. Dann das heißt alle Religion mit Füssen treten und sich öffentlich wieder Gott erklären.[394]

Gewalttätige Handlungen waren also unter allen Umständen zu verdammen. Diese Interpretation der Geschehnisse blieb jedoch nicht unwidersprochen. Es war ein anderer lutherischer Pastor, der Magdeburger Pastor Sethus Heinrich Calvisius, der sich gegen Marpergers Predigten wendete. Er plädierte dafür, die Dresdner Unruhen nicht als Aufstand gegen die Obrigkeit zu betrachten. Zwar sei es eine

ausgemachte Sache, daß aller gegen den Landes-Herrn, dessen Regierung, Geboth, Räthe, Satzung und Gesandten geschehene Tumult oder Aufstand (da man ihnen vorsetzlich und gewaltthätig widerstehet, ihren Befehlen zuwider lebet oder wohl gar ihre Personen zu stürtzen suchet, auch andere wider sie aufwiegelt) ein würcklicher Aufruhr sey.[395]

Aber gerade dies sei in Dresden nicht der Fall gewesen. Vielmehr habe es sich bei den Menschenmengen in den Straßen um ein »Getümmel des Volckes« gehandelt, dass von zivilem »Aufruhr« füglich zu unterscheiden sei.[396]

Ein solches Volksgetümmel betrachtete Calvisius als generelles Merkmal städtischen Lebens. Auch zu »Märckten, Feyertägen, Solennitäten, Schauspielen oder wenn nur sonst etwas ausserordentliches zu sehen und zu hören ist«[397], ströme das Volk ohne böse Absicht zusammen. Zwar bestehe immer die Gefahr, dass solch ein Getümmel in Aufruhr umschlägt, in Dresden sei dies jedoch nicht geschehen; denn dort beabsichtigten die Demonstranten »nicht zu tödten und Blut zu vergiessen, sondern sich nur Sicherheit vor denen lästernden und drohenden Catholiken, vor welchen sie sich nun zu fürchten hatten, zu verschaffen«.[398] Mit anderen Worten: Der Tumult sei nicht als Akt der Selbstjustiz, sondern als einer der Selbstverteidigung zu betrachten. Calvisius' Argumente stammten aus einem seit dem Mittelalter existenten Diskurs, der die Rechtmäßigkeit politischen Widerstands thematisierte.[399]

Dagegen benötigten die Obrigkeiten längere Zeit, um selbst Position zu beziehen. Symptomatisch hierfür sind die Mandate vom 22. und 27. Mai sowie vom 2. Juli 1726, die den Frieden sichern und dauerhaft festigen sollten. Während die Mandate vom 22. und 27. Mai im Zusammenspiel von Magistrat, Gouvernement und Landesregierung entstanden, ging das vom 2. Juli aus der Verständigung von Konsilium, Kabinett und Landesregierung hervor. Angeordnet wurden vor allem praktische Maßnahmen zur Eindämmung der Gewalt. Laut Graf Wackerbarths »hohe[r] Verordnung«[400] vom 22. Mai sollten sich die Angehörigen der Bürgerschaft und der Handwerksinnungen »in ihre Häußer und Werckstädte verfügen und fast überall still und ruhig verhalten«.[401] Außerdem sollten die Haushaltsvorstände ihren Kindern, Dienern, Gesellen und Lehrlingen sowie dem Gesinde den Ausgang verwehren.

Nachdem die Unruhen zerstreut worden waren, wandelte sich der Ton jedoch. Unter dem Datum vom 27. Mai erging ein Patent, mit welchem die Landesregierung nun ihrerseits auf die Unruhen reagierte. Die Landesregierung übertrug es dem Magistrat, für dessen zügige Verbreitung zu sorgen. Es wurde zunächst in handschriftlichen Abschriften, später auch gedruckt am Rathaus, in den Gassen und Märkten sowie vor den Toren der Stadt angeschlagen.[402] Es bezog sich ausdrücklich auf die Exzesse des 22. Mai und sollte »noch größeres Unheil«[403] verhindern. Ein Versammlungsverbot sollte dafür sorgen, dass sich in den Straßen der Stadt nicht noch einmal größere Menschenmengen bildeten. Außerdem wurden Wackerbarths Anweisungen erneuert und neben Festungsbau auch Leib- und Lebensstrafen angedroht.

Der Ton verschärfte sich weiter, als sich das Geheime Konsilium einschaltete. Am 2. Juli erschien nämlich unter dem Titel *Mandat wieder das Auff-Lauffen und Tumultuiren im Lande* eine weitere Verordnung[404], die sogar überregionale Verbreitung erlangte.[405] Die Regelungen betrafen nicht mehr nur die Residenzstadt, sondern auch das restliche Herrschaftsgebiet. Was unterschied nun dieses Mandat von seinem Vorgänger? Zum einen wurden die bereits bestehenden Regelungen ausgeweitet; so trat neben das bereits bekannte Verbot, in Gaststätten zu räsonieren oder zu disputieren, die Aufforderung, dass »alle anzügliche[n], die Gemüther erbitternde[n] Reden und Discurse durchgehends abgestellet«[406] werden müssten – eine Formulierung, die man aus einem Reskript übernahm. Zum anderen sollte künftig kein Diener, Geselle oder Junge mehr eingestellt werden, wenn er sich nicht »vor der Innung, Handwercke oder Zunfft erkläret, sich iederzeit stille und ruhig zu betragen und bey keinem Auff-Lauffe finden zu lassen«.[407] Vor allem aber markierte das Patent vom 2. Juli eine Wende in der gesamten Einschätzung der Ereignisse. Bislang hatten die landesherrlichen Behörden die Unruhen als ›Tumult‹ interpretiert. Noch der Entwurf der Landesregierung fasste die Ereignisse im Einklang mit der ›hohen Verordnung‹ Wackerbarths vom 22. Mai in erster Linie als einen Akt der Selbstjustiz auf, welcher sich nicht wiederholen dürfe. Vorsichtshalber hatte man auf entsprechende rechtliche Grundlagen verwiesen:

> *Ob auch schon in denen Göttlichen und weltlichen rechten und besonders in Unserm wieder die Selbstrache anno 1712 ausgelaßenen Mandato heilsamlich vorsehen, daß Niemand, wer der auch sey, bey etwa empfangener Beleidigung sich gleichsam Selbstrecht und Hülffe schaffen, sondern solches der Obrigkeit anzeigen und derselben überlaßen solle, wie sie ihm, wegen der zugefügten Beleidigung oder vermeintlich erlittenen Beschwerung zu gebührender Satisfaction [Genugtuung] verhelffen wolle. So befinden wir jedoch der Nothdurfft zu seyn, auch bey dieser Gelegenheit solches nochmahlen […] einzuschärffen.*[408]

Gerade diese Passage wurde allerdings im Laufe des weiteren Verfahrens durch Konsilium oder Kabinett revidiert. Der Aspekt der Selbstjustiz trat stärker in den Hintergrund, während die Tumulte nun in die Nähe des Landfriedensbruchs und der Rebellion gerückt wurde. Dort, wo im Entwurf noch von »Auflauf und Lermen«[409] gesprochen wurde, schrieb man nun »Auff-Lauff, Zusammen-Rottirung und rebellischer Tumult«.[410] Und an Stelle der bereits zitierten Passage hieß es schließlich:

> *Ob auch schon in denen göttlichen und weltlichen Rechten überhaupt alle Rebellion derer Unterthanen gegen ihre von Gott vorgesetzte hohe Landes-Obrigkeit, Zusammen-Rottirung und Tumulte gar nachdrücklich verbothen sind, auch in dem so hochverpoenten Land-Frieden nicht weniger in andern Reichs-Constitutionen und hiesigen Landes-Gesetzen bey Leib- und Lebens-Straffe alle dergleichen friedbrüchige Handlungen, insonderheit auch die Selbst-Rache, auf das ernstliche untersagt sind, So befinden Wir iedoch der Nothdurfft zu seyn, auch bey dieser Gelegenheit, solches nochmahln […] einzuschärffen.*[411]

Die Strafen, die das Mandat bei Zuwiderhandlungen festlegte, waren drakonisch. Leib- und Lebensstrafen sollten ohne vorherigen Kriminalprozess vollstreckt werden. Eine Hand und das Haupt sollten abgeschlagen werden. Wer bei Tumulten Häuser aufbrach und plünderte, mordete oder schwere Körperverletzung oder Diebstahl beging, dem drohte der Einzug seines Vermögens oder – im schlimmsten Fall – das Rad. Das ›verschärfte‹ Mandat vom 2. Juli beweist, dass die Obrigkeiten, namentlich aber die Spitzen der landesherrlichen Verwaltung, nicht gewillt waren, angesichts der heftigen Ausschreitungen in Dresden Milde walten zu lassen. Die Teilnahme an Tumulten und Unruhen wurde so nach einem Prozess der politischen Meinungsbildung als schwerer Landfriedensbruch gedeutet.

Ein breites Echo

Schon die Debatte zwischen den beiden theologischen Gelehrten zeigt, wie kontrovers die Dresdner Ereignisse gesehen wurden. Diese bewegten allerdings nicht nur Beamte und Akademiker, sondern auch Diplomaten, Politiker und den ›gemeinen Mann‹. Mit Unbehagen beobachteten die landesherrlichen Behörden in Dresden, wie die wildesten Gerüchte und Spekulationen kursierten, und das nicht nur in Dresden. Einen Augenblick lang sah es sogar so aus, als breite sich der Dresdner Funke weiter aus. Am 24. Mai meldete sich der Geheime Rat Seebach aus Leipzig mit einer beunruhigenden Nachricht. Allerhand »falsche und unwahrhaffte Zeitungen« über die Dresdner Ereignisse seien mittlerweile in Leipzig im Umlauf. Man habe sogar den Magistrat gebeten, verbreiten zu lassen, dass es sich dabei um »lauter Erdichtungen« handelt. Das war aber noch nicht das Schlimmste. Auch in Leipzig wäre es beinahe zu Unruhen gekommen:

> *Gestern haben auch die hiesigen Studenten intendiret [beabsichtigt], einen Aufflauff zu machen und hat es dem Catholischen Pater Fock gelten sollen. Man hat aber dagegen in Zeiten unter der Hand durch die Universitaet und Rath die nothige praecautiones [Vorkehrungen] nehmen laßen und ist also solches unterbrochen und verhindert worden.*[412]

Dresden blieb zwar der einzige Unruheherd, wohl aber breiteten sich die Nachrichten und Gerüchte über die Geschehnisse weiter aus. Ein anonymer Brief aus Freiberg berichtete etwa, dass in Dresden noch zwei weitere Anschläge geplant gewesen seien, die durch die Verhaftung der Täter vereitelt werden konnten.[413] Eine andere Druckschrift wollte wissen, dass Laubler in Wirklichkeit ein verkleideter katholischer Pastor gewesen sei und dass nach dem Mord

> *ein so blutiger Tumult entstanden seyn [soll], daß bey die 200 meist Catholische darinn umkommen und das Schloß daselbst eußerst ruiniret, auch der Cron-Prinz mit dero Gemahlin selbst genöthiget worden, sich zu retiriren.*[414]

Etwas näher an den Vorgängen bleibt ein drittes Schreiben, das jedoch mit den wenig zuversichtlichen Worten: »und weiß Gott! wie es noch abgehen wird«[415] schloss.

Es war der Münchner Hof, der für die Verbreitung der Gerüchte in der Gesellschaft der Höfe sorgte.[416] Wie später bekannt wurde, hatte ein katholischer Kaplan des Prinzen bzw. ein Concommissarius desselben einen Bericht über die Dresdner Vorgänge nach Wien geschickt. Diesen bekam die Frau des kurkölnischen Gesandten von Plettenberg in die Finger, der ihn »vermuthlich hin und wieder distribuiret«[417], so dass er schließlich auch nach München gelangte. Der bayerische Hof fackelte nicht lange und ließ den in Italienisch verfassten Bericht in Übersetzung unter dem Titel *Wahrhaftiger und Gründlicher Extract eines Briefes von einem Hoff-Capellan aus Dreßden, welcher den 24. May 1726 nacher Wienn abgegangen, darinnen die ordentliche Erzehlung des entstandenen Tumults enthalten ist* durch den Hofdrucker Johann Frantz Hanck herausbringen. Es handelte sich dabei um einen der wenigen Texte, der die Affäre aus katholischer Sicht darstellte. Folgt man ihm, so veranlasste bereits am Morgen des 21. Mai eine aufrührerische Predigt in der Kreuzkirche die Gläubigen, zu den Waffen zu greifen, um für ihren Glauben zu sterben. Ausführlich schilderte der Autor die Plünderungen und Verhaftungen, um schließlich zu dem Fazit zu gelangen, dass es »nicht viel an unseren völligen Verlust und Untergang«[418] gefehlt habe. Die Schrecken in der katholischen Gemeinde malte er, soweit es die Kürze des Briefes ermöglicht, plastisch aus: So sei etwa die Frau eines der in Schutzhaft genommenen Katholiken »vor Schröcken zu Hoff Kinds-Mutter worden«.[419]

Ein neuralgischer Ort für die Verbreitung von Nachrichten im Reich war der Immerwährende Reichstag in Regensburg. Anfang Juni 1726 meldete sich der sächsische Gesandte Johann Friedrich von Schönberg und berichtete, wie das in München gedruckte Schreiben in diplomatischen Kreisen rezipiert wurde. Die Reaktionen in den beiden konfessionellen Lagern seien naturgemäß sehr unterschiedlich gewesen: Es hätten

> *verschiedene Evangelische Gesandten, ob Sie schon sonsten ermeldte ganze Affaire noch zur Zeit mit indifferenten Augen ansahen, an ein und andere darinnen enthaltene gehäßige expressiones [Ausdrücke] sich sehr ärgern, bey denen Catholischen hingegen diese Erzehlung vor so viel wahrhafter gehalten wird, und vor alle übrigen um so viel mehr Beyfall findet, als der Tittul davon und die Autoritaet des vermeintlichen autoris selbige so gleich praevenirt.*[420]

Für Dresden stand viel auf dem Spiel. Gerade noch rechtzeitig wehrte man Bestrebungen ab, die Dresdner Geschehnisse zu einer Sache des Reichstages zu machen. Das Konsilium berief sich freilich darauf, dass es sich um »pure domestica« handle und dass eine Einmischung »solange der Reichs Tage stehet, mit keinem Exempel authorisiren können.« Überhaupt sei nichts geschehen, was nicht »vor Gott und der gantzen unpatheischen Welt, da es nöthig wäre, justificiret werden könne.«[421] Doch die harschen Reaktionen aus Regensburg zeigten, dass Dresden keine Insel war und die dortigen Ereignisse im Reich aufmerksam verfolgt wurden. Schon aus diesem Grund bemühte sich das Konsilium um Schadensbegrenzung, wozu es seinerseits auf dipolomatische Netzwerke zurückgriff. Schönberg wurde ständig auf dem Laufenden gehalten. Wohl informiert, sollte er sich bemühen, den »auch zu Regensburg zweifels ohne ausgesprengten Unwahrheiten zu begegnen.«[422]

Aber man nutzte diplomatische Kanäle nicht nur zur Verbreitung von Nachrichten, sondern auch zur Eindämmung des Informationsflusses. So gelang es dem sächsischen Legationssekretär in Hamburg, Peter Ambrosius Lehmann, den Rat dazu zu bewegen, »vors erste nichts davon in hiesigen Gazetten zu melden.«[423] Ein paar Tage später konnte er sogar weitere Erfolge verbuchen: »Der Magistrat der Stadt Hamburg hat den 29. denen Predigern dieser Stadt antragen laßen, daß sie wegen der zu Dreßden passirten affaire, auf denen Canzeln nichts erwehnen möchten, weil man noch keine rechte Umstände wüste, welches sie auch am Himmelfahrts-Tage gethan und nichts erwehnet.«[424] Aber auch andere Diplomaten in sächsischen Diensten bemühten sich, die Verbreitung der Gerüchte einzudämmen. Schönberg versuchte die Drucker in Regensburg davon abzuhalten, Nachrichten von der Dresdner Affaire herauszubringen, war allerdings nicht besonders erfolgreich:

> *In der Stadt liese ich bald anfänglich die Buchdrucker warnen, weil allerhand ungegründete Relationes von obermeldter Begebenheit zum Vorschein kommen möchte, vor derselben promulgation [öffentliche Bekanntmachung] sich behutsam in acht zu nehmen, damit sie nicht deshalber in Verantwortung geriethen, doch ist gleichwohl die Beschreibung [...] ans Licht getreten.*[425]

Die diplomatische Bühne war nicht die einzige, auf der um die Gunst des Publikums gerungen wurde. Ebenso bemühte sich das Konsilium um die Meinung der Leser, die sich an Zeitungen, Gazetten und allen möglichen Gelegenheitsschriften delektierten. Die erste offizielle Verlautbarung, die für das breite Publikum bestimmt war, ließ Geheimrat von Loß am 3. Juni in der Leipziger Post-Zeitung einrücken[426]; sie erschien zwei Tage darauf. Später sollten offizielle Versionen von Laublers Hinrichtung sowie der Urteilsvollstreckung an mehreren Soldaten, die im Zusammenhang mit den Ausschreitungen verurteilt worden waren, an derselben Stelle erscheinen.[427]

Trotzdem riss der Fluss – aus der Sicht des Konsiliums – lästiger Fehlinformationen nicht ab. Als beispielsweise in der Berlinischen Zeitung ein Artikel erschien, der die Geschehnisse in Dresden kritisch aufs Korn nahm, formulierte man umgehend ein Dementi; der Geheime Rat von Seebach wendete sich an den Kabinettsminister Graf von Manteuffel, mit der Bitte, eine ›Refutation [Widerlegung]‹[428] veröffentlichen zu lassen.

Um diesen Bemühungen Nachdruck zu verleihen, musste die Landesregierung einen »allgemeinen Anschlag« gegen das »angemaßte Zeitungs-Schreiben« entwerfen[429]. Das Patent[430], das am 31. August 1726 im Druck erschien, beklagte, dass die jüngst erschienenen Zeitungen nicht nur unwahr seien, sondern auch die einfache Bevölkerung »zu mehrerer Neugierigkeit« verleiteten. Er wandte sich daher in scharfen Worten dagegen, »verdächtige Zeitungen oder Nachrichten zu schreiben, zu verfertigen und öffentlich bekannt zu machen oder hier oder dahin wegzuschicken.« Die Untertanen sollten sich »des vielen unwahrhafften Zeitungs-Schreibens und unzuläßigen Raisonnirens« enthalten, und zwar besonders »in statum publicum lauffenden Sachen.« Bei Verstößen wurden harte Strafen angedroht.

Zur gleichen Zeit nahm die Obrigkeit die Predigten aufs Korn. Neben den gedruckten Nachrichten war es nämlich insbesondere die Agitation der Geistlichen, die nach dem 21. und 22. Mai ins Visier des Konsiliums geriet. So forderte das Konsilium im Juni in einer Denkschrift, dass sowohl die lutherische als auch die katholische Geistlichkeit

das fulminiren [Wettern, zänkische Sichereifern] auf denen Canzeln einstellet und die animositæt zwischen beyderseits Religionsverwandten, welche sowohl bey hofe als in der Stadt, ja im ganzen Lande überhand genommen, zu dämpfen suchte und zu solchem Ende alles Schmähen, Lästern und verkezern bey ernster Strafe [...] per Mandatum Generale ein vor allem untersagte.«[431]

Mit dem Entwurf des Patents wurde dieses Mal nicht die Landesregierung, sondern das Oberkonsistorium, in dessen Zuständigkeit die Materie fiel, beauftragt.[432] Man konstatierte, die Pfarrer hätten in den Predigten »ihre affecten den Zügel allzu sehr schießen laßen« und nicht nur den Religionsfrieden und die Reichs- und Landesgesetze »mit sehr hefftigen, bittern und schimpflichen Redensarthen unter Missbrauchung der heiligen Schrifft angegriffen«, sondern auch nicht gezögert, sich gegenseitig »auf das schändlichste zu verunglimpfen«. Auch ihnen sollte nun untersagt werden über »Dinge, so in den Statum publicum einschlagen oder doch auf die Canzel gar nicht gehören«, öffentlich zu predigen. Das Oberkonsistorium wurde beauftragt, ein Mandat zu erlassen, das Verstöße mit Geldstrafen zugunsten des Zucht-, Armen- und Waisenhauses in Waldheim, aber auch mit Amtsenthebungen ahndete. Gültigkeit sollte es nicht nur für Theologen, sondern auch für Professoren und Doktoren besitzen.

Benemanns aktenmäßiger Bericht

In Dresden beobachtete man die Flut an Gerüchten also mit wachsender Besorgnis. Erschreckt durch »so viele im Grund falsche und unwahrhaffte Zeitungen«[433], beschloss das Konsilium, einen Kontrapunkt zur schlechten Presse zu setzen. Das Projekt firmierte unter den Bezeichnungen *species facti* (Bild der Ereignisse) und *statum causae* (Stand der Dinge).[434] Im August legte man die Aufgabe in die Hände des Hof- und Justizienrats Benemann. Eine Veröffentlichung des Berichts war von Anfang an vorgesehen. Benemann erhielt Einsicht in die Akten, aber auch in die Pamphlete, die er widerlegen sollte.[435]

Benemann benötigte einen knappen Monat, um den bestellten *status causae* beim Konsilium abzuliefern. In seinem Anschreiben weist er darauf hin, dass er die Unruhen ausgespart habe, da ihre gerichtliche Verfolgung noch nicht abgeschlossen sei. Vorbehalte hegte er besonders gegenüber den »bedenklichen Reden«, die Laubler zu Protokoll gegeben hatte. Sollte er diese ebenfalls in den Bericht einfließen lassen? Benemann entschied sich, zumindest die »gröbsten Schmäh-Reden« wegzulassen und auch sonst einige Ungereimtheiten »mit Stilschweigen« zu übergehen; andere brisante Details griff er dagegen auf, weil sie dem Publikum aus dem Zusammenhang gerissen ohnehin schon bekannt waren. Nur durch vollständige Informationen könne man verhindern, dass »Inn und Ausländern zu noch ungleichern Gedancken Anlaß gegeben werden möchte«.[436] Seiner Abhandlung verlieh er den Titel:

> *Actenmäßige relation von dem in der Könglich Polnischen und Churfürstlich Sächsischen Residenz-Stadt Dresden am 21. May dieses 1726 Jahres verübten Priester Morde, darinnen sowohl von dieser erstaunenden That selbst, als von des Mörders Person gethanenen Bekäntnüße, Zeit währender Inquisition geführten Reden und Bezeigen eingehohlten Urtheln, und erfolgten execution umbständliche und zuverleßige Benachrichtigung ertheilet wird.*[437]

Was steht nun in Benemanns Bericht? Den Auftakt macht eine detaillierte Beschreibung des Tathergangs samt Festnahme durch die Trabantenwache und Auslieferung an das Stadtgericht. Die erste Aussage, in der Laubler seine Identität enthüllt, wird wörtlich zitiert, gefolgt von Aussagen über den Erwerb der Mordinstrumente. Anschließend schreitet der Bericht zur Inspizierung von Laublers Unterkunft und zur Vernehmung der Leumundszeugen fort, um schließlich zum ersten ausführlichen Verhör des Täters zu gelangen – nicht ohne weite Teile der Protokolle im Wortlaut wiederzugeben. Selbst jene Betrachtungen, in denen Laubler seinen Körper als Mahnung an Christi Passion darstellt, werden nicht ausgespart. Ein zweites Verhör, das kaum Neues zu Tage fördert, bleibt dagegen unerwähnt. Notiert wird jedoch Laublers Unwillen angesichts der andauernden Verhöre. Auch einige Details zum Lebenslauf des Delinquenten werden nachgereicht, ebenso seine Selbstdarstellung als Nazarener und Jesuit. Es folgt die Aktenverschickung an den Schöppenstuhl Leipzig, dessen Urteil sowie ein Bericht über die Ermittlungen, die über Laublers Geisteszustand angestellt wurden. Dann referiert Benemann die zweite Einsendung der Akten und die Ankunft des Endurteils, dessen Tenor wiedergegeben wird. Recht ausführlich geht Benemann auch auf Laublers letzte Tage ein, besonders auf die vergeblichen Bemühungen von Pater Hartmann, ihn zur Reue zu bewegen. Beschlossen wird der Bericht durch die Vollstreckung der Hinrichtung, wobei Benemann mit Genugtuung anmerkt, dass diese zwar »von einer unglaublichen Menge des begiehrigen Volckes« verfolgt wird, aber »nicht die geringste ungeziemende Bewegung vermercket, sondern alles in höchster Ruhe und Stille vollbracht«[438] wird. Benemanns Bericht ist also eine Collage aus eigenen Erzählpassagen und Auszügen aus den Akten, die den Prozessverlauf – im engeren Wortsinn – dokumentiert.

Es war genau dies, was Zeitgenossen unter einer *actenmäßigen relation* verstanden. Der Autor griff auf eine Tradition[439] zurück, in der nicht die Augenzeugenschaft die Authentizität verbürgte – man denke an das plakative Pseudonym Autoptus Geamoenus –, sondern die Quellen, aus denen sich die Erzählung speiste. Eine solche Darstellung sollte glaubwürdig erscheinen, weil sie die bislang geheimen Ermittlungsergebnisse publik machte. Implizit wurde der amtlichen Sicht der Dinge also eine höhere Glaubwürdigkeit als der journalistischen zugesprochen. Da die Akten ›die‹ Wahrheit enthielten, bedurfte es der Augenzeugenschaft nicht. Der Verfasser selbst sprach die Überlegenheit seiner Darstellung sogar explizit an; aus seiner Relation ergebe sich

> *von selbst, was von denen über diese Sache in die Welt geschrieben seltsamen Zeitungen und theils noch rumb lauffenden theils wegen derer ungescheüet vorgetragenen, offenbahren und schmähligen Unwahrheiten billich confiscirten Chartequen zuhalten sey.*[440]

Letztlich war es dem Bericht jedoch nicht vergönnt, in Umlauf zu gelangen. Der *status causae* ging dem Konsilium am 29. August 1726 zu. Vier Tage später lag er der Landesregierung zur Begutachtung vor.[441] Diese benötigte dann noch einmal knapp drei Wochen, bevor sie sich mit einer äußerst kritischen Stellungnahme zu Wort meldete.[442] Neben zahlreichen kleinen Anmerkungen war es just die Nähe zu den Akten, die den Räten missfiel. Folgte der Aufbau des *status causae* dem der Schriftstücke in den Akten, riet die Landesregierung zu einer chronologischen Disposition des Materials; die Angaben über die Person und die Herkunft des Mörders sollen dem Bericht über den Prozess vorangestellt werden – eine Umgestaltung, die den narrativen Charakter der Darstellung stärker akzentuiert hätte. Statt einer Dokumentation verlangte die

Landesregierung eine Art der Darstellung, die sich an den Mustern fiktionaler Erzählungen orientierte. Darüber hinaus vertrat sie die Ansicht, dass gerade die Wiedergabe der Ausführungen des Delinquenten vor Gericht »zu allerhand critique Anlaß geben dürffte«.[443] Besonderen Anstoß erregte die Tatsache, dass Benemann das erste ausführliche Verhör lang und breit zitierte. Alles in allem wünschte man sich eine Relation, die den Akten weniger genau folgte, dafür mehr Wert darauf legte, »daß der Leser daraus judiciren könne, daß solche aus einer ganz unpartheyischen Feder gefloßen«; dann sei er nämlich auch geneigt, »solcher [Relation] Glauben zuzustellen«.[444] Es reichte nach Ansicht der Landesregierung jedoch nicht, sich verbal zu dieser Unparteilichkeit zu bekennen, viel mehr muss diese aus der Disposition des Stoffes hervorgehen. Die Landesregierung forderte also den Einsatz rhetorischer Mittel, die den Leser davon überzeugen sollten, der amtlichen Darstellung Glauben zu schenken.

Die Landesregierung diskutierte aber auch noch eine zweite Beglaubigungsstrategie. Glaubwürdigkeit in den Augen des Publikums könne der Bericht nur erlangen, wenn er nicht »alß ein privat Werck, sondern publico nomine [im Namen des Staates] und unter Ihro Königlichen Majestät ausdrücklichen hohen Approbation«[445] herauskäme. In diesem Falle müssten jedoch alle Einzelheiten, die in den Akten vorkommen, ausgebreitet werden, was wiederum »zu allerhand Critique sowohl wieder das Verfahren alß die Untersuchung derer Umbstände, alß ob in diesen oder jenem Stück zuviel oder zu wenig geschehn, Anlaß geben könnte«.[446] Dem Publikum einen Teil der Einzelheiten zu unterschlagen, wäre hingegen gefährlich, da die Akten durch zu viele Hände gegangen seien und man nicht genau wisse, ob nicht »einige Piecen daraus an einen oder den andern privatum gekommen und von demselben in derer wiedrig gesinnten Hände bereits verfallen«[447]; würden diese veröffentlicht, wäre es um die Glaubwürdigkeit des *status causae* geschehen. Man müsse dann wiederum öffentlich Stellung beziehen, wodurch »bey dem Publico und der Posteritaet [Nachwelt]«[448] weitere Kritik heraufbeschworen würde. Alles in allem bestünde die Gefahr, dass der Schuss nach hinten losgehe, kritische, voreingenommene und übel gesinnte Zeitgenossen sich in ihrer Meinung bestärkt fühlten und man auch beim breiten Publikum misstrauisch würde. Klüger wäre es dagegen, sich dem Urteil des Publikums gar nicht erst zu unterwerfen, sondern darauf zu setzen, dass mit der Zeit »dergleichen ungegründete Dinge von selbst sich verliehren«.[449]

Eine andere Linie verfolgte das Konsilium. Allen Bedenken zum Trotz beharrte es auf einer Veröffentlichung[450], mit welcher *die Wohlgesinnten solche Waffen in die Hände bekommen, womit sie denen Calumnianten [Verleumdern] zu begegnen und die ungegründeten Einwürffe abzulehnen und zu zernichten im Stande sich befinden.*[451]

Mit den ›Wohlgesinnten‹ waren in erster Linie diejenigen gemeint, die von amtswegen sächsische Interessen zu vertreten hatten, namentlich die kursächsischen Gesandten an fremden Höfen und beim Immerwährenden Reichstag. So könne der Bericht »bey bekannter Anfechtung des Directorii inter Evangelicos [des Vorsitzes im Corpus Evangelicorum] auf dem Reichs-Tage« als Beweis der »innocente Conduite [des gebührlichen Verhaltens] denen Augen der gantzen Evangelischen Welt« vorgelegt werden.[452] Wiederaufkeimende Zweifel an der Fähigkeit Kursachsens, auch nach der Konversion des Landesherren den Vorsitz im Corpus Evangelicorum zu führen, sollten also mithilfe der Schrift zerstreut werden.

Letztlich setzte sich dann aber doch die Landesregierung mit ihren Bedenken durch. Mitte Januar 1727 wies das Konsilium die Landesregierung zwar an, das Manuskript noch einmal überarbeiten zu lassen; es sollte dann aber unter dem Titel ›wahrhaffte Relation‹ ohne landesherrliches Privileg sowie ohne Angabe des Buchdruckers veröffentlicht werden. Akten sollten darin nicht mehr zitiert, sondern nur noch in kleiner Auswahl »historice angeführet«[453] werden. Es fehlen jedoch Anhaltspunkte dafür, dass diese Anweisungen auch tatsächlich ausgeführt wurden; ein Flugdruck, der an Benemanns Bericht erinnert, konnte bislang nicht nachgewiesen werden.

Der langwierige Entscheidungsprozess zeigt, wie ernst die Obrigkeiten die öffentliche Meinung nahmen. Neben Reputation und Ehre standen auch handfeste Machtressourcen, wie der Vorsitz im Corpus Evangelicorum, auf dem Spiel. Zum zweiten Mal innerhalb weniger Jahre – das ›Thorner Blutgericht‹ lag erst zwei Jahre zurück – provozierten gewalttätige konfessionsbedingte Ausschreitungen in den Territorien des Kurfürst-Königs ein reichsweites Echo. Die Obrigkeiten waren sich durchaus bewusst, dass die Geschehnisse an den Höfen, aber auch in der Bevölkerung mit Argusaugen beobachtet wurden. Die Ansätze zu einer aktiven ›Öffentlichkeitsarbeit‹ *avant la lettre* waren jedoch zum Scheitern verurteilt, da sich die Obrigkeiten nicht dazu durchringen konnten, ihre eigene Sicht auf die Geschehnisse dem freien Spiel der Meinungen preiszugeben. Einem absoluten Wahrheitsbegriff verhaftet, reflektierten sie nicht, dass ihre eigene Sichtweise einem bestimmten gesellschaftlichen Standort verpflichtet war. Das hatte zur Folge, dass die Meinungsbildung allein der nichtamtlichen Publizistik und der Gerüchteküche überlassen blieb.

Publizisten

Die Autoren der Druckschriften konnten sich ihrerseits nicht auf königliche Approbation berufen, um ihren Texten Glaubwürdigkeit zu verschaffen. Sie griffen hierzu auf andere Strategien zurück. Werfen wir einen Blick auf Autoptus Geamoenus. In seinem Bericht ließ er durchblicken, er sei ein »Ausländer und Passagier«, der auf seines »Principalen Befehl mit meiner anvertrauten Herrschaft« in die Niederlande unterwegs sei.[454] Mit anderen Worten: der Autor begleitete die Söhne eines Adligen oder Bürgerlichen als Hofmeister auf einer Länderreise. Formell war der Bericht ein Brief an eine Person, die der Autor als »HochgeEhrtesten Herr« anspricht – aber nicht der erwähnte ›Principal‹ selbst – und der er versprochen hatte, »alles dasjenige, was mir etwa bey meiner Reise durch Sachsen notables vorfallen möchte, bona fide zu berichten«.[455] Der Text wurde als Teil eines gelehrten Briefwechsels inszeniert, wobei ein Anspruch auf Gelehrsamkeit nicht zuletzt durch lateinische und altgriechische Floskeln erhoben wurde, die hier und da eingestreut wurden.

Obgleich der Autor also den Entstehungszusammenhang des Textes andeutete, trat er selbst in seinem Bericht kaum in Erscheinung. Nicht als Teilnehmer berichtet er von den Geschehnissen, sondern als auktorialer Erzähler, der eine ›Historische Erzählung‹[456] niederlegt. Wiederholt betont er, er »schreibe mit unpartheyischer Feder«[457], worunter er vor allem konfessionelle Unparteilichkeit verstand:

> *Unterdessen kann so viel versichern, daß bey der gantzen Historie mich unpartheyisch aufgeführet und weder den Evangelischen noch auch den Papisten zum Faveur [Gefallen] geschrieben habe. Denn eines Historici Schuldigkeit ist ἀπαδῶς zu schreiben.*[458]

Das griechische Wort ἀπαδῶς (»Apathos«) umschreibt ein zeitgenössisches Lexikon als »frey von Affecten und Gemüths-Bewegungen«.[459] Da er keine Gründe habe, »den Papisten etwas unter die Banck zu stecke«, könne man davon ausgehen, dass alles, was er berichtet, »cathegorische Wahrheit sey«.[460] Seine Augenzeugenschaft und konfessionelle Unparteilichkeit sollten also für die Wahrheit bürgen.

Der Anspruch auf konfessionelle Unparteilichkeit wurde allerdings immer wieder durch den konfessionellen Standpunkt des Autors unterwandert. Er stellte nicht nur Hahn als einen Märtyrer und Laubler als den Teufel dar, sondern relativierte auch die Ausschreitungen der lutherischen Mehrheitsbevölkerung und begrüßte, dass der katholischen Minderheit ein Denkzettel verpasst worden sei. Auch durchkreuzte die erklärte Absicht, »zur Bewegung eines Christlichen Mitleidens«[461] zu schreiben, die vermeintlich teilnahmslose

Haltung des Erzählers. Dieser behauptete zwar wiederholt, er rede »allhier gantz ohne Affecte«[462], musste sich aber gelegentlich eingestehen, dass es ihm nicht leicht fiel, eben diese zu zügeln. »Doch Feder schweig«, ermahnte er sich etwa an einer Stelle selbst, »und exaggerire die Boßheit nicht noch mehr, welche schon über alle Wolcken zu Gott im Himmel gestiegen und um Rache flehet«.[463]

Allen Postulaten zum Trotz erscheint Geamoenus' Darstellung weder als unparteiisch noch als emotionslos. Die explizit formulierten Ansprüche und die implizite Rede der historischen Erzählung sprechen unterschiedliche Sprachen. Auch das Berufen auf Augenzeugenschaft ist nicht mehr als ein Topos, denn eigenes Erleben wird kaum in Szene gesetzt. Dagegen sprechen zahlreiche intertextuelle Bezüge dafür, dass der Verfasser entweder Zugang zu Akten oder zu Zeugen hatte. Ein Beispiel hierfür ist die Szene, in der sich Laubler der Leibgarde stellt. Geamoenus zitiert ihn mit den Worten: »ich bin euer Arrestante, ich habe M. Hahnen, den Seelen-Verführer, erstochen«.[464] Das erinnert an den Wortlaut der Protokolle des Stadtgerichts; einem Zeugen zufolge habe Laubler gesagt:

Ich bin dein Arrestant, sich umgewendet, nach dem Tisch zugegangen und etwas geredet, so aber er nicht hören können, doch wäre ihm fürkommen, als ob er gesaget: Er habe Magister Hahnen erstochen.[465]

Beide Darstellungen der Festnahme konvergieren also auf bemerkenswerte Weise. Die Quelle seines Wissens gibt der Autor jedoch nicht zu erkennen.

Wie erlangte Geamoenus Zugang zu den Akten? Die Akten gingen durch viele Hände und Auszüge daraus drangen nach außen, wurden Autoren wie ihm in die Hände gespielt. Im zweiten Teil des *Betrübten Dreßden* erscheint so etwa das Gutachten über Laublers Geisteszustand im Wortlaut.[466] Zugleich ist den Verfassern jedoch klar, dass die Akten geheim und nicht für die Augen des Publikums bestimmt sind. Geamoenus zumindest beteuert an zwei Stellen, dass er nicht an nähere Informationen hätte gelangen können, da »bis dato die Acta secretiret werden und man in diesen wie in andern zweifelhafften Dingen nichts gewisses melden kann«.[467] Letztlich hing auch Geamoenus dem Credo an, die ganze Wahrheit sei nur in den Verfahrensakten enthalten.

Intertextuelle Bezüge verbinden Geamoenus' Text aber nicht nur mit behördlichen Akten, sondern auch mit anderen Druckschriften. Eine Aussage, die immer wieder auftauchte, betraf die Außergewöhnlichkeit des Mordes. So erschien nach der Ermordung Hahns eine fingierte Grabinschrift, deren Titel *Entsetzliche und in zwey hundert Jahren nie erhörte grausame Mord-Geschicht* lautete.[468] Auf diese Zeitspanne von zweihundert Jahren verwiesen auch andere Schriften; Geamoenus konstatierte etwa, es sei

nicht zu leugnen, daß dieser binnen 200 Jahr in der Christenheit nicht erhörte Priester- und Meuchel-Mord in der Welt ein grosses Anfsehen [sic] gemacht, wie nicht weniger daraus entstandene Tumult des beunruhigten Pöbels.[469]

Und auch der anonyme Autor eines Gelegenheitsgedichts reimte munter, indem er die Stadt Dresden ansprach:

Was wol die Christenheit in zweymahl hundert Jahren
An keinem Ort gesehn, zu keiner Zeit erfahren
Must du anjetzt bestürtzt voll Schmertz und Thränen sehn
Da durch des Mörders Faust ein solcher Fall geschehn.[470]

Welchem Verbrechen der Reformationszeit die Anspielung galt, bleibt ungewiss. Was zählt, ist die lange Zeitspanne als Argument für die Außergewöhnlichkeit von Laublers Tat. Daneben bemühten sich die Verfasser aber auch eifrig, vergleichbare Geschehnisse anzuführen. Ein fester Bezugspunkt wurde der berühmte Räuberhauptmann Lips Tullian. Geamoenus, aber auch andere Autoren wurden nicht müde zu betonen, dass Laubler in dieselbe Zelle im Stockhaus eingekerkert wurde wie seinerzeit der bekannte Räuber.[471] Neben Tullian bemühte man den schwedischen Obrist-Leutnant Johann Koch von Güllenstein, der ebenfalls in dieser Zelle gesessen habe. Noch 1726 erschien eine Schrift mit dem Titel *Besonders curieuses Gespräche im Reiche derer Todten,* die Laubler und den zwei Jahre zuvor enthaupteten Güllenstein im Jenseits aufeinandertreffen ließ.[472]

Vergleichspunkte in der Historie ließen sich freilich auch für den Tumult anführen. Ein mehrfach erwähnter Bezugspunkt war, wie bereits erwähnt, die Ermordung König Heinrichs IV. von Frankreich durch den Mönch Ravaillac. In einem Gelegenheitsgedicht wurden dem Ermordeten etwa die folgenden Verse in den Mund gelegt:

Ich lobe meinen Gott und bitte vor den Feind
Der es mit mir fast so wie Ravaillac gemeint,
denn dieser stach mit List der Frantzen König nieder
Und trieb des Messers Stahl in dessen Hertz und Glieder
Aus Eyfer, weil er ihn vor einen Ketzer hielt
Und man in dessen Blut doch ohne Sünde wühlt.[473]

Der blinde Glaubenseifer diente diesen Versen als Vergleichsmoment. Der Fanatismus des katholischen Mörders wurde darin der Demut des Ermordeten gegenübergestellt, der gemäß der christlichen Ethik für seinen Mörder betet.

Beliebter unter den Autoren waren jedoch historische Ereignisse, in denen katholischer Glauben und Brutalität als miteinander verschränkt dargestellt werden konnten. Geamoenus etwa scheut sich nicht, an die schwarze Legende anzuknüpfen. Die antikatholischen Ausschreitungen in Dresden stellt er – nicht ohne polemischen Wortwitz – der Zwangsbekehrung in der Neuen Welt gegenüber, »da man die armen Leute ehr pistolice mit Schwerdt als apostolice durch das lebendige Wort Gottes bekehret und zum Gehorsam des Evangelii gebracht hat«.[474] Die Gräueltaten der Konquista werden also als Argument benutzt, um die Gewalttätigkeiten der Lutheraner gegenüber der katholischen Minderheit in der Residenzstadt zu relativieren. Folglich betont Geamoenus in seiner historischen Erzählung auch nicht die Ausschreitungen gegen die Katholiken, sondern deren Verhaftung in friedfertiger Absicht. Die Aktionen gegen die Katholiken stehen so im Licht der Barmherzigkeit, während Grausamkeit und Katholizismus fest liiert erscheinen.

In derselben Absicht wird auch auf das Thorner Blutgericht im Jahre 1724 verwiesen. Schon der Titel des Flugdrucks *Das betrübte Dreßden* spielt auf den Titel der Schrift *Das betrübte Thorn* an, die 1725 erschien und noch 1726 eine französische Bearbeitung erfuhr.[475] 1724 kam es in der polnischen Stadt Thorn bei der jährlichen Fronleichnamsprozession zu Ausschreitungen zwischen Jesuitenschülern und protestantischen Bürgern; als die Jesuiten vor dem Hofgericht in Warschau klagten, wurden zwei protestantische Bürgermeister und zwölf Handwerker hingerichtet. Der Fall sorgte in ganz Europa für Aufsehen. Es waren diese Ereignisse, die den wichtigsten zeitgeschichtlichen Vergleichs- und Bezugspunkt für die Dresdner Unruhen lieferten. Mal für Mal beriefen sich die Autoren darauf, wie unbarmherzig eine von Katholiken ausgeübte Justiz mit protestantischen Untertanen ins Gericht gegangen sei. Geamoenus rechnete die Erinnerung an das Thorner Urteil sogar zu den tieferen Ursachen der Dresdner Unruhen.[476]

Die intertextuellen Bezüge waren aber auch noch auf einer dritten Ebene angesiedelt, nämlich auf der des gesprochenen Wortes beziehungsweise der des ungedruckten Briefes. Wie die Obrigkeiten auch fand Geamoenus, es liefen zu viele unwahre Gerüchte um, die es zu entkräften gelte. Er zeigte sich überzeugt,

> *daß von vielen öffters mit allzu scharffer Feder die Sache odiöser [hässlicher] vorgestellet und abgemahlet worden, als sie in der That gewesen: Wie ich denn selber Briefe gesehen, worin an auswärtige Orte berichtet worden, die Evangelischen wären mit den Papisten in Dreßden unmenschlich umgegangen, das Blut wäre auf der Gasse geflossen ac.*[477]

Trotz des Anspruchs auf Unparteilichkeit und Emotionslosigkeit war Geamoenus historische Erzählung also auf mannigfache Weise mit den polemisch geführten Auseinandersetzungen um den Fall Laubler und die Dresdner Unruhen verbunden. Wie andere Texte, die unmittelbar nach den Geschehnissen erschienen, war Geamoenus' Bericht durchdrungen von der Frage nach Recht und Unrecht, Verbrechen und Strafe, Schuld und Sühne. Es waren moralische Fragen, die über den Einzelfall hinausreichten und die ganze Gesellschaft betrafen, um die es der Publizistik letztlich ging.

Da die Auseinandersetzungen unmittelbare politische Relevanz besaßen, wurden diese nicht nur in der Publizistik und in den Briefen der Zeitgenossen schriftlich, sondern auch in den Gassen Dresdens und anderer Städte mündlich verhandelt. Die Flugdrucke, die in diesem Zusammenhang herauskamen, standen schon deshalb auf der Schwelle zwischen Mündlichkeit und Schriftlichkeit. Viele davon trug Geamoenus zusammen und druckte sie im Anhang zu seinem Bericht ab: Neben Leichenpredigten, Kommentaren und Sinngedichten über die erschienenen Porträtstiche stellte er Lieder, die Beschreibungen der auf Hahn geschlagenen Medaillen, umfangreiches Bildmaterial und zahlreiche Gelegenheitsgedichte, ja sogar eine Versdichtung über Hahn, seinen Mörder und die Unruhen zusammen. Das *Betrübte Dresden* ist daher nicht zuletzt eine Sammlung, die die lutherische Sicht auf die Geschehnisse bündelt und konserviert. Eine eingehende Analyse dieses Materials würde ein eigenes Buch füllen; aber bereits eine oberflächliche Betrachtung enthüllt als ihren vordergründigen Zweck, das ›betrübte Dresden‹ nicht nur zu trösten, sondern die Geschehnisse zur ›Erbauung‹ der trauernden Gemeinschaft zu benutzen und die Abwehrkräfte dieser Gemeinschaft gegen Feinde von außen zu stärken.

III. Die Stadt und die Strafen

8. Laublers letzte Tage

Eine Ökonomie der Strafen

Am 3. Juni, eine gute Woche nach der Tat, legt das Konsilium in einer Denkschrift die Grundzüge für die Wiederherstellung des verletzten Rechtsfriedens nieder.[478] Viel steht auf dem Spiel. Das Ehrgefühl der evangelischen Mehrheitsbevölkerung ist verletzt, das Vertrauen in die Obrigkeiten und in den zum Katholizismus konvertierten Monarchen erschüttert. Alte Traditionen der Selbstjustiz leben auf, die Bevölkerung demonstriert Bereitschaft zur Rebellion. Reputation und Nachruhm – symbolisches Kapital, zu dessen Akkumulation Generationen sächsischer Herrscher beigetragen haben – scheinen bedroht. Um den Frieden zwischen den Religionsparteien wiederherzustellen, müssen die anstehenden Strafaktionen nun sorgsam aufeinander abgestimmt werden. Benötigt wird eine Ökonomie der Strafen, bei der die Strafressourcen möglichst gewinnbringend eingesetzt werden.

Das Fundament dieser Ökonomie bildet die konfessionelle Unparteilichkeit der landesherrlichen Verwaltung. Unbedingt vermieden werden soll der Eindruck, eine Konfession werde zu Lasten der anderen bevorzugt. Beide Glaubensparteien sollen überzeugt werden, dass ihr Wohlergehen von der landesherrlichen Obrigkeit abhängt. Die Katholiken, so wird argumentiert, hätten am eigenen Leib erfahren, dass sie ohne den Schutz und das Wohlwollen der Obrigkeiten keine Zukunft in der sächsischen Residenzstadt haben; sie hätten »im Reden und Aufführen sich der bescheidenheit zu gebrauchen, nachdem sie gesehen, was eine populace sey«. Die lutherische Mehrheitsbevölkerung müsse man dagegen zu der Einsicht bringen, »daß das Ministerium sich nicht scheue, ihnen Justiz wiederfahren zu lassen«, ihr aber auch zugleich bedeuten, »daß man sich von Ihnen nichts werde vorschreiben lassen und ihr Wüten und Toben nicht achte«. Empfohlen wird so eine gute Mischung aus Populismus und Repressionen. Die Bevölkerung soll dazu gebracht werden, die Obrigkeit gleichzeitig zu lieben und zu fürchten. Gelänge dies, so würde sich auch »das gnädigste Vertrauen der hohen Herrschaft gegen das Ministerium vermehren«.[479]

Um den Frieden zwischen den Religionsparteien wieder herzustellen, scheinen dem Konsilium zwei Maßnahmen notwendig. Zum einen soll der Fall Laubler so schnell wie nur möglich abgeschlossen werden. Mit einer schnellen

Hinrichtung des Mörders möchte man den Kritikern, die befürchten, die Obrigkeiten ließen mit Rücksicht auf die Konfession des Landesherren Gnade vor Recht ergehen, den Wind aus den Segeln nehmen. Gleichzeitig soll der Magistrat aber auch rasch zur Verurteilung der Demonstranten schreiten. Wenn man diese »Mutins und Auffrührer« ebenfalls rasch »ohne partialitæt andern zum Exempel« den Prozess mache und anschließend hinrichte, so verlören »diejenigen, so das Ministerium fälschlich einer partialitæt haben beschuldigen wollen«, entscheidend an Glaubwürdigkeit und dessen »auffrichtige intention tam in regione quam in religione [sowohl in der Sache als auch in der Religion]« träte klar hervor.[480] Das Konsilium erblickte in der Krise sogar eine Chance, den bereits vor den Unruhen beschädigten Frieden zwischen den Konfessionen dauerhaft zu befestigen, sie also zur Stabilisierung des Status quo zu nutzen. Nicht aus Gründen der Humanität, sondern aus Gründen der Staatsräson sucht das Konsilium also den Ausgleich zwischen den Religionsparteien. Nach der Lage der Dinge darf weder das Urteil gegen Laubler noch das gegen die verhafteten Demonstranten anders als auf den Tod lauten. Die Ökonomie der Strafen soll die Angehörigen beider Konfession zufrieden stellen und die Legitimität der Obrigkeit befestigen.

Die Vorbereitung auf den Tod

Das Endurteil des Schöppenstuhls Leipzig ergeht eineinhalb Monate nach der Tat, genauer gesagt unter dem Datum vom 6. Juli 1726. Es rekapituliert einmal mehr die Tat, bestätigt die Zurechnungsfähigkeit des Täters und gelangt nach Würdigung aller Umstände zu der Erkenntnis, dass Laubler als Meuchelmörder (sicarius) hinzurichten sei. Als Meuchelmorde kennzeichnende besondere Heimtücke wird das Einschmuggeln des Messers in das Haus des Opfers gewertet, denn dadurch habe die Tat auf eine besonders »blutdürstige grausame Art« ausgeführt werden können. Außerdem wurde Laubler angelastet, mit seiner Tat auch »der Königlichen Residenz unentbehrlichen Sicherheit und Freyheiten« leichtsinnig gestört zu haben. Das Verbrechen sei daher »billich unter die atrocissima [abscheulichsten] zu rechnen«.[481] Am Schluss ihres Urteils gelangen die Schöppen zu der Auffassung, dass Laubler im Einklang mit einschlägigen Rechtskodizes[482] mit dem Rade zu Tode zu bringen sei.

Das Urteil wird Laubler am 13. Juli 1726 im Kerker verkündet. Er nimmt es unbewegt auf. Als Hinrichtungstermin wird Donnerstag, der 18. Juli festgelegt. Der Verurteilte darf sich einen seelischen Beistand wünschen und entscheidet sich für Pater Hartmann, den ältesten Dresdner Jesuitenpater.[483]

Als man ihn anschließend fragt, wie er zu seiner Tat stehe, bricht er einmal mehr in Schmähungen gegen die Lutheraner im Allgemeinen und sein Opfer im Besonderen aus. Die Rolle des reumütigen Sünders, die im Drehbuch einer jeden frühneuzeitlichen Urteilsvollstreckung vorkommt, ist noch nicht einstudiert. Dennoch hat sich der Vorhang zum letzten Akt im Leben des Franz Laubler gehoben.

Es dauert zwei Tage, bis sich der ehemalige Trabant ein letztes Mal den Forderungen seiner Umwelt beugt und in die Rolle schlüpft, die ihm von den Vertretern der Obrigkeit angetragen wird. Es ist charakteristisch für Franz Laubler, dass er sich bemüht, dies mit seiner religiösen Lebensgeschichte in Einklang zu bringen. So verkündet er den Richtern und seinem Pater, die auf seine Veranlassung in seine Zelle geeilt kommen, nach der Urteilsverkündigung sei »ein ganzer anderer Geist in ihn kommen«.[484] Das Protokoll der Unterredung hält Laublers Worte folgendermaßen fest:

Er hätte das Hochwürdige nicht mehr und wäre ein ganz anderer Geist in ihn kommen, sonst wäre der Irrgeist in ihm gewesen. Es reue ihn nunmehro, daß er Herrn M. Hahnen unschuldiger weise umbs leben gebracht. Ihm jammerte die arme Wittbe und Kinder, er wolte, daß es nicht geschehen wäre. Es wäre ihm herzlich leid. Wenn er denen Kindern ihren Vater könnte wieder geben, er wolte es gerne thun. Er betheure dieses vor allen andern.[485]

Offensichtlich verliert Laubler mit ›dem Hochwürdigen‹, der Hostie im Hals, seine Heilsgewissheit. Trotzdem gelingt es den Anwesenden nicht, Laubler zur Buße zu bewegen. Beharrlich behauptet dieser, er habe bereits in einem früheren Lebensabschnitt »lange an der buße gearbeitet«[486], aber es habe ihm nichts gebracht. Nun liege es nicht mehr in seiner Macht, Buße zu tun:

Er möchte nicht gerne verlohren gehen, denn wer wolte doch gerne verlohren gehe? Er zweiffle aber daher an seiner Seeligkeit, weil ihn Gott in solche verwirrung und in die böse That verfallen lassen. Er wüßte, daß ihm buße nöthig wäre, wolte auch solche gerne thun, wenn es bey ihm stünde, nicht aus furcht die Straffe, sondern daß er Gott so sehr beleidiget hätte. Er wäre der göttlichen güthe nicht mehr werth. Er wolte die ihm zugesprochnen Reden in seinem guten worthe passiren lassen, vor ihn aber wären sie zu späthe, es wäre mit ihm jezo vollends nichts.[487]

Laubler fällt also von einem Extrem ins nächste. Hatte er sich bislang immer als Gottes auserwähltes Werkzeug dargestellt, so zählt er sich angesichts seines nahenden Endes nun zu den Verdammten und gibt sich äußerst bedrückt und zerknirscht.

Auch an den folgenden Tagen bemüht sich Pater Hartmann, Laubler mit Buße und Kommunion zu versöhnen. Als disziplinierendes Mittel dienen stundenlange Verhöre und Gespräche, in denen verzweifelt um das Seelenheil des Delinquenten gerungen wird. Doch dieser bleibt halsstarrig. Am 16. Juli verbringt Pater Hartmann etwa ganze fünf Stunden bei dem Verurteilten, ohne ihn zur Buße bewegen zu können. Schließlich fällt Laubler sogar in seine alte unbeugsame Haltung zurück und verkündet, er hätte »Vater, Mutter und Sohn auf seiner Seite«.[488]

Stadtgericht und Geistlichkeit sind jedoch nicht die Einzigen, die ihre Aufmerksamkeit auf den Inhaftierten richten. Das städtische Publikum zeigt sich ebenfalls weiterhin interessiert an dem gefangenen Mörder. Laubler avanciert zu einem Kuriosum, das die Menschen sehen wollen. So wird Laubler am Tage vor seiner Hinrichtung im Hofe des Stockhauses »in ein Behältnis an Ketten geschlossen, auch ein und andern, so ihm zu sehen verlanget, der Eingang eröfnet«.[489] Geamoenus zufolge wird auch die Überführung vom Stockhaus ins Rathaus genutzt, um Laubler noch einmal der Bevölkerung zu präsentieren. Da sich bereits viele Leute auf dem Altmarkt eingefunden haben,

> *machte man mit dem Mörder noch zu guter letzt eine Tour a la mode in der Stadt herum und führte ihn aus dem Stockhause durch die Weise Gasse bey der Badstuben vorbey am Marckte hin, in die Willische Gasse, durchs Queer-Gäßgen und die Scheffel Gasse wieder hinauf ins Rathhauß.*[490]

Kurz nach seiner Hinrichtung erscheint als Dreingabe zu einer Druckschrift ein Kupferstich, der Laubler in seiner Zelle zeigt (Abb. 26). Die Bildunterschrift lautete lapidar: »Dresnischer Prister-Mörder Frantz Laubler, wie derselbe in gefängnis gesessen, welcher den 18. Julii 1726 mit den Rade von leben zum Tode gebracht worden«. Halb sitzend mit dem Rücken gegen die Wand gelehnt, lagert der in ein schlichtes, aber sauberes Gefängnishemd gekleidete Mörder umgeben von völliger Dunkelheit auf einer einfachen Bank; die Handgelenke sind mit Ketten an das steinerne Mauergewölbe angeschlossen. Sein Gesichtsausdruck strahlt Ruhe und Gelassenheit aus. Betrachtern, die frühere Bildnisse gesehen haben, fällt sofort auf, dass dem Täter während der wochenlangen Gefangenschaft ein Vollbart gewachsen ist. Das Bildnis zeigt den Inhaftierten auf eine völlig andere Art als die Gerichtsakten. Weder Gesichtsausdruck noch Körperhaltung lassen auf seelische Qualen schließen. Der Kupferstich stellt Laubler als jemanden dar, der mit sich im Reinen ist und in sich ruht.

Es gibt noch weitere Momente in der Darstellung, die irritieren. Wird nicht Laublers Haupt durch einen Lichtschein umspielt, der an eine Aureole ge-

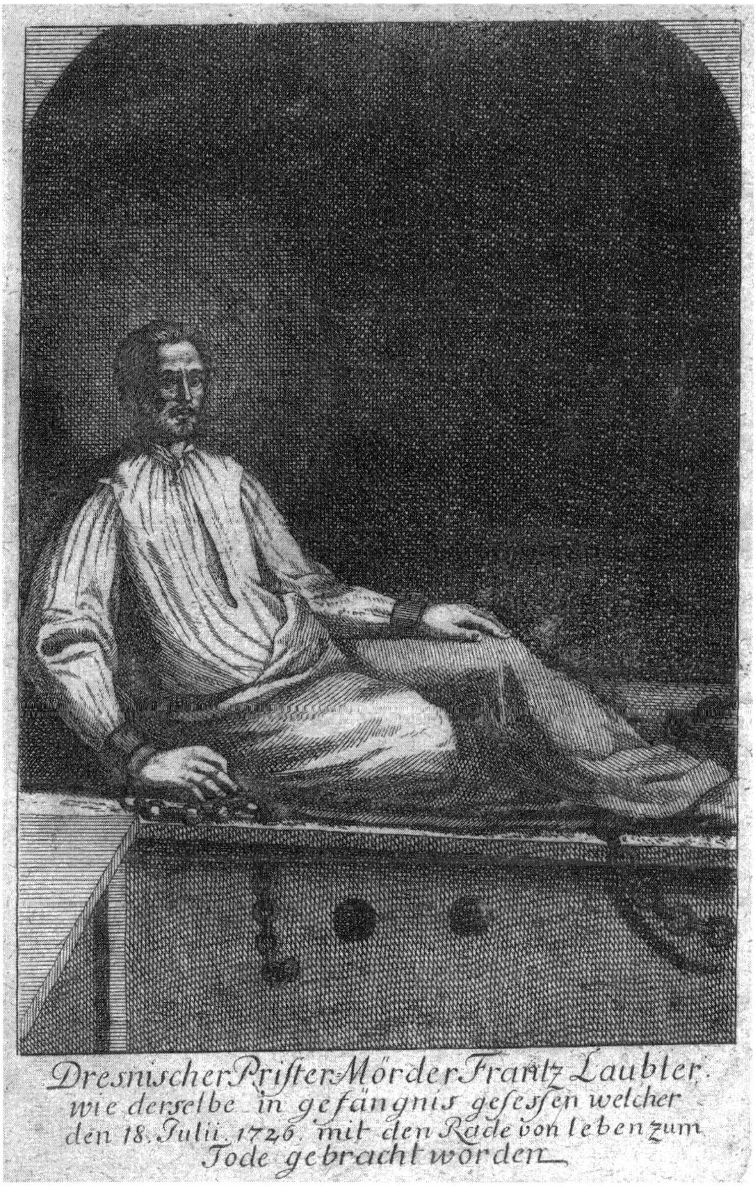

Abb. 26: Franz Laubler im Verlies. Anonymer Kupferstich. 1726

Abbildung 27: Friedrich Freiherr von der Trenck in Haft auf der Festung Magdeburg. Anonymer Kupferstich 1754.

Abbildung 28: Der dreifache Mordbrenner und Mörder Lorentz Scheerschmidt in Hals-, Hand- und Fußeisen. Anonymer Kupferstich, 18. Jahrhundert.

mahnt? Erinnern nicht Körperhaltung und Gewandung an einen antiken Philosophen? Der Modus der Darstellung weckt Assoziationen an den Asebieprozess gegen Sokrates. Der Gottlosigkeit bezichtigt, gibt der griechische Philosoph an, stets den Warnungen eines Daimonion, den er als göttliche Stimme darstellt, zu folgen. Die Verurteilung empfindet er zwar als ungerecht, akzeptiert sie aber mit der Begründung, auch schlechte Gesetze dürfte man nicht übertreten. Die Parallelen zu Laublers Selbstdarstellungen drängen sich geradezu auf. Laubler gibt vor, Gott in Gestalt einer Hostie in sich zu tragen und seinen Worten zu folgen. Schon kurz nach seiner Festnahme proklamiert er, dem Tod gelassen gegenüberzustehen. Die Aureole entspricht ebenfalls Laublers Selbstdeutung als ›Apostel‹. So unterscheidet sich der Stich stark von vergleichbaren Darstellungen; bei Friedrich Freiherr von der Trenck, einem mutmaßlichen Spion, und Lorentz Scheerschmidt, einem mehrfachen Mörder, steht etwa die Sicherstellung durch Ketten im Vordergrund (Abb. 27, 28).

Die Aussage des Bildes bleibt seltsam unbestimmt. Möglich, dass der Kupferstecher lediglich danach strebt, sich mithilfe bekannter Bildformeln und Gestaltungsmittel ein Motiv anzueignen, für das entsprechende Traditionen und Vorlagen fehlen; möglich aber auch, dass er versucht, eine ironische Brechung zu erzeugen, indem er bekannte Topoi auf eine nach allgemeiner Meinung unwürdige Person überträgt. Sicher scheint einzig, dass die Darstellung des Inhaftierten dessen Selbstdarstellung – aus Sicht der Lutheraner – gefährlich nahe kommt.

Wohl nicht zuletzt aus diesem Grunde sieht sich der Autor der Druckschrift, in welcher der Kupferstich erscheint, dazu gezwungen, das Bild auf dem Titelblatt mit einigen eindeutigen Versen ins rechte Licht zu rücken:

> *So sieht der Mörder aus. So liegen Füß' und Hände,*
> *Sammt dem verruchten Leib in Bande eingepresst,*
> *So gehts, wer Blindheit liebt; so ist der Boßheit Ende,*
> *Dis ist zuletzt der Lohn, wer seinen Gott verläst.*

Die Vollstreckung des Urteils

Die Hinrichtung Laublers war nicht nur ein Spektakel ersten Ranges, sie war vor allem ein Medienereignis.[491] Die Flugdrucke, die anlässlich der Urteilsvollstreckung erschienen, reichen von ein- oder zweiseitigen Nachrichten bis hin zu einem dreizehnseitigen Bericht, der sich im *Betrübten Dresden* befindet. Die Aktenüberlieferung zum Thema ist dagegen äußerst schmal. Mehr als einen dreiseitigen Bericht am Ende der Untersuchungsakte des Stadtgerichts war die Hinrichtung nicht wert.

Was die Vollstreckung selbst angeht, so stimmen die verschiedenen Berichte im Kern freilich überein. Am 18. Juli um Mitternacht wird der Verurteilte aus seinem Kerker im Stockhaus geholt und, gut bewacht, ins Rathaus überführt. Dort bringt man ihn in eine Stube, die nach dem Hofe hinausgeht und in der er gegen drei Uhr in der Früh noch einmal seinen Pater empfängt. Auf unablässiges Zureden beichtet er schließlich sogar und lässt sich das Abendmahl reichen. Während der ganzen Zeit bleibt er ruhig und gelassen.

Am Morgen treffen dann die Herren vom Stadtgericht, Gouverneur Graf Wackerbarth, der Generalfeldmarschall Graf von Flemming sowie die Räte des Geheimen Konsiliums am Rathaus ein, um der Exekution beizuwohnen. Laubler wird auf den Altmarkt hinausgeführt, wo man vor dem Rathaus das Schafott aufgebaut hat. Vor der Hinrichtung wird das Halsgericht gehalten; das Urteil und der königliche Vollstreckungsbefehl werden öffentlich verlesen. Laubler, dem das zu lange dauert, protestiert vergeblich; die Prozedur wird nicht abgekürzt. Schließlich muss der Verurteilte auf das Schafott emporsteigen, den ständig betenden und Trost spendenden Pater Hartmann an seiner Seite. Oben nimmt ihn der Scharfrichter in Empfang; Laubler legt sein Hemd ab, lässt sich willig an Händen und Füßen binden und auf die Richtstätte legen.

Dann schmettert das Rad mehrmals auf Laubler hinab und zermalmt seine Knochen. Während der Delinquent qualvoll stirbt, ruft ihm der Pater Trostworte ins Ohr. Wie vom Konsilium angeordnet, wird der leblose Körper aufgehoben und mit dem Gesicht himmelwärts auf eine Schleife gelegt. Dann wird das Rad auf ihm festgemacht und der Körper über Alt-Dresden zur Richtstätte ›auf dem Sande‹ gebracht. Dort wird der Leichnam mit Ketten auf dem Rad befestigt und auf einem Pfahl hoch aufgerichtet.

Soweit der Konsens. In den Details weichen die Erzählungen über die Hinrichtung jedoch voneinander ab. Der Verfasser des zweiten Teils des *Betrübten Dresden* etwa lenkt die Aufmerksamkeit der Leser auf ein riesiges Schafott, das extra für die Exekution auf dem Altmarkt errichtet wird. Alles an der Hinrichtung scheint ihm außergewöhnlich. So hebt er hervor, man habe »wol noch nie gehöret, noch in einigen Dreßdnischen Nachrichten gelesen, daß auf dem alten Marckte, auf öffentlichem Echaffot eine Execution an einem armen Sünder wäre verrichtet worden«.[492] Der ungewöhnliche Ort der Hinrichtung spiegelt also die Ungewöhnlichkeit des Verbrechens wider. Tatsächlich hatte das Konsilium den Altmarkt als Hinrichtungsstätte bereits zu einem Zeitpunkt ins Spiel gebracht, zu dem das Urteil noch gar nicht vorlag; offensichtlich war es auch der Obrigkeit wichtig, wo das Spektakel stattfand.[493]

Indes war der Ort der Hinrichtung weniger ungewöhnlich, als er auf den ersten Blick erscheinen mag. Zwar lag der eigentliche Richtplatz vor den Toren der Stadt, aber Standespersonen und Delinquenten, die besonders abstoßende Vergehen begangen hatten, wurden auch früher schon auf dem Altmarkt hingerichtet. Überliefert sind einige Fälle aus dem 16. Jahrhundert, als beispielsweise Hans von Kannewurf wegen Ehebruchs dort enthauptet wurde. 1548 wurde ein Mann, der seine Mutter vorsätzlich ertränkt hatte, an den vier Ecken des Marktes mit glühenden Zangen gemartert, um anschließend in einen Sack verschnürt selbst in die Elbe geworfen zu werden.[494] Die Wahl fiel also auf eine Hinrichtungsstätte mit Tradition.

Es gab noch andere Gründe, die für den Altmarkt sprachen. Der weitläufige Platz war bestens geeignet, um die zu erwartenden Menschenmengen aufzunehmen und in Schach zu halten. Die Obrigkeiten fürchteten nämlich, es könne am Rande der Hinrichtung erneut zu Ausschreitungen kommen.[495] Das Militäraufgebot – hierin sind sich die Berichte wieder einig – war deshalb beträchtlich. Das Schafott wurde weiträumig durch Soldaten abgeriegelt und auch die Zugänge zum Platz sowie die umliegenden Straßen wurden von patrouillierenden Reitern kontrolliert.

Nicht nur das Schafott selbst, sondern auch seine Bezeichnung als solches findet der anonyme Autor bemerkenswert:

> *Sonst ist nach bekantem Stylo nur dasjenige ein Echaffot zu nennen, worauf vornehme Standes-Personen wegen Etaats-Verbrechen je zu weilen hingerichtet werden, wie dergleichen in England sehr gebräuchlich ist. Dem sey nun wie ihm wolle, so hieß bey denen Dreßdnern diese, dem Mörder aufgerichtete Trauer-Bühne ein Echaffot, obgleich Laubler von gar schlechter Conditio und Herkommen war und seine Boßheit ihn zu dem allerverachtesten und unwürdigsten machte.*[496]

Es scheint, als weise auch der Gebrauch des Wortes ›Echaffot‹ auf die besondere Schwere von Laublers Verbrechen hin, rücke es sogar in die Nähe des Staatsverbrechens. Diese Nähe sieht der Autor durch die ›Öffentlichkeit‹ des Verbrechens begründet. Den öffentlichen Charakter der Tat schreibt er der Tatsache zu, dass die ganze Stadt von ihr betroffen worden sei. Er betont, dass eine »öffentliche Mordthat« auch durch eine »öffentliche Exekution« geächtet werden müsse.[497] Mit anderen Worten: Es besteht ein allgemeines Interesse an dem Mörder und seiner Hinrichtung, dem die Obrigkeiten durch ein gesteigertes Hinrichtungsritual zu entsprechen hätten.

Dementsprechend groß ist auch die Anteilnahme der Bevölkerung an der Hinrichtung. Schon während nachts bei Fackelschein das Schafott errichtet wird, sind alle Zimmer, die auf den Markt ausgerichtet sind, hell erleuchtet und mit Menschen besetzt. Mit Spielen und Kaffetrinken überbrücken sie die Zeit bis zum Beginn der Hinrichtung. Menschen vom Lande reisen extra an, bereit, einen Taler für einen Fensterplatz auszugeben. Geamoenus zufolge ist das Interesse so groß, dass

alle Tächer, Löcher und Fenster von der curieuxen Menge des Volckes angefüllet waren, so gar daß einige in denen Dachkehlen und Rinnen ihren Auffenthalt gesucht, auch die Feuer-Ofen-Kehrer Jungens fast alle Feuer-Essen rund um den alten Marck herum besetzet und bloquiret hielten.[498]

Die voll besetzten Fenster und Dächer sind wohl Realität und Topos frühneuzeitlicher Festkultur zugleich. Sinnfällig unterstreichen sie die Neugier der Bevölkerung an Schauspielen aller Art. Auch beim jährlichen ›calcio‹ in Florenz erklimmen Menschen schwindelnde Höhen, um sich einen guten Blick auf das Geschehen zu sichern.[499] Der Kupferstich, der die Exekution Laublers zeigt, zitiert ebenfalls diesen Topos (Abb. 29). Er stellt die Hinrichtung als Inszenierung von Ordnung und Vergnügen dar. In Reih und Glied um das Schafott steht die Bürgerwehr, die wiederum von einer Reihe Infanteristen umgeben ist. Auf der Bühne selbst liegt Laubler bäuchlings unter dem Rade, während der Scharfrichter rechts von ihm steht und Pater Hartmann sich von links segnend über ihn beugt. In Hartmanns Rücken erkennen wir die Männer vom Stadtgericht. Hinter den Soldaten sowie in Türstürzen und Fenstern drängt sich das schaulustige Volk. Wie der Tumult bietet auch die Hinrichtung Laublers Amüsement und befriedigt die Schaulust.

Auch der Hinrichtung selbst widmet sich die Publizistik eingehend. Als von besonderem Interesse erweist sich die Anzahl und Reihenfolge der Stöße. Ein Autor berichtete von drei Stößen ins Genick und, nachdem der Verurteilte auf den Rücken gedreht worden ist, insgesamt neun Stößen auf Brust, Herz, Hände und Füße.[500] Ein anderer publizierter Bericht bestätigt die anfänglichen drei Genickstöße, dann sei es aber weiter gegangen gegen Arme und Beine und erst zuletzt gegen das Herz.[501] Ein dritter spricht dagegen von 15 Schlägen »als 3 ins genicke, 3 auf die Brust, 6 auf die Arme und Beine und endlich zuletzt hin wiederum noch 3 auf die Brust ehe er völlig hingewesen«.[502] Und ein letzter betont die Symmetrie, mit der die Tötung durchgeführt wird:

Drauf bekam der arme Sünder mit dem Rade 3 Schläge ins Genicke, hernach 2 Schläge auf die Brust, nach diesem ward der rechte Arm und das lincke Bein, ferner der lincke Arm und rechtes Bein ihm zerstossen, zuletzt aber noch 2 Stöße auf die Brust gegeben.[503]

Letztlich verfolgen diese exakten Angaben jedoch nur ein Ziel, nämlich die Härte der Strafe möglichst sinnfällig ins Bild zu setzen. Dementsprechend

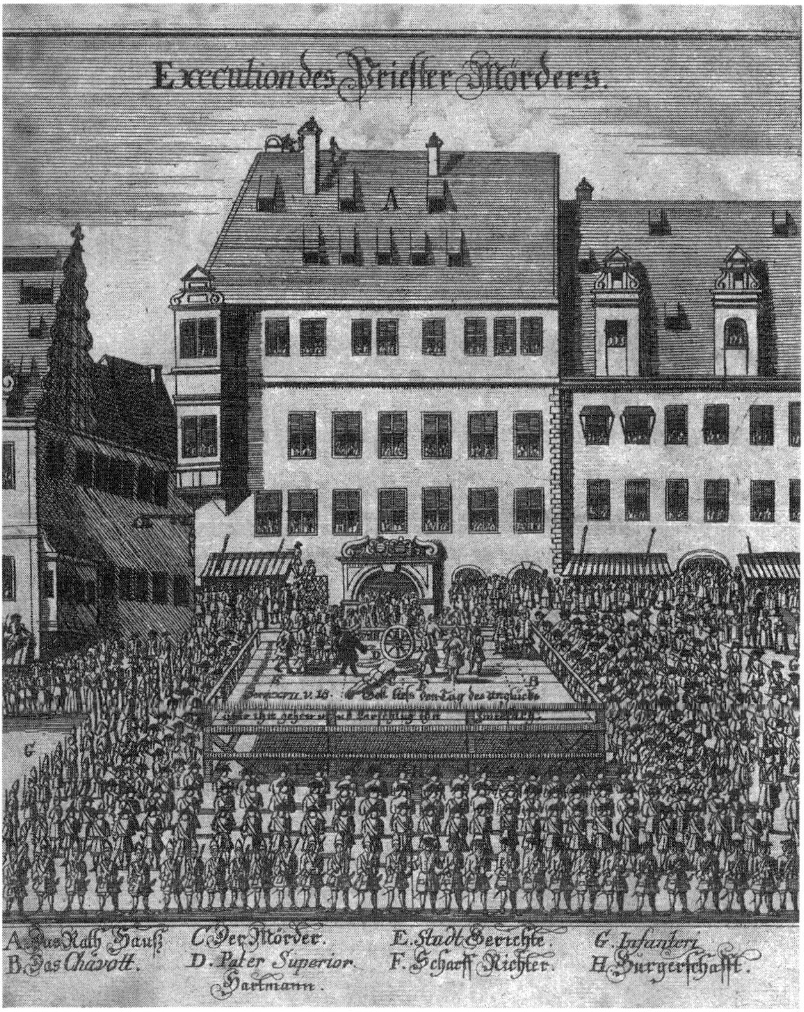

Abb. 29: Exekution Franz Laublers. Anonymer Kupferstich. 1726.

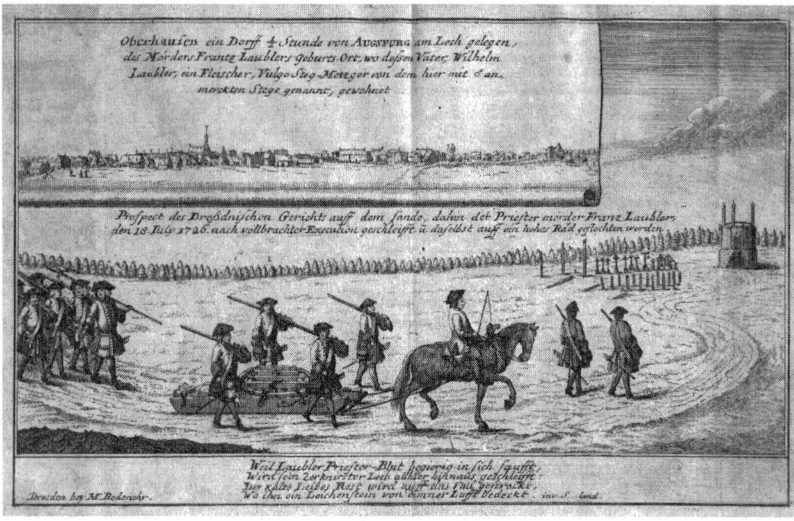

Abb. 30: Prospect des Dreßdnischen Gerichts. Kupferstich von M. Bodenehr. 1726.

weisen einige Autoren auch auf die Leiden des Delinquenten hin, der nach der Behandlung mit dem Rade gezuckt habe und erst auf Intervention des Paters mit einigen letzten Stößen zu Tode gebracht worden sei. Dass das Rädern von oben nach unten als gnadenvollere Variante galt[504], blieb dagegen unreflektiert.

Den Abtransport der Leiche handelt die Mehrzahl der Autoren dagegen recht kurz ab. Lediglich der Autor *Des Betrübten Dreßden's Zweyter Theil* bildet wiederum eine Ausnahme, da ihm die Aufrichtung der Leiche auf dem Sande genauso außergewöhnlich erscheint wie Laublers Hinrichtung:

> *Endlich verfügten sich auch die Hrn. Stadt-Gerichten hinaus nach dem hohen Gerichte u. wurde von denen Commandirenden ein Krais formiret, bis der Cörper aufs Rad gezogen und mit Ketten und Nägeln fest angeklammert und angehefftet war. Es ist sonst in Dreßden nicht gewöhnlich, daß man die Geradbrechten Cörper mit Eisen und Ketten an das Rad anhefftet, sondern es werden die getödteten Cörper nur mit Stricken angebunden, daß sie vom Winde und wetter nicht so leicht möchten herunter geworffen werden. [...] Es ist auch dessen Rad weit höher als alle andere und übertrifft auch sogar des Lips-Tullian seines.*[505]

Wenngleich das Schleifen der Leiche in den Druckschriften nur kursorisch berührt wird, darf eine Abbildung in der Bilderzählung über die Affäre Laubler nicht fehlen. Der Kupferstich erscheint in Dresden bei M. Bodenehr und stellt gewissermaßen Anfang und Ende des Delinquenten gegenüber (Abb. 30). Von der oberen Bildkante hängt ein Pergament mit der Silhouette von Oberhausen, wo Laubler geboren wurde. Dem Geburtsort gegenübergestellt erscheint der Ort der letzten Ruhe auf dem Sande im Bildhintergrund. Laublers Körper liegt starr auf der Schleife, das Rad darüber. Eine Handvoll Soldaten begleitet ihn auf einem Weg, der vor der Tür der Richtstätte endet. Als Bildunterschrift dient ein Vers von einem gewissen ›S...land‹:

Weil Laubler Priester-Blut begierig in sich saufft,
Wird sein Zerknirster Leib allhier hinnaus geschleifft;
Der kalte Leibes Rest wird auff das Rad gestreckt,
Wo ihn ein Leichenstein von dünner Lufft bedeckt.

Betrachtet man die Bildproduktion zum Fall Laubler als eine fortlaufende Erzählung, so steht am Schluss eine Darstellung der aufgerichteten Leiche (Abb. 31). Der Aufbau des Bildes erinnert in seiner gedrängten narrativ-didaktischen Struktur an die Aufbahrung Hahns (Abb. 4). Frühere Stiche zitierend, fasst es Laublers Weg von der Zelle bis zur Aufrichtung des Rades zusammen. Unter einem Oval, das nochmals den gefangenen Mörder zeigt, erblickt man im Zentrum des Bildes ein Schafott, auf dem ein Pater gerade ein Kruzifix über einen ausgestreckten Delinquenten hält. Der Delinquent wird aber auch dargestellt, wie er das Rad auf der Schulter trägt. Links neben dem Schafott ragt ein Rad mit einem Körper darauf in den Horizont, darüber sind die Worte »Francis Laubler Fuß-Trabante in Dreßden« zu lesen. Am Himmel erscheint wiederum eine umwölkte Sonne mit dem Tetragramm darauf und den Worten »Boßheit muß gestraffet werden« darunter. Am linken Bildrand treten in Reih und Glied Mitglieder der Bürgerwehr an und fordern, wohl stellvertretend für die gesamte Bürgerschaft, harte Strafen; einer von ihnen fragt: »Was zu thun, wie sol der Mörder sterben?«, woraufhin er einen ganzen Sack von Vorschlägen erhält: »Hänget ihn, siedet ihn in Ohl, Bratet ihn, Spießet ihn, Schindet ihn lebendig, Viertheilet ihn, Radert ihn«.

Während die Bürgerwehr also die Rachgier artikuliert, steht ihr gegenüber am rechten Bildrand die Vergebung in Gestalt der Witwe und ihrer Kinder. »Vergeb, wir bitten vor unsere Feinde«, spricht die fromme Frau. Mit einer Geste zwischen dem Gerichteten und den Hinterbliebenen vermittelnd, schwebt vom Himmel ein Engel herab und sagt: »Ich will dir wohlthun, meine Tochter, und deine Kinder segnen«. Der Stich lässt so wesentliche Elemente der Geschehnisse anklingen, begonnen bei den Hinterbliebenen des Mordopfers über die Wut der Bürgerschaft bis hin zur Sühne des Verbrechens durch Gott und Obrigkeit. Die Logik der Geschehnisse deutet die Bildunterschrift einmal mehr heilsgeschichtlich aus:

Ward vormahls Petri Ohr erweckt durch einen Hahn,
So war Ihm dieser Lohn zur Buße Thür und Bahn;

Abb. 31: Hinrichtung Franz Laublers. Anonymer Kupferstich. 1726.

Sein Folger aber will, dieß Bußgeschrey nicht leiden,
Drum er den armen Hahn die Gurgel läst abschneiden.
Wann diesen Mörder will der Pabst zu Märtrer kröhnen,

So mag sich ja kein Mensch nach deßen Himmel sehnen;
Er ist wo Judas ist und träget gleiche krohn,
Nur jener kriegt den Strick und der das Rad zum lohn.

Die Verse beziehn sich auf den Text der Evangelien, in dem Jesus zu Petrus sagt: ›In dieser Nacht, noch ehe der Hahn kräht, wirst du mich dreimal verleugnen.‹ (Mt 26,34) Der Assoziationskette Laubler – Judas – falscher Märtyrer steht in diesem Vers die Kette Hahn – Petrus – wahrer Märtyrer gegenüber. Durch antithetische Gedankenführung (und Blickregie) überzeugen will wohl letztlich auch der Kupferstich: Rache und Vergebung, Himmel und Hölle stehen sich auf zwei Achsen gegenüber; ihren Schnittpunkt bildet die Hinrichtung des Delinquenten – eine Anspielung auf die Kreuzigung Christi und die Erlösung der Christenheit. Die Pointe der Alexandrinerverse, wonach Laublers Himmel in Wahrheit die Hölle ist, setzt die Darstellung auch bildlich um. Das Oval am unteren Bildrand inszeniert Laublers Gefangenschaft als Blick in eine dunkle Katakombe und steht dadurch als Chiffre für die Hölle. Der Kupferstich eröffnet seinen Betrachtern die Möglichkeit, über die heilsgeschichtliche Verortung aktueller Ereignisse zu meditieren, vielleicht auch die eigene Haltung zu den Geschehnissen zu überdenken.

Die Praxis der Hinrichtung ist, wie wir gesehen haben, freilich weniger besinnlich als es der Stich vermuten lässt. Die Art ihrer Inszenierung fällt nach Meinung von Zeitgenossen durchaus aus dem Rahmen und entspricht dadurch der Schwere und Absonderlichkeit des Verbrechens. Die Verlegung auf den Altmarkt und das massive Militäraufgebot kreieren ein Spektakel, das zugleich Volksfest und Machtdemonstration ist. Der anonyme Verfasser bezeichnet die Hinrichtung wiederholt als Tragödie, hebt also ihren theatralischen Charakter hervor. Auf der Schafott-Bühne spielen die Vertreter der Obrigkeit sowie Pater Hartmann die Rollen, die ihnen das kulturelle Drehbuch der Hinrichtung zuweist, während das Publikum als Zeuge die Prozedur verfolgt. Die Hauptrolle fällt aber unfreiwillig dem Körper des Verurteilten zu, an dem das Sühneritual vollzogen wird. Er ist der Protagonist, der dem Stück den Namen gibt. Durch sein rituelles Opfer wird die verletzte Ehre der lutherischen Mehrheitsbevölkerung wiederhergestellt.

9. Die Tumultuanten

Zwischen Freispruch und Hinrichtung

Während der Prozess gegen Laubler zügig betrieben und das Urteil gegen ihn umgehend umgesetzt wurde, zog sich das Verfahren gegen die 29 festgenommenen Demonstranten in die Länge. Hinzu kamen noch drei Soldaten, die im Zuge der Ermittlungen ebenfalls verhaftet und der Militärgerichtsbarkeit übergeben worden waren. Verhängt wurden neben Todesstrafen auch Haftstrafen und Festungsbau sowie eine Landesverweisung – jene *poena extraordina-*

ria also, die dem »Bedürfnis des Strafrechts nach arbiträren Strafformen jenseits der klassischen Kapitalstrafen«[506] entsprungen waren. Bei der Diskussion um die Strafen wird auch die während des 18. Jahrhunderts allmählich größer werdende Rolle des Zuchthauses deutlich, zumal im Kurfürstentum mit dem 1716 gegründeten Zucht-, Armen- und Waisenhaus in Waldheim eine entsprechende Institution zur Verfügung stand.

Doch werfen wir zunächst einen Blick auf die verhafteten Soldaten. Im Gegensatz zu Zivilpersonen unterstanden sie nicht der Gerichtsbarkeit des Magistrats, sondern der des Militärs. Dies hatte zur Folge, dass einerseits die Urteile ohne langwierige Inquisitionsprozesse anzustrengen schnell gesprochen, andererseits aber Kapitalstrafen weitaus schneller und schmerzloser vollstreckt werden konnten. So war es möglich, an den Übeltätern ein Exempel zu statuieren, ohne den Zorn der Dresdner Mehrheitsbevölkerung durch ein weiteres ›Theater des Schreckens‹ unnötig zu reizen. Zugleich schien es äußerst passend, das Exempel an denjenigen zu statuieren, deren Pflicht es gewesen wäre, für die Aufrechterhaltung von Ruhe und Ordnung zu sorgen. Hinter der Kür der Todeskandidaten ist also durchaus politisches Kalkül zu vermuten, wenngleich eine Einflussnahme der landesherrlichen Obrigkeiten auf den Prozessverlauf nicht nachweisbar ist, da die entsprechenden Akten nicht überliefert sind.

Es sind die beiden Pressemeldungen des Konsiliums vom 6. und 9. August 1726, die uns überhaupt verraten, dass Hinrichtungen geplant waren. Verurteilt worden waren zunächst die beiden Kanoniers Mittag und Hohlfeld. Erst einige Wochen nach dem Tumult, so eine der Meldungen[507], habe sich herausgestellt, dass sie zwei Häuser erstürmt hatten. Sie wurden umgehend festgenommen und vor einem Kriegsgericht angeklagt. Das Urteil lautete auf Tod durch Erschießung. Vollstreckt werden sollte es am 6. August vor der Hauptwacht auf dem Dresdner Neumarkt. Mittag wurde auch, wie vorgesehen, entleibt, Hohlfeld dagegen entging den Kugeln. Seine Strafe wurde vom Generalkriegsgericht noch rechtzeitig in ein Jahr Festungsbau umgewandelt.

Die zweite Exekution fand am 9. August an derselben Stelle statt.[508] Wo man nur drei Tage zuvor den leblosen Körper mittags aufgelesen hatte, standen nun schon wieder drei neue Todeskandidaten. Die erste beiden waren Männer, deren Vergehen mit den Unruhen vermutlich in keinerlei Zusammenhang standen. Der dritte, Carl Andreas Hase, war Sohn eines Dresdner Bürgers und Soldat; er wurde bezichtigt, bei den Plünderungen lange Finger gemacht zu haben. Auf Fürbitte der Prinzessin Maria Josepha wurde auch seine Strafe in Festungsbau umgewandelt.

Hart bestraft wurde ebenfalls eine der beiden Frauen, die im Zusammenhang mit den Ausschreitungen verhaftet worden waren. Anna Sophia Mittwoch hatte im allgemeinen Durcheinander am 22. Mai im Haus von Philipp Nicolai eine Uhr und etwas Silber gestohlen; von Gewissensbissen geplagt, gab sie ihre Beute jedoch freiwillig zurück. Gerichtlich verfolgt wurde sie dennoch, sobald ihr Diebstahl ruchbar wurde. Da der Sekretär Nicolai sich standhaft weigerte, seine Aussage zu beeiden, zog sich der Prozess gegen sie über 18 Monate hin. Erst im November 1727, also nach eineinhalb Jahren Kerkerhaft, lag ihr Urteil endlich vor.[509] Darin wurde für Recht befunden, dass sie »in Ansehung des erlittenen langwierigen gefängnisses, ihrer begünstigung halber des landes, darunter auch das fürstenthum Sachsen Querfurts zuverstehen, auff ewig verwiesen«[510] werde. Der Schöppenstuhl entschied sich in ihrem Fall für die am häufigsten verhängte Strafform der frühmodernen Justiz, nämlich die Landesverweisung.[511]

Politisch war dieses Urteil durchaus umstritten. So befürchtete die Landesregierung, die harte Bestrafung Anna Sophia Mittwochs könnte die Bevölkerung unnötig provozieren.[512] Besonders wenn man sie, wie üblich, noch vor Ausführung der Strafe »eine Zeitlang öffentlich an Pranger« stelle und »ihre wohlverdiente Straffe desto mehr kund und offenbar« mache, drohe Unheil[513]; es sei leicht vorherzusehen,

> *daß darüber und umb solches mit anzusehen ein großer zulauff von denen hiesigen Einwohnern und besonders dem gemeinen Volcke entstehen und mithin das Andencken von dem vorherigen bekannten Auff Lauffe allhier und der darzu genommenen Veranlaaßung gleichsamb wieder auffs neue rege gemachet werden dürffen.*[514]

Die Bemerkung der Landesregierung zeigte, dass das Zeichen, das man setzen wollte, nicht eindeutig war. Aus Sicht der Obrigkeiten bildete das traditionelle Strafritual einen integralen Bestandteil der überkommenen Strafpraxis und konnte nicht einfach weggelassen werden; als Pars pro toto rechtlicher Ordnung war der Pranger unverzichtbar. Zugleich befürchtete die Landesregierung aber auch, das Zeichen könne sich in den Augen der Bevölkerung ins Gegenteil verkehren und zu einem Symbol für Willkür und Unterdrückung werden. Unberechenbar erschien auch die Eigendynamik der Zurschaustellung, denn die Bedeutungszuschreibung war nicht durch die Obrigkeiten steuerbar. Es bestand die Gefahr, dass die Bevölkerung die Regie über die Inszenierung des An-den-Pranger-Stellens kaperte.

Die Landesregierung schlug daher vor, die Landesverweisung durch eine ›unsichtbare‹ Strafe zu ersetzen, die, wie sie meinte, noch schwerer wiege: die

Einweisung in das 1716 neu gegründete Zucht-, Armen- und Waisenhaus in Waldheim. Sie regte an, die Delinquentin

> *auf 2 Jahr lang in das Zucht-Hauß nacher Waldheim bringen und alldort [...] sothane Zeit in der Kost und sonsten alß eine Züchtlingin tractiren [behandeln], auch zu harter Arbeit mit anhalten zu laßen.*[515]

Doch einmal mehr ließ sich das Konsilium von den Bedenken der Landesregierung nicht beeindrucken, bestand vielmehr darauf, das Urteil ordnungsgemäß zu vollstrecken.[516] Man stellte Anna Sophia Mittwoch an den Pranger, bevor man sie am 1. März 1728 auf freien Fuß setzte. Ihre Heimatstadt Dresden musste sie für den Rest ihres Lebens verlassen; trotz Strafe wurde es ihr verwehrt, sich wieder in die Gesellschaft einzugliedern. Die befürchteten Unruhen blieben aus.

Für die Obrigkeiten war der Fall damit abgeschlossen, für die Angehörigen jedoch nicht. Maria Struppe, die Mutter von Anna Sophia, reichte in den folgenden Jahren Petition um Petition ein, in der sie die Obrigkeiten bat, die Strafe gegen ihre Tochter in eine Geldstrafe umzuwandeln. Noch 1732 unternahm sie einen neuen Versuch, verwies nicht nur auf das Ungemach, das ihre Tochter mittlerweile ausgestanden hatte, sondern auch darauf, dass sie, die achtzigjährige Mutter, »einiger Wartung höchst bedürfftig«, sich aber fremde Hilfe nicht leisten könne.[517] Aus den Worten Maria Struppes gewinnt man den Eindruck, dass Anna Sophia in der Fremde nicht Fuß fassen konnte und dort eine Existenz am Rande der Gesellschaft führen musste. Grundsätzlich schien die Landesregierung durchaus geneigt, den Bitten der Frau Struppe zu entsprechen, zumal sie sich ja ursprünglich sogar für eine zweijährige Haftstrafe eingesetzt hatte und diese wäre 1732 längst verbüßt gewesen. Aber das Konsilium zeigte auch nach fünf Jahren kein Erbarmen. Das Urteil gegen Anna Sophia Mittwoch wurde nicht aufgehoben. Die Rückkehr in ihre Heimatstadt blieb ihr verwehrt.

Die übrigen Angeklagten sahen sich dagegen auf die eine oder andere Weise mit Freiheitsentzug als Sanktion konfrontiert, wenn es auch in der Mehrzahl der Fälle lediglich die ›Untersuchungshaft‹ war, die sie zu gewärtigen hatten. Das Urteil des Schöppenstuhls Leipzig vom 30. September 1726[518] hatte zur Folge, dass man die Mehrzahl der Beklagten wieder auf freien Fuß setzte. Zwar wurde die Freilassung durch die behördliche Bearbeitung noch bis Jahresende hinausgezögert, konnte letztlich aber nicht mehr verhindert werden.[519] Nachdem die Inhaftierten einen Reinigungseid abgelegt und Urfehde geschworen hatten – d.h. in Gegenwart eines Geistlichen geschworen hatten, dass sie die Taten, die ihnen zur Last gelegt wurden, nicht begangen hatten, und für die erlittene Haftzeit keinerlei Vergeltung suchen würden – konnten sie gehen.[520]

Unter den Freigelassenen war auch Michael Wurm, der sein Brot als Gärtnergeselle im gräflich-flemmingschen Garten zu Übigau verdiente. Die Tat, die ihm vorgeworfen wurde, erschien in den Augen des Kammerprokurators Hoffmann, der die Anklageschrift gegen die Inhaftierten vorbereitete, besonders verwerflich; sie bestand nämlich darin, »daß er gegen den Herrn Gouverneur Grafen von Wackerbarth den Stock aufgehoben« hatte. Da der Graf »pro parte Corporis Principis«, für einen Teil des Körpers des Fürsten also zu halten sei, stelle Wurms Tat eine »Crimen perduellionis«, ein Majestätsverbrechen[521] dar. Seine Taten in den ausgestandenen Wirren hätten erwiesen, dass »dieser von Gott selbst regierte Ministre« für das Gemeinwohl von solcher Wichtigkeit sei, dass »mit desto größerer Sorgfalt [...] auch vor deßen Conservation [Erhaltung] zu sorgen und dahero die gegen ihn intendirte Gefährlichkeit ad deterrendos alios [zur Abschreckung anderer] desto härter zu bestraffen [sei]«. Wurms Tat habe letztlich nicht dem Individuum, sondern dem Fürsten und dem Gemeinwohl insgesamt gegolten. Folglich sei dieser ein gefährlicher Aufrührer. Dennoch reichten die vorgelegten Beweise in den Augen der Richter für eine Verurteilung nicht aus.[522]

Glimpflich verliefen auch die Prozesse gegen die vermeintlichen Anstifter der Ausschreitungen. Zwar zog sich der Prozess gegen sie noch viele Monate lang hin – nämlich bis Ende Juni 1727 – lieferte aber nur Indizien und keine Beweise, die vor dem Spruchkollegium Bestand gehabt hätten.[523] Anders als es Teile der landesherrlichen Obrigkeit aus politischen Gründen wünschten, verhängte die Juristenfakultät Wittenberg in ihrem Urteil vom 14. Mai 1727 die Todesstrafe nicht, sondern entschloss sich, die Beobachtungen der Zeugen zu verwerfen; die drei Hauptangeklagten seien schließlich lediglich durch »Testes singulares [einzelne Zeugen]« sowie »durch Complices«[524] belastet worden, die als aktive Teilnehmer an den Ausschreitungen gar nicht zu einer umfassenden Einschätzung der Lage hätten gelangen können. Angesichts des »starcken aufflauffs und Vielheit derer Menschen« hätten die dem Einzelnen zugeschriebenen Handlungen und Worte »ohnmöglich beobachtet und distinguiret werden mögen«.[525] Noch viel weniger könne man aus diesen Aussagen auf die Geisteshaltung (animus) schließen, in welcher die Taten verübt worden waren. Es war aber gerade die Geisteshaltung, die für die Klärung der Schuldfähigkeit und die Festsetzung des Strafmaßes den Ausschlag gab. Die Geständnisse der Beklagten selbst reichten dagegen nicht aus, um sie der Folter zu unterwerfen.[526] Zwei der Anführer wurden immerhin noch mit kurzen Haftstrafen belegt. Mitte August 1727 wurde Bartholomäus Hartinger zu sechs und Gottlob Köhler zu zwölf Tagen Gefängnis verurteilt, die jedoch wahlweise in eine Geldstrafe umgewandelt werden konnten.[527]

Unabhängig davon, ob sie mit oder ohne Urteil im Kerker ausharrten, stellte die Haft für die Demonstranten eine qualvolle und entbehrungsreiche Zeit dar. Es handelte sich um eine liminale Phase, die sie durchlaufen mussten, bevor sie in die Gesellschaft zurückkehren durften. Den Begriff der Liminalität prägte der Ethnologe Victor Turner für Zustände, in denen gesellschaftliche Akteure ihren Rang, Stand und Status vorübergehend verlieren und in einer *communitas* leben, die außerhalb der üblichen gesellschaftlichen Zwänge und Strukturen steht.[528] Zwar wissen wir nichts über die Lebensbedingungen der Inhaftierten, doch war der äußere Rahmen der Haft, der nagende Hunger und die gesundheitsschädigenden Umstände, durchaus dazu angetan, *communitas* unter den Inhaftierten entstehen zu lassen. Die üblichen Standes- und Statusmerkmale spielten dagegen eine untergeordnete Rolle. Das Stadtgericht behandelte die Häftlinge gleich. Schon rein äußerlich dürften die Männer, die man der Verwahrlosung überließ, nach einigen Wochen sehr ähnlich gewirkt haben: ungewaschen, bärtig und in zunehmend verdreckte Gefängnishemden gehüllt. Hinzu kam, dass die Kerkerhaft ihren gesundheitlichen Zustand gefährdete oder bestehende Erkrankungen zu verschlimmern drohte.

Hierfür nur zwei Beispiele: Schon früher begegnete uns der ehemalige Feldtrompeter Georg Martin. Er war jener, der am 22. Mai während des Durcheinanders in der Kreuzkirche ungeschickterweise seinen Degen gezogen und mit diesem über seinem Kopf herumgefuchtelt hatte. Dafür hatte man ihn festgenommen und mehrere Monate lang ohne Urteil in Haft schmoren lassen. Im Juni 1726 wendete sich seine verzweifelte Mutter schließlich an die Landesregierung. Sie beklagte sich, dass ihm »Zeit währenden seinen arrest noch nicht ein bissen brod gereichet, sie auch nicht zu ihm gelaßen worden wäre«. Die Landesregierung befahl dem Magistrat daraufhin, nicht nur auf eine ausreichende Versorgung des Gefangenen zu achten, sondern auch dafür zu sorgen, dass er »an seiner Gesundheit keinen Schaden leyden möge«.[529]

Noch viel schlechter erging es Johann Andreas Buchau während der Kerkerhaft. Seine Gesundheit war bereits angeschlagen, als er inhaftiert wurde. Während der Ausschreitungen hatte der zwanzigjährige, zu Dresden gebürtige Kaufmannsbursche sich dadurch hervorgetan, dass er »mit in dem billichischen Hause auff der Zahns Gasse gewesen und mit seinem Stocke 2 Fenster eingeschlagen«. Wie der Rat Anfang Juli erklärte, war der junge Mann »von krancklichen schwachen Zustande«.[530] Ein ärztliches Attest bestätigte die Krankheit. Die Mutter machte geltend, dass der Sohn unter Epilepsie litt. Schließlich stellte sie einen Antrag auf Entlassung gegen Kaution. Der Magistrat befürwortete den Antrag, doch die Landesregierung lehnte ihn ab. Buchau blieb bis zur Urteilsverkündung in Haft. Bei der Vollstreckung der sechswöchigen Gefängnisstrafe, zu der er verurteilt und auf die die ›Untersuchungshaft‹ offenbar nicht angerechnet wurde, nahm man auf seinen Gesundheitszustand jedoch Rücksicht; er sollte entweder so inhaftiert werden, dass seine Gesundheit dadurch nicht gefährdet wurde, oder erst nach der Genesung die Haft antreten.[531]

Wie schon im Falle Buchaus erkennbar, bemühten sich die Obrigkeiten durchaus, zwischen den Belangen der Strafverfolgung und dem Gesundheitszustand des Einzelnen abzuwägen. Daher waren die schlechten Haftbedingungen in den Dresdner Kerkern der landesherrlichen Obrigkeit sehr wohl ein Dorn im Auge. Stellten diese nicht die Legitimität der paternalistischen Behörden infrage, die ihre Fürsorgepflicht dermaßen vernachlässigten? Aufgrund der anhaltenden Klagen veranlasste die Landesregierung den Magistrat im Herbst 1727, die Haftbedingungen zu überprüfen. Der Auftrag, die Inhaftierten zu untersuchen, erging wiederum an den Stadtphysikus Dr. Schurich. Wie der Rat der Landesregierung mitteilte, stellte dieser tatsächlich fest, dass die Gefangenen »durchgehends an einerley beschwehrung laborirten«. Grund dafür sei »1) die schlechte Kost, 2) daß diese Leute keine motion [Bewegung] hätten und 3) nicht an frisch lufft kämen«. Der Stadtphysikus verordnete den Inhaftierten daraufhin eine Kur mit ›Schwefel‹ und ›Baumöl‹, die jedoch erfolglos blieb.[532] Eine nachhaltige Verbesserung der Haftbedingungen blieb bis auf weiteres aus.

Eine Hinrichtung, eine Landesverweisung, Festungsbau und Gefängnisstrafen, aber auch zwei Begnadigungen – eine davon durch die ungeliebte habsburgische Prinzessin; das war die Bilanz der Prozesse gegen die inhaftierten Demonstranten. Es liegt nahe, dass die Staatsräson bei der Urteilsfindung eine gewisse Rolle spielte. Gerade die Fürbitte der katholischen Prinzessin kann als symbolische Geste gegenüber der gesamten Bürgerschaft interpretiert werden – als Versuch, die Herzen der Bevölkerung zu gewinnen. Insgesamt agierten die landesherrlichen Obrigkeiten aber zurückhaltender, als es die Ökonomie der Strafen im Sommer 1726 noch zu fordern schien. Zwar hegte namentlich das Konsilium eigene Vorstellungen, wie die Prozesse gegen die Inhaftierten auszugehen hätten, es konnte oder wollte diese aber nicht durchsetzen. Die Ermittlungsbehörden und Spruchkollegien erledigten ihre Arbeit, ohne schwerwiegende Eingriffe landesherrlicher Behörden befürchten und hinnehmen zu müssen, und gelangten zu Urteilen, die sich nach den Taten richteten, die dem Einzelnen angelastet wurden. Demgegenüber trat die Deutung der landesherrlichen Obrigkeiten, die zumindest implizit doch stärker von einer kollektiv handelnden und daher auch kollektiv zu bestrafenden Gruppe von Tätern ausging, im Laufe der Prozesse mehr und mehr in den Hintergrund. Trotz der außerordentlichen Geschehnisse bewegten sich die verhängten Strafen innerhalb der rechtlichen Normen – dies nicht zuletzt eine Forderung des Kurfürst-Königs, der sich vor der europäischen Öffentlichkeit nicht die Blöße geben wollte, den Prozess durch politische Einflussnahme verzerrt zu haben. Das ›Theater des Schreckens‹ (Richard van Dülmen) und das ›Fest der Martern‹ (Michel Foucault) blieb der Bestrafung des Mörders vorbehalten, während für die Demonstranten Strafen gewählt wurden, welche die Aufmerksamkeit der Bevölkerung nur in geringem Maße erregten.

10. Die Stadt

Treueschwüre und Geldzahlungen

Doch mit der Bestrafung des Mörders und der Inhaftierten war der Ökonomie der Strafen noch nicht Genüge geleistet. Das feudal legitimierte Verhältnis von Bürgerschaft, Magistrat und Landesherrn war aus dem Lot geraten, der Austausch von Schutz und Schirm gegen Gehorsam und Gefolgschaft empfindlich gestört. Konnte schon wieder Vertrauen herrschen, wo eben noch Gewalt regierte?

Nach dem 22. Mai war Dresden in der Hand des Militärs. Die Stadttore waren geschlossen, der Handel lag darnieder. Indem der Magistrat dem Gouverneur am 24. Mai 1726 ein »durch den Hrn. Ober-Consistorial-Rath und Stadt-Syndicum D. Schrötern sehr nervoes verfertigstes demüthiges Memorial um Abwendung und Remidirung alles fernern Unheils und Unglücks«[533] überreichen ließ, lenkte er die Aufmerksamkeit auf die missliche Lage von Stadt und Bürgerschaft; auch in der Landesregierung gab es Stimmen, die zu einer Normalisierung rieten. Der Graf zeigte sich aufgeschlossen, forderte aber im Gegenzug, die gesamte Bürgerschaft möge eigenhändig ein Revers unterzeichnen und sich dadurch verpflichten, »nichts ferner zu Kränckung des Hofes und der Stadt vorzunehmen«[534] sowie auf ihre Kinder, Gesellen und Handwerksburschen Acht zu geben.

Das geforderte Revers verweist auf lehensrechtliche Zusammenhänge, auf eine Erneuerung des Homagiums, des Treueschwurs der Untertanen gegenüber dem Landesherrn. Demensprechend bezeichnete das Konsilium das zu unterzeichnende Dokument auch als ›Obligation‹[535], ›Versicherung‹[536] oder ›Revers‹[537]; und in der Schlussformel des Entwurfs findet sich die wechselseitige Bindung von Lehnsherr und Vasallen als Topos ausformuliert: Die Bürgerschaft erfleht den Schutz des Königs und verspricht dafür »Guth Blut zu Ewrer Königlichen Majestät Dienste und Gemeinen Besten«.[538]

Magistrat und Bürgerschaft widerstrebte es durchaus, eine solche Treueverpflichtung zu unterzeichnen, enthielt sie doch ein implizites Eingeständnis kollektiver Schuld und widersprach der offiziellen Argumentationslinie des Magistrats, wonach nicht die Bürger, sondern zugereiste Störenfriede den Frieden in der Stadt gebrochen hatten. Aus Sicht des Magistrats war das Treueverhältnis ungebrochen und bedurfte keiner Erneuerung.

Auf die Weigerung reagierte Wackerbarth mit militärischem Druck, traf Vorbereitungen zur Einquartierung weiterer Truppen. Die *Ausführliche und wahrhaffte Relation* schildert plastisch, wie am 25. Mai »an allen Häusern mit Kreiden angeschrieben [wird], was und wie viel Mann in jedes Haus eingeleget oder wie viel Geld zur Einquartirung gezahlet werden müste«.[539] An ihren Türpfosten konnten die Dresdner nun ablesen, was sie ihre Aufmüpfigkeit kostete. Diese anscheinend rein pragmatische Geste des Anschreibens war zugleich eine obrigkeitliche Drohgebärde. Revers oder langfristige Einquartierungen lauteten die Alternativen.

Der Magistrat lenkte ein. Die Unterschriften wurden im Laufe der folgenden Tage gesammelt und am 27. Mai 1726 präsentiert. In einem Begleitschreiben des Magistrats hieß es, man erschiene »mit diesen aus redlichen und Patriotischen herzen von sämbtlichen bürgerschafft viritim unterschriebenen Memorial«. Man versprach, sich künftig »bey aller Gelegenheit als treüe Bürger und redliche Männer aufführen« zu wollen und auf »unsere Kinder, Gesellen, Jungen und Dienst bothen, wie Sie von uns dependiren und Nahmen haben«, zu achten. Man bat, die Einquartierungen rückgängig zu machen und nicht länger entgegen den Regelungen des Westfälischen Friedens den Zuzug von Katholiken in die Stadt zu gestatten, da diese die »Bürgerliche Nahrung« der steuerpflichtigen Bürgerschaft schmälerten.[540]

Doch damit nicht genug. Noch im Juni musste die Bürgerschaft eine zweite Treueerklärung unterzeichnen.[541] Von der ersten unterschied sie sich vor allem durch eine explizite Verpflichtung auf den konfessionellen Frieden. Man verpflichtete sich, auch mit den Angehörigen anderer Religionen in Zukunft »friedlich und schiedlich« umzugehen und sich »zu keiner Selbst-Rache verleiten [zu] laßen, sondern dafern ja etwas wieder sie anzubringen, solches gehörigen Ort [zu] melden und von daher rechtliche Hülffe [zu] gewartten«.[542]

Als die Viertelsmeister die Unterschriftenlisten überreichten, regten sie zugleich an, man möge auch den Angehörigen der anderen Konfessionen eine ähnliche Obligation vorlegen. Das Konsilium begrüßte den Vorschlag zumindest für Personen unter der Jurisdiktion des Magistrats; Hofleute und katholische Kleriker sollten dagegen außen vor bleiben.[543] Die differenzierte Behandlung der Dresdner Katholiken deutet schon an, wie umstritten das Thema war. Denn noch in seiner Denkschrift vom 14. Juni hatte das Konsilium selbst gefordert, gerade die katholische Geistlichkeit stärker in die Pflicht zu nehmen, um das Vertrauen der Bevölkerung in die Obrigkeiten zu stärken:

Weil sich viele bis anher daran sehr gestoßen, daß man Catholische Geistliche allhier geduldet, welche den Eyd der Treue und Unterthänigkeit abzulegen, sich verweigerten, so würde gut seyn, wenn gedachte Geistliche angehalten würden, sich darunter zu accommodiren, umb auch diesen Anstoß aus dem Wege zu räumen.[544]

Es gab aber auch Argumente, die gegen eine Selbstverpflichtung der Katholiken unter städtischer Jurisdiktion sprachen. Die Landesregierung brachte sie im November in die Diskussion ein. So konnte eine »schriftlichen Versicherung«[545] der Dresdner Katholiken als Zeichen betrachtet werden, dass sich Katholiken nun dauerhaft in Dresden niederlassen dürften – eine Entwicklung, der es vorzubeugen gelte, zumal sie gegen die Normaljahr-Regelungen des Westfälischen Friedens verstieß.[546]

Nachdem sich der Landesherr der Treue seiner Residenz versichert hatte, blieb die Begleichung der materiellen Schäden, die während des Pogroms entstanden waren. Eine Kommission wurde ins Leben gerufen, um die Höhe der Schäden zu ermitteln. Strittig war lediglich, wer die Rechnung begleichen sollte. Dieser Frage ging das Konsilium in seiner Denkschrift vom 14. Juni nach.[547] Dass Neu-Dresden Schuld auf sich geladen hatte, wird gleich zu Beginn festgehalten:

Da die Stadt Dreßden eine Residenz ist, die es zum Auffstand hat kommen laßen, So ist es nicht genug, daß man die wenigen arrestirten von denen Mutins [Aufwieglern] abstrafe, sondern es muß auch die ganze Stadt Neu Dreßden en general dafür angesehen werden.[548]

Schließlich ging es nicht an, dass der König »vor die Sotise der Stadt«[549] aufkäme.

Die Entschädigungsleistungen und die militärischen Kosten für die Befriedung der Stadt sollten also auf die Stadt umgelegt werden, und zwar nach dem Verursacherprinzip. Da die Ausschreitungen auf Neu-Dresden beschränkt geblieben waren, waren es die Bürger dieser Stadthälfte, die es zu bestrafen galt. Alt-Dresden, das ruhig geblieben war, sollte dagegen »favorisiret werden«.[550] Diese Bevorzugung ließ jedoch die Frage unbeantwortet, ob denn nicht auch Einwohner Alt-Dresdens an den Unruhen jenseits der Elbe beteiligt gewesen waren.

Differenziert wurde aber auch noch in anderer Hinsicht. Die Hauptlast sollten nämlich jene Gruppen der städtischen Bevölkerung tragen, die für die Ausschreitungen verantwortlich zeichneten. Und das waren nach Ansicht der Obrigkeiten neben den Handwerksburschen auch ihre Meister, weil sie ihre hausväterlichen Pflichten – die Aufsicht über die Gesellen und Jungen in ihrem Haushalt – vernachlässigt hatten.[551] Weitere Zahlungen sollten dann als »allgemeine Anlage, wozu alle und iede Einwohner nemine exceptio und ohne Unterschied der Religion contribuiren müste«[552], aufgebracht werden.

Diese verkappte kollektive Strafmaßnahme blieb allerdings auch innerhalb der Landesverwaltung nicht unangefochten. Es war die Landesregierung, die Zweifel an ihrer Rechtmäßigkeit äußerte.[553] Anders als das Konsilium ging die Landesregierung davon aus, dass nur individuelle Strafen rechtmäßig waren. Sie weist darauf hin, dass »kein einziger von der Bürgerschafft in der Stadt Neu-Dreßden überführet, ja nicht einst beschuldiget werden konnte, daß er den von einigen Pöbel erregten Aufflauff verlanlaßet«.[554] Ebenso wenig konnten die Handwerksmeister pauschal dafür zur Rechenschaft gezogen werden, dass sie ihre Gesellen und Jungen, die von außerordentlich starken Affekten angetrieben würden, nicht zurückhalten konnten. Letztlich seien die Unruhen auch gar nicht

> *durch diese allein, sondern vieles andern bey damahliger AltDreßdnischer Jahresmarckts-Zeit alhier sich befundenen fremden, auch einheimischen vor denen Thoren sich aufhaltendes und sonst mit der Bürgerschafft keine Connexion habendes liederliches Gesindel angefangen und fortgesezet worden. Ein großer Theil der Bürgerschafft hingegen nicht einst in Dreßden, sondern zu Leipzig auf der Meße gewesen.*[555]

Diese Argumentation der Landesregierung deckte sich einmal mehr mit der des Magistrats. Dieser war es, der die These, das Pogrom sei von Fremden angezettelt worden, zu seiner politischen Linie erklärt hatte, um jegliche Forderungen nach finanzieller Wiedergutmachung zurückzuweisen.

Dies war jedoch nicht das einzige Argument, das die Landesregierung geltend machte. Im Sinne der Staatsraison überlegte sie, wie sich eine solche verkappte Strafmaßnahme auf das Verhältnis zwischen dem Landesherrn und seinen Untertanen auswirken würde. Zusätzliche Abgaben konnten zu einer »unnachbleiblichen exacerbation [Verbitterung] derer Gemüther [führen]«[556] und dieses Verhältnis nachhaltig stören. Mit anderen Worten: Man befürchtete, dass als ungerecht empfundene Strafen die bereits bestehende Kluft zwischen Dynastie und Bevölkerung noch vertiefen würden. Das Gegenteil wäre aber der Fall, wenn man »Landesväterliche Gnaden, Hulden und Liebe«[557] walten ließe. Durch unbotmäßige Härte könne die Krone also mehr verlieren als gewinnen. Die Argumente der Landesregierung wurden Anfang August

1726 Warschau unterbreitet und trugen wohl dazu bei, dass man die Pläne zur materiellen Entschädigung der Opfer fallen ließ.[558]

Zusammenfassend kann man festhalten, dass sich die Obrigkeiten schwer damit taten, die Ökonomie der Strafen so durchzuführen, wie es ihnen anfangs geboten erschien. Zwar konnte Laubler relativ zügig exemplarisch bestraft werden, die Verurteilung der inhaftierten Demonstranten fiel aber schon erheblich schwerer. Einige wenige von ihnen wurden mit schweren Strafen belegt, die Mehrheit gelangte auf freien Fuß, nachdem sie den Reinigungseid abgelegt hatte. Beinahe noch schwerer gestaltete sich der Umgang mit der Bürgerschaft der Stadt Neu-Dresden. Zwar setzte Wackerbarth die Erneuerung des Homagiums durch, doch zu Entschädigungszahlungen kam es letztlich nicht. Die Akten, die in diesem Zusammenhang entstanden, zeigen aber einmal mehr die Merkmale der obrigkeitlichen Deutung der Geschehnisse. Während die Publizistik die Vorgänge christlich auslegte, verortete die Obrigkeit sie in juristischen und politischen Diskursen, die ein weitgehend säkularisiertes Verständnis von Staat und Religion zu erkennen gaben.

So spiegelten die Strafen, die die Obrigkeiten gegen Laubler und die Demonstranten verhängten, jene Mischung aus »martialische[r] Repression und pragmatische[m] Ausgleich«[559] wider, die für die frühneuzeitliche Justiz typisch war. Während Laubler zur ›Satisfaktion‹ des ›gemeinen Mannes‹ mit dem Rad getötet wurde, ließ die Obrigkeit gegenüber den Demonstranten überwiegend Milde walten; ein Mann und eine Frau zahlten die Zeche aller. Symbolische Handlungen spielten in diesem Zusammenhang eine wichtige Rolle. Dies galt nicht nur mit Blick auf den Mörder selbst, sondern auch auf die demonstrative Begnadigung eines Verurteilten durch die Kurprinzessin. Für die Gesamtheit der Dresdner Bürgerschaft war es jedoch das Revers, das die Wiedereingliederung in den Untertanenverband und in die Gnade des Landesherrn ermöglichte.

Epilog: Die erbaute Stadt

Die Ermordung des Kreuzkirchendiakons durch einen Katholiken traf die lutherische Mehrheitsbevölkerung Dresdens ins Mark. Ihre schlimmsten Befürchtungen schienen wahr zu werden. Es gab keinen Zweifel mehr, die gewaltsame Rekatholisierung Dresdens stand bevor. Die lutherischen Dresdner konnten daher nicht anders, als die Tat in kollektiven Begriffen zu interpretieren, als Anschlag nicht nur auf das Leben eines Einzelnen, sondern als Verletzung der Ehre der gesamten lutherischen Gemeinde. Der Mord bildete so den Kristallisationspunkt für Selbst- und Fremdbilder der protestantischen Mehrheitsbevölkerung und ermöglichte die Vergegenwärtigung einer Konfessionskultur als ›vorgestellte Gemeinschaft‹, die auch jenseits der Stadtgrenzen ihre Fortsetzung fand. Den lebensweltlichen und weltanschaulichen Mittelpunkt dieser ›vorgestellten Gemeinschaft‹ bildete das Luthertum, stand die Wiege des deutschen Protestantismus doch in Kursachsen. Die Publizistik des Jahres 1726 trug so zur ›Erbauung‹ der verunsicherten Mehrheitsbevölkerung bei. Ein Übriges tat der Neubau der Frauenkirche. Zwar lagen die Baupläne, wie eingangs erwähnt, schon vor der Mordtat vor, trotzdem verstärkten aber die Geschehnisse des Frühjahrs die Entschiedenheit der Obrigkeiten, den Bau auf den Weg zu bringen, noch einmal erheblich.[560] Der Kirchenbau war jedenfalls bestens geeignet, die Dominanz des Luthertums in der Residenzstadt vor Augen zu führen. Dennoch gelang es nicht, den Trend zur konfessionellen Pluralisierung zu stoppen. Spätestens mit dem Neubau der Hofkirche um die Jahrhundertmitte erlangte auch die katholische Gemeinde Sichtbarkeit im öffentlichen Raum.

Die erbauliche Wirkung des Mordfalls dagegen erwies sich als erstaunlich langlebig. Lange nachdem der Fall abgeschlossen war, kursierten noch die ehedem erschienenen Flugdrucke in der Stadt. Der Historiker Hermann Meynert bezeugte, dass noch Anfang des 19. Jahrhunderts Kupferstiche mit der Mordszene und den Tatwaffen im Umlauf waren:

> *Hahn's Andenken erhielt sich, als das eines Glaubensmärtyrers, lange unter dem Volke, und noch jetzt findet man in dem Zimmer mancher frommer Bürgermatrone die Abbildung der blutigen That. Auch das Messer, dessen sich der Mörder bediente, und die Nägel, womit er den Gegenstand seines Hasses kreuzigen wollte, sieht man hin und wieder noch getreu abconterfeit [porträtiert].*[561]

Die Affäre behauptete also jahrzehntelang einen festen Platz im kollektiven Gedächtnis der Dresdner Mehrheitsbevölkerung.

Im Laufe des 19. Jahrhunderts verblasste die identifikatorische Wirkung der Affäre jedoch allmählich und die Geschehnisse, die einmal die Herzen bewegt hatten, sanken zur Anekdote herab. Kurzformen, die ihre Herkunft aus den Zeitungen des Jahres 1726 verraten, flossen in zahlreiche historische Abhandlungen ein, etwa in Überblicksdarstellungen zur sächsischen Landesgeschichte[562], in Dresdner Stadtgeschichten[563] sowie in Biographien über August den Starken[564] und dessen Zeitgenossen[565]. Bereitwillig griff man auf die Topoi vom ›verrückten Mörder‹ und ›rasenden Pöbel‹ zurück und meinte, damit alles gesagt zu haben. Einer eingehenden Darstellung oder Analyse wurden die Vorgänge allerdings nicht unterzogen. Nicht einmal die DDR-Forschung machte sich die Mühe, die Geschehnisse als Versuch einer frühbürgerlichen Revolution zu deuten.[566]

Resümierend könnte man die Dresdner Geschehnisse des Jahres 1726 wohl mit dem Ethnologen Victor Turner als ›soziales Drama‹ zutreffend kennzeichnen. Solche Dramen durchlaufen die vier Phasen »Bruch, Krise, Bewältigung und entweder Reintegration oder Anerkennung der Spaltung«.[567] Auch die Dresdner Geschehnisse wurden durch Bruch einer gesellschaftlichen Norm in Bewegung gesetzt, durch den Konvertiten Laubler, der einen evangelischen Diakon ermordete. Der Mörder verübte seine Tat auf eine Art, die Momente einer Inszenierung aufwies, Interpretationen ausreichend Spielraum gewährte und aus diesem Grunde in den zeitgenössischen Flugdrucken immer wieder neu inszeniert wurde. Nach dem Mord spitzten sich die Geschehnisse krisenhaft zu, indem es zu gewalttätigen Übergriffen gegen die Angehörigen der katholischen Minderheit kam. Die Demonstranten setzten die Rachgelüste wiederum nach einem kulturellen Drehbuch in Szene, das teilweise auf alteuropäischen Rügebräuchen basierte, teilweise aber auch auf Verhaltensweisen und Einstellungen, die aus der zeitgenössischen Festkultur herrührten.

Wir haben aber auch gesehen, dass die einzelnen Aufführungen dieses sozialen Dramas oft spontan inszeniert und von unterschiedlichen Akteuren unterschiedlich interpretiert wurden. Franz Laubler etwa stellte sich nach seiner Tat zügig der Leibgarde, um nicht vom aufgebrachten ›Pöbel‹ gelyncht zu werden. Was er fürchtete, war jedoch nicht ein unwürdiger Tod, sondern dass »die rechte Beschaffenheit und Ursach seiner That nicht bekandt werden mochte«.[568] Laubler legte großen Wert darauf, seine Sicht der Dinge zu Protokoll zu geben. Er, der selbst kaum schreiben konnte, wollte unbedingt, dass die Geschichte über die Hostie im Hals für die Nachwelt aufgezeichnet und überliefert wurde. Der Mord war die letzte verzweifelte Tat, mit der ein ›Misfit‹ auf sich aufmerksam machte. Anders als andere, die angesichts der kirchlichen Orthodoxien Unbehagen empfanden, gelang es Laubler nicht, sich

Gleichgesinnten anzuschließen und seinen Zweifel in einem durch Gemeinschaft geschützten ›dritten Raum‹ zu artikulieren. Auf sich allein gestellt, schien ihm Gewalt der einzige Ausweg aus seiner ganz persönlichen Krise.

Die rätselhafte Tat erwies sich als Steilvorlage für all jene, denen der Katholizismus schon immer ein Dorn im Auge gewesen war. In der evangelischen Publizistik wurde der Diakon Hahn zu einem protestantischen Märtyrer aufgebaut, der durch die Hand eines vom Teufel inspirierten Katholiken getötet worden war. Durch die Art der Darstellung gelang es, das evangelische Publikum in eine Leidensgemeinschaft zu verwandeln, in eine ›vorgestellte Gemeinschaft‹, die sich selbst im Angesicht der Krise als solche entdeckte. Hier und da wurde sogar einem sächsischen Patriotismus Ausdruck verliehen, der auf dem Gedanken beruhte, das Kurfürstentum sei als Mutterland der Reformation von Gott selbst auserwählt worden. Die implizite Spitze gegen den zum Katholizismus konvertierten Kurfürst-König konnte – und wollte – die Publizistik freilich kaum verbergen.

Ob solche patriotischen Gedanken unter den randalierenden Demonstranten verbreitet waren, erscheint fragwürdig. Die Rituale gewalttätiger Zerstörung, die sie nach dem Mord in den Straßen Dresdens zelebrierten, deuten weniger auf eine Art von rudimentär ausgebildetem Patriotismus hin, als vielmehr auf überlieferte Formen kommunaler Sühnepraktiken. Die Handlungen der Demonstranten verdeutlichen, dass sie die Mordtat nicht nur als Anschlag auf das Leben eines Einzelnen, sondern auch auf die Ehre der Gemeinschaft interpretierten – ganz zu schweigen von einem diffusen Gefühl der Bedrohung, das sich in der Bevölkerung rasch verbreitete. Insofern es auch dem ›gemeinen Mann‹ um die Definition von Gemeinschaft ging, konvergierte seine Deutung der Geschehnisse durchaus mit jener, die von der Publizistik kultiviert wurde. Im Gegensatz zur publizistisch erzeugten ›vorgestellten Gemeinschaft‹, die durch Lektüre und Nacherleben entfernter oder vergangener Geschehnisse entsteht, wurde die ›lebensweltliche Gemeinschaft‹ des ›gemeinen Mannes‹ jedoch durch Teilhabe an kollektiven Handlungen konstituiert.

Die Obrigkeiten positionierten sich ganz unterschiedlich gegenüber den Gewalttätigkeiten in der Stadt. Zwar war man sich einig, dass Ruhe und Ordnung wieder hergestellt werden mussten; über den Weg dorthin und über die Implikationen, die dieser mit sich brachte, vertrat man jedoch unterschiedliche Ansichten. Der Magistrat der Stadt Dresden entdeckte rasch das politische Kapital, das er, wenn er geschickt argumentierte, aus Laublers Mord schlagen konnte. Schon lange war der Bürgerschaft die Zuwanderung von Katholiken ein Dorn im Auge. Da kam die Ermordung des beliebten evangelischen Diakons durch einen ehemaligen Katholiken gerade recht, um auf die Gefährdungen hinzuweisen, die von den Andersgläubigen angeblich ausgingen. War es nicht höchste Zeit, die Katholiken, die sich entgegen den Bestimmungen des Westfälischen Friedens in der Residenzstadt hatten niederlassen dürfen, zu vertreiben? Der Magistrat verlieh den gewalttätigen Ausschreitungen gegen Katholiken einen Anstrich von Legitimität, deutete sie als Akt kollektiver Selbstverteidigung und nicht als Bruch des Landfriedens.

Schwerer taten sich dagegen die landesherrlichen Obrigkeiten, eine eigene Deutung der Geschehnisse zu entwickeln. Mit der Wiederherstellung von Ruhe und Ordnung betraut, stand für sie die Unterdrückung weiterer Gewaltausbrüche im Vordergrund, was sie durch die Orchestrierung ziviler und militärischer Mittel zu erreichen suchte. Während die Landesregierung in diesem Prozess kommunale Interessen in die landesherrliche Verwaltung weiterleitete, vertrat das Geheime Konsilium die Interessen des in Polen weilenden Kurfürst-Königs. Als einziger der historischen Akteure bemühte er sich um eine ›politische‹ Einschätzung jenseits konfessioneller Standpunkte und Rivalitäten, um ein Ausbalancieren der Religionsparteien und die Wiederherstellung ihrer Loyalität gegenüber staatlichen Autoritäten. Er brachte in diesem Zusammenhang ein weitgehend säkulares Verständnis von Staatlichkeit zum Ausdruck, das sich dem Diskurs über die Staatsräson verhaftet zeigte.

Um eine Position zu den Ausschreitungen zu finden, mussten die landesherrlichen Behörden sich erst untereinander abstimmen. Obgleich Landesregierung und Konsilium zunächst vor deutlichen Worten zurückschreckten, entging dem Kabinett in Wahrschau die gegen den Kurfürst-König gerichtete Spitze der Ausschreitungen nicht. Zwar hielt sich dieser während der Geschehnisse vornehm im Hintergrund, sorgte aber dennoch dafür, dass die Ausschreitungen als Landfriedensbruch und offene Rebellion gebrandmarkt wurden. Bezog der ›gemeine Mann‹ Laublers Tat als Anschlag auf die Ehre der Gemeinschaft, so wertete der Landesherr die Ausschreitungen der Demonstranten gegen die Katholiken als Anschlag auf seine Person.

Unterm Strich zeigt die Affäre Laubler aber auch exemplarisch, wie virulent die Konfessionsfrage zu Beginn des 18. Jahrhunderts zumindest auf der Mikroebene noch war. Zwar war es gelungen, die politische Brisanz dieser Frage mit dem Westphälischen Frieden auf der internationalen Ebene dauerhaft zu entschärfen, im lokalen Bereich prägte sie aber die Lebenswelt der historischen Akteure nach wie vor. Ferner bestätigt die Affäre einmal mehr die Beobachtung, dass sich auf der lokalen Ebene konfessionelle Motive mit sozialen und machtpolitischen Beweggründen verbanden. Laublers Konversion ist sowohl als Antwort auf seine instabile konfessionelle Identität zu verstehen als auch als Versuch, sich in seiner neuen Umgebung größere Akzeptanz zu verschaffen; und auch bei den Ausschreitungen vermischten sich allgemeine Ressentiments gegen Katholiken mit der Ablehnung der konvertierten landesherrlichen Familie und Formen nachbarschaftlicher Streitaustragung. Die Einübung konfessioneller Identität wird jedoch vor dem Hintergrund der Unruhen nicht mehr von der landesherrlichen Bürokratie betrieben – diese vertritt nach der Konversion des Landesherren einen dezidiert überkonfessionellen Standpunkt – sondern von der lutherischen Amtskirche und Publizistik. Die Ermordung des Dresdner Diakons Hahn und die antikatholischen Ausschreitungen in der sächsischen Residenzstadt zeigen also schlaglichtartig, dass das konfessionelle Zeitalter in Kursachsen im frühen 18. Jahrhundert noch lange nicht überwunden war und dass alte Wunden jederzeit neu aufbrechen konnten.

Glossar

Akzise	- eine Verbrauchssteuer
Actuarius	- Gerichtsschreiber
Arma Christi	- Leidenwerkzeuge Christi
Artillerie	- eine Hauptwaffengattung des Heeres; mit schwerem Geschütz ausgerüstete Truppen
Asebieprozess	- Gerichtsverfahren wegen Gottlosigkeit
Auditor	- Beisitzer bei einer Unterbehörde, bei einem Gericht
Charivari	- Katzenmusik, wildes Lärmen
Carrethe (Karrete)	- Karren, Wagen
Choleriker	- Charakter der Temperamentenlehre; feuriger, aufbrausender Mensch
Comitat	- Gespann
Concommissarius	- Mitbevollmächtigter
Corpus Evangelicorum	- Reichstagsbehörde; umfasste die lutherischen und reformierten Reichsstände
Diakon	- Gemeindefunktionär; nachrangiger, oft zweiter Geistlicher einer Gemeinde
Dragoner	- leichte Reiterei bzw. berittene Infanterie; mit Gewehren bewaffnet
Examine Catechetico	- Unterricht der Kinder nach dem Katechismus
Exequien	- Begräbnisfeierlichkeiten
Geheimes Kabinett	- oberste Zentralbehörde Kursachsens
Geheimes Konsilium	- dem Geheimen Kabinett nachgeordnete Mittelbehörde
Halsgericht	- rituelle öffentliche Gerichtssitzung mit Urteilsverlesung unmittelbar vor der Hinrichtung
Heiducke	- zuerst ungarische Viehhirten; dann ungarische Söldner zu Fuß; in Deutschland Hoflakeien in ungarischer Tracht
Heterodoxie	- Abweichung von der amtskirchlichen Glaubenslehre
Hippokrates	- gr. Arzt; um 460-370 v.Chr.
Ikonoklasmus	- Bildersturm
Infantrie	- Fußtruppen
Immerwährender Reichstag	- zwischen 1663 und 1806 in Regensburg tagender Reichstag

Jesuitenorden	- katholischer Orden; 1534 von Ignatius von Loyola gegründet; führender Orden der Gegenreformation/katholischen Reform
Kammerprokurator	- Beamter der fürstlichen Finanzverwaltung
Katechismus	- Glaubenslehrbuch
Kavallerie	- Reiterei
Kontroverspredigt	- Predigt gegen die gegnerische Konfessionspartei
Korporal	- Unteroffiziersdienstgrad
Kriminalfiskal	- öffentlicher Ankläger; ›Staatsanwalt‹
Kürassiere	- schwere Kavallerie; gepanzerte Reiterei
Landesregierung	- oberste Behörde der kursächsischen Justizverwaltung
Leichenpredigt	- Trauerpredigt bei der Beisetzung eines Verstorbenen
Luthers Hauspostille	- Sammlung von Predigten, die Luther in seinem Haus gehalten hatte
Musketier	- unterster Mannschaftsdienstgrad der Infanterie; mit einer Muskete bewaffneter Soldat
Mutins	- Aufrührer, Aufständische
Nesselstock	- wohl ein Werkzeug zum Ziehen eines Kastens
Normaljahr	- im Westfälischen Frieden wurde 1648 festgelegt, dass die religiosen Verhältnisse so beibehalten oder wiederhergestellt werden, wie sie im Normaljahr 1624 bestanden hatten
Nuntius	- Gesandter des Papstes
Oberkonsistorium	- höchste kirchliche Behörde Kursachsens
Obrist-Leutnant	- Stellvertreter des Oberstkommandierenden
Pars pro toto	- Figur der Rhethorik; „ein Teil steht für das Ganze“
Pietismus	- Frömmigkeitsbewegung innerhalb des lutherischen Protestantismus; erneuert die Forderung nach den Priestertum aller Gläubigen
Profos	- Gefängniswärter im Militär
Ratssyndikus	- kommunaler Amtsträger
Referent	- in den Gerichtsprotokollen: die befragte Person
Refutation	- Widerlegung
Reichstaler	- Rechnungsmünze des Heiligen Römischen Reichs
Relation	- Bericht

Rügebrauch	- Ritualisierte Sanktionsformen bei abweichendem Verhalten ohne obrigkeitliche Beteiligung
Säftelehre	- Lehre von den vier Körpersäften (Blut, schwarze Galle, weiße Galle, Schleim), die in der Medizin seit der Antike eine zentrale Rolle spielte
Sanguiniker	- Charakter der Temperamentenlehre; heiterer Mensch
Schleife	- hier: eine Art Schlitten
Schöppenstuhl Leipzig	- amtliche kursächsische Spruchbehörde
Speciestaler	- ein Taler Hartgeld im Gegensatz zum Reichstaler als Rechnungsmünze
Spenerscher Pietismus	- gemäßigter, an Philipp Jacob Spener orientierter Pietismus in Abgrenzung zu späteren ‚schwärmerischen' Ausprägungen
Stockhaus	- städtisches Gefängnis
Syllogismus	- Schlussfolgerung vom Allgemeinen auf das Besondere. Obersatz: Alle Menschen sind sterblich. Untersatz: Alle Könige sind Menschen; Schulssfolgerung: Alle Könige sind sterblich
Tambour	- Trommelschläger
Tedeum	- Lobhymne in der katholischen Kirche
Thorner Blutgericht	- Hinrichtungen in Thorn nach interkonfessionellen Ausschreitungen (siehe S. 127)
(reitender) Trabant	- Leibwache (zu Pferde); Garde du Corps
Viertelsmeister	- kommunales Verwaltungskollegium, dessen Mitglieder durch die Bürger der Stadtviertel auf Lebenszeit gewählt wurden
Westfälischer Frieden	- Friedensschlus am Ende des Dreißigjährigen Krieges (1618-1648)
Zion	- Jerusalem, Gottesstaat, Gottesreich

Danksagung

Als ich 2006 als Referent für die Überlieferungsbildung Justiz im Hauptstaatsarchiv Dresden eingestellt wurde, suchte ich einen Zugang zu einer Materie, die mir zu diesem Zeitpunkt vollkommen unbekannt war. Bei einer Recherche in den Findmitteln stieß ich auf mehrere Akten, die einen Mordfall behandelten, von dem ich meinte, auch schon in Überblicksdarstellungen gelesen zu haben. Mein Interesse, einmal entfacht, war nun durch nichts mehr zu bremsen, selbst als mir klar wurde, dass es aufgrund der Materialfülle nicht, wie ursprünglich geplant, bei einem Aufsatz bleiben würde. Dass das Manuskript dennoch fertiggestellt werden konnte, verdanke ich nicht zuletzt der Hilfe der Kollegen in den Dresdner Bibliotheken und Archiven, aber auch Frau Claudia Kalesse (Staatsarchiv Augsburg), Frau Simone Herde (Stadtarchiv Augsburg) und Herrn Roger Paul (Staatliche Kunstsammlungen Dresden – Münzkabinett), die mir mit Auskünften bereitwillig weiterhalfen. Mein besonderer Dank gilt Gerd Schwerhoff (Technische Universität Dresden), Mark Häberlein (Universität Bamberg) und Bernhard Lang (Universität Paderborn), die bereit waren, das fertige Manuskript durchzusehen, obgleich es außerhalb der üblichen akademischen Zusammenhänge entstanden ist. Gerd Schwerhoff und Mark Häberlein danke ich darüber hinaus für die Aufnahme in die Reihe »Konflikte und Kultur – Historische Perspektiven«. Uta C. Preimesser vom UVK Verlag danke ich für ihr aufmerksames Lektorat und ihr Engagement bei der raschen Realisierung der Veröffentlichung. Rouven Pons (Staatsarchiv Wiesbaden) gab immer wieder Hinweise, die meine Recherchen voranbrachten; auch hierfür sei gedankt. Ferner danke ich meinen Freunden und meiner Familie, die sich meine Erzählungen über die Hahn-Laubler-Affäre stets geduldig anhörten. Der erste Leser dieser Seiten war (wieder einmal) mein Vater Rainer Leibetseder, dem ich für Korrekturen und zahlreiche Hinweise zu Dank verpflichtet bin. Vor allem aber danke ich meiner Freundin Stefanie Krause, die das Manuskript nicht nur mehrmals durchsah und mir mit ihrem kunsthistorischen Sachverstand half, die Kupferstiche einzuordnen, sondern auch zwei Jahre lang meine Begeisterung für einen Mordfall aus dem frühen 18. Jahrhundert geteilt und ermuntert hat. Ihr sei das Buch in Liebe gewidmet.

M.L. Berlin, den 31.01.2009

Anhang

1. Anmerkungen

1 Zum Neubau der Frauenkirche siehe Wetzel 2006, S. 126ff.
2 StadtA-D, RA B 2.1.2 B II 19, fol 37r-53v, hier bes. fol. 37r (Kurtze Beschreibung derer Solennitäten, welche am 26. Augusti anno 1726 bey Legung des Grund-Steins zu einer neuen Kirche zu Dreßden an statt der alten baufälligen Frauen Kirche allda vorgegangen).
3 StadtA-D, RA B 2.1.2 B II 19, 43r und 43v (Kurtze Beschreibung derer Solennitäten, welche am 26. Augusti anno 1726 bey Legung des Grund-Steins zu einer neuen Kirche zu Dreßden an statt der alten baufälligen Frauen Kirche allda vorgegangen).
4 StadtA-D, RA B 2.1.2 B II 19, fol. 34r (Bericht über die Grundsteinlegung, 26. August 1726).
5 StadtA-D, RA B 2.1.2 B II 19, fol. 34r (Bericht über die Grundsteinlegung, 26. August 1726).
6 StadtA-D, RA B 2.1.2 B II 19, 44r (Kurtze Beschreibung derer Solennitäten, welche am 26. Augusti anno 1726 bey Legung des Grund-Steins zu einer neuen Kirche zu Dreßden an statt der alten baufälligen Frauen Kirche allda vorgegangen).
7 StadtA-D, RA B 2.1.2 B II 19, 43v (Kurtze Beschreibung derer Solennitäten, welche am 26. Augusti anno 1726 bey Legung des Grund-Steins zu einer neuen Kirche zu Dreßden an statt der alten baufälligen Frauen Kirche allda vorgegangen).
8 Schunka 2006, S. 183-193. Rosseaux schlägt ebd. vor, auf Dresden den Begriff der ›sekundären Bikonfessionalität‹ anzuwenden, während Schunka 2006, S. 194 von einer multikonfessionellen Bevölkerung ausgeht, in der neben Lutheranern und Katholiken auch Kalvinisten anzutreffen sind.
9 Rosseaux 2007b, S. 214.
10 10079 Landesregierung, Loc. 30586 Die Ermordung..., fol. 204v (Landesregierung an Konsilium, 20.11.1726).
11 Rosseaux 2007b, S. 215ff.
12 Watanabe-O'Kelly 2002, S. 200.
13 Wetzel 2006, S. 142f.; Rosseaux 2007b, S. 216f.
14 Rosseaux 2007b, S. 222.
15 Rosseaux 2007b, S. 222.
16 Petzoldt 2001, S. 130 und 142. Rosseaux 2007b, S. 218.
17 Wetzel 2006, S. 144.
18 Wetzel 2006, S. 143f.; Petzoldt 2001, S. 142.
19 Der Magistrat benutzte den Mord in einem Mahnbrief an Wackerbarth als Argument, endlich eine Entscheidung zu fällen. Siehe Magirius 2005, S. 35.
20 Löscher 1726, S. 34; hier zitiert nach Wetzel 2006, S. 127.
21 StadtA-D, RA B 2.1.2 B II 19, fol. 34rv (Bericht über die Grundsteinlegung, 26. August 1726).
22 Blaschke 1953.
23 Zur Begrifflichkeit: Bellingradt 2008.
24 Lediglich die sächsische Kirchengeschichte hielt die Vorkommnisse des Jahres 1726 in Ehren, indem sie bis in jüngste Zeit hinein der zeitgenössischen lutherischen Lesart der Affäre Laubler und des anschließenden Tumults folgte. Blanckmeister rückte etwa in seiner 1920 erschienen Biographie über den Superintendenten Valentin Ernst Löscher ein zehnseitiges Kapitel über den »Blutzeugen vom Heiligen Kreuz« ein, in dem er die Geschehnisse in enger Anlehnung an die zeitgenössischen lutherischen Publizistik rekapitulierte und letztlich Hahns Status als Märtyrer einmal mehr bestätigte. Auch Klaus Petzoldt konnte sich in seiner in den 1980er Jahren entstandenen und 2001 posthum veröffentlichten Biographie über den Superintendenten der Kreuzkirche nicht dazu durchringen, die antikatholischen Ausschreitungen klar zu verurteilen. Apologetische Argumentationsmuster und Textstrategien, wie sie sich schon in Geamoenus' Bericht finden, zogen sich so letztlich bis in jüngste Darstellungen hinein.

25 Siehe z.B. Kobuch 1965, S. 179-183. Die Rekonstruktion der Publikationsgeschichte der nach dem Mord erschienen Drucke habe ich weitgehend ausgeklammert, da sie weder von der Arbeits- noch von der Textökonomie her in die vorliegende Studie integrierbar gewesen wäre. Zu diesem Aspekt verweise ich auf die an der Freien Universität Berlin entstehende Dissertation von Daniel Bellingradt, Flugpublizistik und Öffentlichkeit im Alten Reich, die hierüber im Kapitel 1.4.2. genaueren Aufschluss gewähren wird. Ich danke dem Verfasser, dass ich sein Manuskript bereits vor dem Abschluss einsehen durfte.

26 Weiteres hierzu im Epilog.

27 Davis 2004, S. 19.

28 Schwerhoff 1999, S. 21.

29 Ginzburg 1990.

30 Anderson 1994.

31 Geertz 1983, S. 15.

32 Biersack 1989, insbes. S. 80ff. kritisiert Geertz' Konzept der ›dichten Beschreibung‹ v.a. wegen der statischen Darstellung von Kultur und fordert eine stärkere Berücksichtigung makrogeschichtlicher Prozesse.

33 Grundlegend zur Konfessionalisierungthese: Reinhard 1983 und Schilling 1988; zur ihrer Kritik und Weiterführung die Sammelbände Greyerz u.a. (Hg.) 2003 und Kaufmann u.a. (Hg.) 2008. Die Kritik an der »›etatistischen‹ Engführung des Paradigmas« wurde pointiert von Kaufmann 2003, S. 10 (dort auch das Zitat) und Volkland 2003, S. 94 vorgetragen.

34 StA-D, 10024 Geheimer Rat (Geheimes Archiv), Loc. 9703/1, fol. 39v (Aussage A.D. Füßel, 21.05.1726).

35 StA-D, 10024 Geheimer Rat (Geheimes Archiv), Loc. 9703/1, fol. 39r (Aussage A.M. Teubler, 21.05.1726).

36 StA-D, 10024 Geheimer Rat (Geheimes Archiv), Loc. 9703/1, 43r (Aussage J.V. Hahn, 21.05.1726).

37 Alle Zitate in diesem Absatz: StA-D, 10024 Geheimer Rat (Geheimes Archiv), Loc. 9703/1, fol. 40rv (Aussage A.D. Füßel, 21.05.1726).

38 Alle Zitate in diesem Absatz: StA-D, 10024 Geheimer Rat (Geheimes Archiv), Loc. 9703/1, fol. 44r (Aussage J.V. Hahn, 21.05.1726).

39 StA-D, 10024 Geheimer Rat (Geheimes Archiv), Loc. 9703/1, fol. 42r sowie 44rv (Aussage C.S. Kretzschmar und J.V. Hahn, 21.05.1726).

40 Europäischer Staats-Cantzley [3], S. 552.

41 StA-D, 10024 Geheimer Rat (Geheimes Archiv), Loc. 9703/1, fol. 42v und 43r (Aussage M. Füßel, 21.05.1726).

42 StA-D, 10024 Geheimer Rat (Geheimes Archiv), Loc. 9703/1, fol. 41v (Aussage A.D. Füßel, 21.05.1726).

43 Beide StA-D, 10024 Geheimer Rat (Geheimes Archiv), Loc. 9703/1, fol. 43r (Aussage M. Füßel, 21.05.1726).

44 StA-D, 10684 Stadtgericht Dresden Nr. 111, fol. 22rv (Aussage John, 22.05.1726).

45 StA-D, 10684 Stadtgericht Dresden Nr. 111, fol. 1r (Protokoll, 21.05.1726).

46 Die Zustimmung wurde zunächst mündlich, aber am selben Tage auch noch schriftlich erteilt. StA-D, 10684 Stadtgericht Dresden Nr. 111, fol. 2r-2v (Protokoll 21.05.1726) und 111r-111v (Oberkonsistorium an Landesregierung, 21.05.1726).

47 StA-D, 10684 Stadtgericht Dresden Nr. 111, fol. 19v (Actus inspectionis ac sectionis cadaveris, 22.05.1726).

48 StA-D, 10684 Stadtgericht Dresden Nr. 111, fol. 24r (Sektionsgutachten, 22.05.1726).

49 StA-D, 10684 Stadtgericht Dresden Nr. 111, fol. 25r (Sektionsgutachten, 22.05.1726).

50 Nach den Reel Listings der *Harold Jantz Collection of German Baroque Literature*, Reel 239 soll sich hinter diesem Pseudonym Samuel Theodor Schönland, Pfarrer zu Lommatzsch, verbergen. Dieser verstarb aber bereits im Jahre 1721; die vakant gewordene Pfarrstelle wurde kurz nach seinem Tode neu vergeben (StA-D, 10057 Kreisamt Meißen Nr. 2443, fol. 26r und 27r). Auch auf der Titelseite eines 1727 im Druck erschienenen und in den OPACs verschiedener wissenschaftlicher Bibliotheken Samuel Theodor Schönland zugeschriebenen Flugdrucks heißt es lediglich: *Augustalia Dresdensia oder Dreßdnische*

Ehr- und Freuden-Bezeugung als Ihro Königliche Majestät Friedrich August unser aller theuerster Landes-Vater, aus dero Königreich Pohlen zu hoch-erwünschter Freude des Churfürstenthums Sachsen in Dero Residenz-Stadt Dreßden höchst-glücklich retournirten, wurde durch unterschiedene allhier beygefügte Illuminationes Sammt zugehörigen Praesentationibus und Devisen, das Andenken dieser höchst-erfreulichen Ankunfft, erneurt und mitgetheilet durch Schoenland. Die Zuschreibung an Samuel Theodor ist auch in diesem Fall nicht haltbar.

51 Beide Zitate: Das Betrübte Dreßden [3], S. 21. Der Gabentausch ist in den letzten Jahrzehnten zu einem der wichtigen Themen der historischen Anthropologie geworden. Wesentliche Impulse gingen von Mauss 1989 aus. Instruktiv aus soziologischer Sicht neuerdings auch Berking 1996. In der Geschichtswissenschaft wurde die Gabe vor allem in ihrem Verhältnis zum marktförmigen Warentausch untersucht. Siehe hierzu Davis 2002, S. 21-36.

52 Das Betrübte Dreßden [3], S. 21f.

53 Das Betrübte Dreßden [3], S. 23.

54 Das Betrübte Dreßden [3], S. 22.

55 StA-D, 10079 Landesregierung Loc. 30586, Die Ermordung..., fol. 122r (Rat an Landesregierung, 06.07.1726).

56 Zu den Ausschreitungen am 22. Mai 1726 siehe II. Eine Stadt in Unruhe.

57 Zur »Gewinnung der Nacht« siehe Rosseaux 2007a, S. 60-72; zu nächtlichen Beerdigungen siehe Koslofsky 1997, S. 362.

58 Das Betrübte Dreßden [3], S. 40.

59 Das Betrübte Dreßden [3], S. 40.

60 Europäischer Staats-Cantzley [3], S. 569.

61 Das Betrübte Dreßden [3], S. 43.

62 Die beiden Zitate stammen aus dem Stadtarchiv Leipzig, XLVI Bücherkommission zu Leipzig, II. Sektion, Nr. 537. Ich zitiere hier nach Kobuch 1965, S. 180f. – Frau Agatha Kobuch danke ich vielmals dafür, dass sie so zuvorkommend war, mir einen Auszug aus der Manuskriptfassung ihrer Dissertation zu überlassen. Vom Gesuch der Witwe Hahn hätte ich sonst keine Kenntnis genommen.

63 Auch nach der Reformation lebte die Heiligenverehrung im Protestantismus fort. Luther hatte sich zeitlebens nicht gegen diese Glaubenspraxis gewandt, wollte aber zumindest die textkritische Methodik der Humanisten auch auf Heiligenviten übertragen sehen. Trotzdem wurde den Heiligen im Protestantismus eine andere Rolle zugewiesen als im Katholizismus. Die Heiligen besaßen nicht mehr die Funktion, den Gläubigen zu helfen und zwischen diesen und Gott zu vermitteln, sondern dienten lediglich als Beispiel dafür, wie die Gläubigen Leid ertragen sollten. Das Gedenken an die Heiligen sollte also den Glauben der Gemeindemitglieder stärken. Aus Sicht der lutherischen Orthodoxie ausformuliert wurde die Rolle der Heiligenverehrung in der Glaubenspraxis in Johann Gerhards Werk *Confessio catholica* (1633-1637). Vgl. den instruktiven Überblick von Köpf 1990.

64 Zur Biographie Hahns siehe: Des Betrübten Dreßden's Zweyter Theil [5], S. 68.

65 Growolls 1995, S. 175.

66 Zur theologischen Fakultät: Krause 2003, S. 77.

67 In einem Schreiben dankte Julius Ernst Hahn dem Dresdner Magistrat dafür, dass er seinen Sohn auf die Stelle als Diakon an der Kreuzkirche berufen hatte. Eine direkte Einflussnahme zugunsten des Sohnes ist jedoch nicht nachweisbar. StadtA-D, RA 2.1, D XIII, fol. 757r (J.E. Hahn an Magistrat, 10.03.1707).

68 Petzoldt 2000, S. 193.

69 StadtA-D, RA 2.1, D XIII, fol. 756v (Inserat, o.D.).

70 StadtA-D, RA 2.1, D XIII, fol. 749rv (Registratur, 17.02.1707).

71 Richter-Nickel 1999, S. 7ff.

72 Groß 2006b, S. 60f.

73 Alle Zitate in diesem Absatz: StadtA-D, RA 2.1, D XIII, fol. 750r (Registratur, 08.03.1707).

74 StadtA-D, RA 2.1, D XIII, fol. 750r (Registratur, 08.03.1707).

75 StadtA-D, RA 2.1, D XIII, fol. 751r-752r (Magistrat an J.H. Hahn, 08.03.1707).

76 Der Einfachheit halber unterscheide ich nur dort, wo es inhaltlich unbedingt nötig erscheint, zwischen Alt- und Neudresden.

77 Die Aussagen, welche die Forschung über die Einwohnerzwahlen trifft, variieren jedoch erheblich: Folgt man Groß 2006a, S. 23, so leben in der Doppelstadt um 1700 circa 31.000 Menschen, folgt man Rosseaux 2007a, S. 28, so sind es nur rund 22.000. Für 1727 geht man jedoch übereinstimmend von rund 46.000 Einwohnern aus (Groß 2006a, S. 23; Rosseaux 2007a, S. 28). Die Zahl basiert auf einer Bevölkerungszählung im Jahre 1727 (Siehe StadtA-D, Ratsarchiv, C XXI 7 [unfoliiert]). 1750 sind beide Städte zusammen von 52.000 Einwohnern bevölkert (Groß 2006a, S. 24; Blaschke 1967, S. 139).

78 Rosseaux 2007b, S. 213. 1701 leben in Dresden ungefähr 1000 Katholiken, 1707 sind es bereits 4000 (Wetzel 2006, S. 142).

79 Blaschke 1967, S. 178.

80 Blaschke 1967, S. 177.

81 StadtA-D, RA 2.1., B I 10, fol. 19r (Urkunde Hahns für T. Addenberger, 06.03.1709).

82 Zu den nicht-privilegierten Dresdner Buchhändlern siehe Bellingradt [o.J.], Kapitel 1.4.2.1.

83 StadtA-D, RA 2.1, B I 12, unpaginiert (Vernehmung G.B. Ludewig, 02.11.1722).

84 StadtA-D, RA 2.1, B I 12, unpaginiert (Aussage C. Robring, 24.10.1722). Der Buchdrucker gab auf dem Titelblatt übrigens als (Druck-) Ort Halle an, angeblich aber nicht, um zu verwirren, sondern weil es so auf dem Manuskript gestanden habe.

85 Nach Petzold 2001, S. 151 wurde diese Zuschreibung 1726 von Löscher noch einmal bestätigt.

86 Haake, Paul, Christiane Eberhardine und August der Starke. Eine Ehetragödie, Dresden 1930, S. 141; hier zit. nach Petzold 2001, S. 138.

87 Des Betrübten Dreßden's Zweyter Theil [5], S. 50.

88 Das Betrübte Dreßden [3], S. 10.

89 Das Betrübte Dreßden [2], unpaginiert.

90 Alle Zitate in diesem Absatz: Des Betrübten Dreßden's Zweyter Theil [5], S. 47-53.

91 Das Betrübte Dreßden [3], S. 3.

92 Crell 1732, S. 8.

93 Der Simonskult geht auf einen angeblichen Ritualmord im Trient des Jahres 1475 zurück. Po-Chia Hsia 1997, S. 169 betont, dass die Publizistik über die Tridentiner Geschehnisse sogar Süd- und Mitteldeutschland erreichte. Siehe ebd., S. 169 und 175 für bildliche Darstellungen des Mordes.

94 Burschel 2004, S. 44.

95 Crell 1726, S. 667.

96 Burschel 2004, S. 64.

97 Rosseaux 2007b, S. 215.

98 Burschel 2004, S. 5.

99 Anderson 1994.

100 Beyer 2000, S. 170f.

101 Picander 1726a, S. 29.

102 StA-D, 10024 Geheimer Rat (Geheimes Archiv), Loc. 9703/1, fol. 413v (Actenmäßige Relation, 1726).

103 Marianne Schuber (Hg.), Oberhauser Chronik, Augsburg 1990, S. 42ff. Für den Hinweis auf diesen Titel bin ich Frau Simone Herde vom Stadtarchiv Augsburg zu Dank verpflichtet.

104 Alle Zitate in diesem Absatz: StA-D, 10684 Stadtgericht Dresden Nr. 111, fol. 124rv (Inquisitional-Verhör, ca. 03.06.1726) sowie 95r (Summarisches Verhör, 28.05.1726).

105 Alle Zitate in diesem Absatz: François 1992, S. 229 und 230, ansonsten vgl. insbes. S. 221f. und 228.

106 StA-D, 10684 Stadtgericht Dresden Nr. 111, fol. 124rv (Inquisitional-Verhör, ca. 03.06.1726).

107 Generalwachtmeisters Georg Wilhelm Löffelholz von Colberg kommandierte zwischen 1707 und 1720 ein Regiment zu Fuß. Die Regimentsgeschichte weist zwischen 1708 und 1710 keine Teilnahme an Kampfhandlungen aus. Zu Regiment und Regimentsgeschichte: Georg Tessin, Die Regimenter der europäischen Staaten im Ancien Régime des XVI. bis XVIII. Jahrhunderts. Teil 3: Namensregister der deutschen Regimentsinhaber und Kommandeure und Namensregister der Regimenter mit Orts- und Ländernamen aus ganz Europa, Osnabrück 1995, S. 195; Alphons Freiherr von Wrede (Bearb.), Geschichte der KuK Wehrmacht. Die Regimenter, Corps, Branchen und Anstalten von 1618 bis Ende des XIX. Jahrhunderts, Band II, Wien 1898, S. 204.

108 Ein solches Regiment lässt sich im fraglichen Zeitraum in den Regimentslisten (siehe Anmerkung 105) nicht nachweisen.
109 StA-D, 10684 Stadtgericht Dresden Nr. 111, fol. 125r-126v (Inquisitional-Verhör, ca. 03.06.1726).
110 Gräf und Pröve 1997, S. 34.
111 StA-D, 10684 Stadtgericht Dresden Nr. 111, fol. 127v (Inquisitional-Verhör, ca. 03.06.1726).
112 StA-D, 10684 Stadtgericht Dresden Nr. 111, fol. 127v (Inquisitional-Verhör, ca. 03.06.1726). Zu Folch de Cardona siehe Braubach 1964, S. 242, Braubach 1965, S. 94 und Herre 1997, S. 240.
113 Beide Zitate: StA-D, 10684 Stadtgericht Dresden Nr. 111, fol. 13r (Protokoll, ca. 21.05.1726).
114 StA-D, 10684 Stadtgericht Dresden Nr. 111, fol. 101v (Summarisches Verhör, 28.05.1726).
115 StA-D, 10684 Stadtgericht Dresden Nr. 111, fol. 75v-76r (Aussage G. Lehmann, 24.05.1726).
116 StA-D, 10684 Stadtgericht Dresden Nr. 111, 70v (Aussage J.C. Creuznach, 24.05.1726).
117 StA-D, 10684 Stadtgericht Dresden Nr. 111, fol. 126rv (Inquisitional-Verhör, ca. 03.06.1726).
118 StA-D, 10684 Stadtgericht Dresden Nr. 111, fol. 127v (Inquisitional-Verhör, ca. 03.06.1726).
119 Beide Zitate: StA-D, 10684 Stadtgericht Dresden Nr. 111, fol. 283r (Aussage Laublers gegenüber dem Stadtgericht und Pater Hartmann, 15.07.1726).
120 Zu den Reisemodalitäten: Gräf und Pröve 1997, S. 76, 112 und 116.
121 StA-D, 10684 Stadtgericht Dresden Nr. 111, fol. 64v (Aussage F. Schmidt, 24.05.1726)
122 StA-D, 10684 Stadtgericht Dresden Nr. 111, fol. 62r (Aussage A. Wittig, 24.05.1726).
123 StA-D, 10684 Stadtgericht Dresden Nr. 111, fol. 64r (Aussage A.S. von Zeutsch, 24.05.1726).
124 Berger und Luckmann 1980, S. 16.
125 Alle Zitate in diesem Absatz: StA-D, 10684 Stadtgericht Dresden Nr. 111, fol. 128v (Inquisitional-Verhör, ca. 03.06.1726).
126 Beide Zitate: StA-D, 10684 Stadtgericht Dresden Nr. 111, fol. 65r (Aussage F. Schmidt, 24.05.1726).
127 François 1991, S. 207 etwa betont, dass Konversionen im frühneuzeitlichen Augsburg nur selten vorkamen. Dagegen betont Hodler 1998, dass Konversionen in der Gemeinen Vogtei Thurgau in der Alten Eidgenossenschaft im 17. und 18. Jahrhundert ein Massenphänomen gewesen seien. Eine Übersichtsdarstellung über die Konjunkturen von Konversionen in diesen beiden Jahrhunderten ist m.W. ein Desiderat der Forschung.
128 François 1991, S. 205 und 219; Zitat: Johann Georg Opitz, Der aufrichtige und überzeugte Convertit, Augsburg 1774, S. 88 zit. nach François 1991, S. 219.
129 François 1991, S. 209.
130 StA-D, 10684 Stadtgericht Dresden Nr. 111, fol. 100r (Summarisches Verhör, 28.05.1726).
131 StA-D, 10684 Stadtgericht Dresden Nr. 111, fol. 69r (Aussage G.F. Albrecht, 24.05.1726).
132 StA-D, 10684 Stadtgericht Dresden Nr. 111, fol. 131r (Summarisches Verhör, 28.05.1726).
133 StA-D, 10684 Stadtgericht Dresden Nr. 111, fol. 129v (Summarisches Verhör, 28.05.1726).
134 Alle Zitate in diesem Absatz: StA-D, 10684 Stadtgericht Dresden Nr. 111, fol. 61v (Aussage A. Wittig, 24.05.1726).
135 StA-D, 10684 Stadtgericht Dresden Nr. 111, fol. 104r (Aussage M. Schuhmann, 28.05.1726).
136 Schwerhoff 1999, S. 124.
137 StA-D, 10684 Stadtgericht Dresden Nr. 111, fol. 45v und 46r (Aussage G. Schuhmann, 27.05.1726).
138 StA-D, 10684 Stadtgericht Dresden Nr. 111, fol. 55r (Aussage F. Klozze, 27.05.1726).
139 Allte Zitate in diesem Absatz: StA-D, 10684 Stadtgericht Dresden Nr. 111, fol. 55r (Aussage F. Klozze, 27.05.1726).
140 StA-D, 10684 Stadtgericht Dresden Nr. 111, fol. 55v (Aussage F. Klozze, 27.05.1726).
141 In der Quelle lese ich ›Vorgriz‹. Ein entsprechender Ort war selbst mit Hilfe von Karlheinz Blaschke, Historisches Ortsverzeichnis von Sachsen. Neuausgabe bearb. von Susanne Baudisch und Karlheinz Blaschke, Halbband 2: N-Z, Leipzig 2006 nicht zu ermitteln. Allerdings verweist das Register historischer Ortsnamensformen auf den Ort Wurgwitz südöstlich von Dresden, für den die ältere Schreibung Worgitz (1547) belegt ist.
142 Beide Zitate: StA-D, 10684 Stadtgericht Dresden Nr. 111, fol. 225rv (Aussage C. Rühle, 22.06.1726).
143 StA-D, 10684 Stadtgericht Dresden Nr. 111, fol. 226v (Aussage C. Rühle, 22.06.1726).
144 StA-D, 10684 Stadtgericht Dresden Nr. 111, fol. 228v (Aussage C. Rühle, 22. 06.1726).

145 StA-D, 10684 Stadtgericht Dresden Nr. 111, fol. 66r-67v (Aussage G. Jahn, 24.05.1726).
146 StA-D, 10684 Stadtgericht Dresden Nr. 111, fol. 100r (Summarisches Verhör, 28.05.1726).
147 StA-D, 10684 Stadtgericht Dresden Nr. 111, fol. 123v (Inquisitional-Verhör, ca. 03.06.1726).
148 Europäischer Staats-Cantzley [2], S. 546. In den einem katholischen Autor zugeschriebenen Copia Drey besonderer Schreiben heißt es im dritten Schreiben, »daß er [Laubler] alle Religionen verachtet habe«.
149 Als Religion erkannte das frühneuzeitliche Europa nur Judentum, Christentum und Islam an; andere Glaubens- oder Kultgemeinschaften wurden unter dem Begriff des Heidentums subsummiert. So findet man in den Beschreibungen außereuropäischer Völker regelmäßig die Feststellung, dass diese keine Religion besäßen. Damit war aber nicht gemeint, dass sie keine kultischen Bräuche pflegten und keine Götter verehrten, sondern vielmehr, dass sie keiner der erwähnten monotheistischen Religionen angehörten.
150 Für Hinweise auf die katholischen Traditionen danke Prof. Lang (Universität Paderborn).
151 StA-D, 10684 Stadtgericht Dresden Nr. 111, fol. 100v (Summarisches Verhör, 28.05.1726).
152 Krauss 2000, S. 77.
153 StA-D, 10684 Stadtgericht Dresden Nr. 111, fol. 99v (Summarisches Verhör, 28.05.1726).
154 StA-D, 10684 Stadtgericht Dresden Nr. 111, fol. 64r (Aussage A.S. von Zeutsch, 24.05.1726).
155 StA-D, 10684 Stadtgericht Dresden Nr. 111, 74v (Aussage F. Rodinger, 24.05.1726).
156 StA-D, 10684 Stadtgericht Dresden Nr. 111, 70r (Aussage J.C. Creuznach, 24.05.1726).
157 StA-D, 10684 Stadtgericht Dresden Nr. 111, 76r (Aussage G. Lehmann, 24.05.1726).
158 StA-D, 10684 Stadtgericht Dresden Nr. 111, 70r (Aussage J.C. Creuznach, 24.05.1726).
159 StA-D, 10684 Stadtgericht Dresden Nr. 111, fol. 229v (Aussage C. Rühle, 22.06.1726).
160 Beide Zitate: StA-D, 10684 Stadtgericht Dresden Nr. 111, fol. 70rv (Aussage J.C. Creuznach, 24.05.1726).
161 StA-D, 10684 Stadtgericht Dresden Nr. 111, fol. 71r (Aussage J.C. Creuznach, 24.05.1726).
162 StA-D, 10684 Stadtgericht Dresden Nr. 111, fol. 71rv (Aussage J.C. Creuznach, 24.05.1726).
163 10684 Stadtgericht Dresden Nr. 111, fol. 220r (Aussage J. Bayer, 21.05.1726).
164 StA-D, 10684 Stadtgericht Dresden Nr. 111, 76r (Aussage G. Lehmann, 24.05.1726).
165 Des Betrübten Dreßden's Zweyter Theil [3], S. 26.
166 Zum Teufelsglauben: Stanford 2000, S. 193-223.
167 StA-D, 10684 Stadtgericht Dresden Nr. 111, fol. 64r (Aussage A.S. von Zeutsch, 24.05.1726)
168 Zitate: StA-D, 10684 Stadtgericht Dresden Nr. 111, 131r (Inquisitional-Verhör, ca. 03.06.1726).
169 Ich folge hier einer Anregung von Schunka 2006, S. 351. Angeknüpft wird hier an die Überlegungen Homi Bhabhas, der in einem Interview sagte: »Hybridität ist ein ›dritter Raum‹, der das Entstehen anderer Positionen erst ermöglicht«. Dieses Konzept räumt also Positionen einen Raum jenseits der etablierten Amtskirchen und der Opposition von Orthodoxie-Heterodoxie ein. Bhabha zitiert nach Bachmann-Medick 1996c, S. 279 bzw. ursprünglich: The Third Space. Interview with Homi Bhabha, in: Jonathan Rutherford (Hg.), Identity. Community, Culture, Difference, London 1990, S. 207-221.
170 Zu dieser Bezeichnung siehe Bringmann 2003.
171 StA-D, 10684 Stadtgericht Dresden Nr. 111, fol. 94r (Summarisches Verhör, 28.05.1726).
172 StA-D, 10684 Stadtgericht Dresden Nr. 111, fol. 68v (Aussage G.F. Albrecht, 24.05.1726).
173 StA-D, 10684 Stadtgericht Dresden Nr. 111, fol. 72r (Aussage J.C. Creuznach, 24.05.1726).
174 StA-D, 10684 Stadtgericht Dresden Nr. 111, fol. 68v und 69v (Aussage G.F. Albrecht, 24.05.1726).
175 StA-D, 10684 Stadtgericht Dresden Nr. 111, fol. 94r (Summarisches Verhör, 28.05.1726).
176 StA-D, 10684 Stadtgericht Dresden Nr. 111, fol.181r-182r (Aussage J. Minetti, 19.06.1726).
177 StA-D, 10684 Stadtgericht Dresden Nr. 111, fol. 136v-137v (Inquisitional-Verhör, ca. 03.06.1726).
178 StA-D, 10684 Stadtgericht Dresden Nr. 111, fol. 172v (Aussage J.G. Täuber, 19.06.1726).
179 StA-D, 10684 Stadtgericht Dresden Nr. 111, fol. 30r-32v (Aussage M.D. Behnisch, 23.05.1726), 53r-54v (Registratur, 27.05.1726) und 95r (Summarisches Verhör, 28.05.1726).
180 StA-D, 10684 Stadtgericht Dresden Nr. 111, fol. 38cr (Aussage J.S. Haferkorn, 24.05.1726).
181 StA-D, 10684 Stadtgericht Dresden Nr. 111, fol. 38dr (Aussage M.S. Haferkorn, 24.05.1726).
182 StA-D, 10684 Stadtgericht Dresden Nr. 111, fol. 38dr (Aussage M.S. Haferkorn, 24.05.1726).
183 StA-D, 10684 Stadtgericht Dresden Nr. 111, fol. 38frv (Aussage C. Schönermann, 24.05.1726).

184 StA-D, 10684 Stadtgericht Dresden Nr. 111, fol. 38frv (Aussage C. Schönermann, 24.05.1726).
185 StA-D, 10684 Stadtgericht Dresden Nr. 111, fol. 98v (Summarisches Verhör, 28.05.1726).
186 StA-D, 10684 Stadtgericht Dresden Nr. 111, fol. 38br (Aussage M. Alter, 24.05.1726).
187 StA-D, 10684 Stadtgericht Dresden Nr. 111, fol. 96r (Summarisches Verhör, 28.05.1726).
188 StA-D, 10684 Stadtgericht Dresden Nr. 111, fol. 96v (Summarisches Verhör, 28.05.1726).
189 StA-D, 10684 Stadtgericht Dresden Nr. 111, fol. 97r (Summarisches Verhör, 28.05.1726).
190 StA-D, 10684 Stadtgericht Dresden Nr. 111, fol. 97v (Summarisches Verhör, 28.05.1726).
191 StA-D, 10684 Stadtgericht Dresden Nr. 111, fol. 97v (Summarisches Verhör, 28.05.1726).
192 StA-D, 10684 Stadtgericht Dresden Nr. 111, fol. 98r (Summarisches Verhör, 28.05.1726).
193 StA-D, 10684 Stadtgericht Dresden Nr. 111, fol. 98v (Summarisches Verhör, 28.05.1726).
194 Berliner 2003, S. 104, 109, 111, 160f. und 168.
195 StA-D, 10684 Stadtgericht Dresden Nr. 111, fol. 98v (Summarisches Verhör, 28.05.1726).
196 StA-D, 10684 Stadtgericht Dresden Nr. 111, fol. 98v (Summarisches Verhör, 28.05.1726).
197 StA-D, 10684 Stadtgericht Dresden Nr. 111, fol. 98v-99r (Summarisches Verhör, 28.05.1726).
198 StA-D, 10684 Stadtgericht Dresden Nr. 111, fol. 99r (Summarisches Verhör, 28.05.1726).
199 Europäischer Staats-Cantzley [3], S. 553. Zum Fluchtweg siehe ferner Das Betrübte Dreßden [3], S. 4.
200 StA-D, 10684 Stadtgericht Dresden Nr. 111, fol. 73rv (Aussage G. Neuhäusel, 24.05.1726).
201 StA-D, 10684 Stadtgericht Dresden Nr. 111, fol. 75rv (Aussagen C. Köckert und G. Lehmann, 24.05.1726).
202 StA-D, 10684 Stadtgericht Dresden Nr. 111, fol. 57r (Bericht Schultheiß Müller, 21.05.1726).
203 Alle Zitate in diesem Absatz: StA-D, 10684 Stadtgericht Dresden Nr. 111, fol. 57v (Bericht Schultheiß Müller, 21.05.1726).
204 Die Urkunde wurde unter dem Datum des 19. Mai ausgefertigt und am 26. Mai zugestellt und sogleich zu den Akten genommen. StA-D, 10684 Stadtgericht Dresden Nr. 111, fol. 39r (Protokoll, 26.05.1726) und 40r (Abschied des Herzogs von Sachsen-Weißenfels für F. Laubler, 19.05.1726).
205 StA-D, 10684 Stadtgericht Dresden Nr. 111, fol. 3v (Protokoll, 21.05.1726).
206 StadtA-D, RA 2.1, G XXXII 124o, fol. 2v (Bericht J.A. Rothe, 21.05.1726).
207 StA-D, 10024 Geheimer Rat (Geheimes Archiv), Loc. 9703/1, fol. 25v (Registratur des Magistrats, 22.05.1726).
208 StA-D, 10024 Geheimer Rat (Geheimes Archiv), Loc. 9703/1, fol. 26r (Registratur des Magistrats, 22.05.1726).
209 StadtA-D, RA 2.1, G XXXII 124 o, fol. 5r (Bericht J.A. Rothe, 21.05.1726).
210 StA-D, 10684 Stadtgericht Dresden Nr. 111, fol. 23r (Aussage Jahnicke, 22.05.1726).
211 StA-D, 10684 Stadtgericht Dresden Nr. 111, fol. 23r-23v (Aussage Jahnicke, 22.05.1726).
212 StA-D, 10684 Stadtgericht Dresden Nr. 111, fol. 182v (Registratur, 22.06.1726).
213 StA-D, 10684 Stadtgericht Dresden Nr. 111, fol. 57r (Bericht J.C. Müller, 21.05.1726).
214 StA-D, 10684 Stadtgericht Dresden Nr. 111, fol. 35br (Aussage M. Alters, 24.05.1726).
215 Das Betrübte Dreßden [3], S. 2.
216 StA-D, 10684 Stadtgericht Dresden Nr. 111, fol. 61r-62v (Aussage A. Wittig, 24.05.1726).
217 StA-D, 10684 Stadtgericht Dresden Nr. 111, fol. 64vr (Aussage A.S. von Zeutsch, 24.05.1726).
218 StA-D, 10684 Stadtgericht Dresden Nr. 111, fol. 65v (Aussage F. Schmidt, 24.05.1726).
219 Zitate: StA-D, 10684 Stadtgericht Dresden Nr. 111, fol. 70r (Aussage J.C. Creuznach, 24.05.1726).
220 StA-D, 10684 Stadtgericht Dresden Nr. 111, fol. 45rv (Aussage G. Schuhmann, 27.05.1726).
221 StA-D, 10684 Stadtgericht Dresden Nr. 111, fol. 45rv (Aussage G. Schuhmann, 27.05.1726).
222 StA-D, 10684 Stadtgericht Dresden Nr. 111, fol. 165r (Urteil Schöppenstuhl Leipzig, Anfang Juni 1726).
223 Alle Zitate in diesem Absatz: StA-D, 10684 Stadtgericht Dresden Nr. 111, fol. 169r-170r (Gutachten von Dr. Schurich über Laublers Geisteszustand, 19.06.1726).
224 Porter 2007, S. 46-52.
225 Bergdolt 1999, S. 35-41; Böhme und Böhme 2004, S. 164-171; Porter 2007, S. 40-46.
226 Porter 2007, S. 34f. und 62.
227 StA-D, 10684 Stadtgericht Dresden Nr. 112, [unpaginiert] (Urteil Schöppenstuhl Leipzig, 18.09.1726).

228 Porter 2007, S. 120; Martschukat 2000, S. 149-184.
229 StA-D, 10024 Geheimer Rat (Geheimes Archiv), Loc. 9703/1, fol. 59r (Aussage S. Schulze, 21.05.1726).
230 StA-D, 10024 Geheimer Rat (Geheimes Archiv), Loc. 9703/1, fol. 60r (Aussage C. Kobcobius, 21.05.1726).
231 StA-D, 10024 Geheimer Rat (Geheimes Archiv), Loc. 9703/1, fol. 119r (Notiz über Aussage von Magister Stecker, 22.05.1726).
232 StA-D, 10024 Geheimer Rat (Geheimes Archiv), Loc. 9703/1, fol. 260r-265v (drei anonyme Schreiben, 23.05.1726 und o.D.).
233 StA-D, 10024 Geheimer Rat (Geheimes Archiv), Loc. 9703/3, [unpaginiert] (Schönberg an Konsilium, 27.07.1726).
234 StA-D, 10024 Geheimer Rat (Geheimes Archiv), Loc. 9703/3, [unpaginiert] (Schönberg an Konsilium, 27.07.1726). Böhmische oder österreichische Hintermänner vermutet auch Das Betrübte Dreßden [3], S. 5.
235 Siehe hierzu: StA-D, 10684 Stadtgericht Dresden Nr. 111, fol. 143v (Inquisitional-Verhör, ca. 03.06.1726) und ebd., fol. 28r (Registratur, 23.05.1726)
236 StA-D, 10079 Landesregierung, Loc. 30586 Die Ermordung..., fol. 9rv (Rat an Landesregierung, 24.05.1726).
237 Europäischer Staats-Cantzley [3], S. 550.
238 Entsetzliche und in zwey hundert Jahren, Titelblatt.
239 StadtA-D, RA 2.1, G XXXII 124o, fol. 18r (Bericht des Magistrats an Wackerbarth, 22.05.1726).
240 StadtA-D, RA 2.1, G XXXII 124o, fol. 1r-5v, hier fol. 1r (Bericht J.A. Rothe, 21.05.1726).
241 May 2006, S. 160.
242 May 2006, S. 182. Erst mit dem vollendeten Zwingerbau stand dem Hof ein angemessener Rahmen für seine Aufführungen zur Verfügung; Beutel 1905, S. 7.
243 So begab sich der neue Landesherr beispielsweise zur Huldigung auf das Rathaus: In der Ratsstube bestätigte er der Stadt ihre Privilegien, woraufhin ihm der Rat den Treueid leistete; dann trat der Fürst ins Fenster und nahm auch von der unten auf dem Platze unter Führung ihrer Viertelsmeister aufmarschierten Bürgerschaft und von der Bauernschaft aus den Ratsdörfern den Huldigungseid entgegen. Beutel 1905, S. 4. Ausführlicher bei Groß 2006b, S. 65f.
244 StadtA-D, RA 2.1, G XXXII 124o, fol. 20r (Bericht des Magistrats an Graf Wackerbarth, 22.05.1726).
245 StadtA-D, RA 2.1, G XXXII 124o, fol. 1r (Bericht J.A. Rothe, 21.05.1726).
246 StadtA-D, RA 2.1, G XXXII 124o, fol. 20v (Bericht des Magistrats an Graf Wackerbarth, 22.05.1726).
247 Rosseaux 2007a, S. 43.
248 Richter-Nickel 2006, S. 98.
249 StadtA-D, RA 2.1, G XXXII 124o, fol. 20v (Bericht des Magistrats an Graf Wackerbarth, 22.05.1726).
250 StadtA-D, RA 2.1, G XXXII 124o, fol. 1r (Bericht J.A. Rothe, 21.05.1726).
251 StadtA-D, RA 2.1, G XXXII 124o, 2r (Bericht J.A. Rothe, 21.05.1726).
252 StA-D, 10024 Geheimer Rat (Geheimes Archiv), Loc. 9703/1, fol. 47r (Auszug aus einem Schreiben des Hofrats Drewers, 21.05.1726).
253 Europäischer Staats-Cantzley [3], S. 556.
254 Europäischer Staats-Cantzley [3], S. 554.
255 StadtA-D, RA 2.1, G XXXII 124o, fol. 2r (Bericht J.A. Rothe, 21.05.1726).
256 StA-D, 10079 Landesregierung, Loc. 30586 Die Ermordung..., fol. 64rv (Magistrat an Landesregierung, 22.06.1726).
257 StA-D, 10079 Landesregierung, Loc. 30586 Die Ermordung..., fol. 64rv (Magistrat an Landesregierung, 22.06.1726).
258 Europäischer Staats-Cantzley [3], S. 555.
259 Europäischer Staats-Cantzley [3], S. 559. Die Obrigkeit reagierte, indem sie die Opfer in Schutzhaft nehmen ließ. General von Borck, Kommandant von Alt-Dresden, ließ »die attaquirten und mit Schla-

gen blutend gemachten Catholiken« an einen sicheren Ort führen und der Rat der Stadt befahl, die Katholiken in den Straßen zusammenzutreiben und auf das Rathaus zu bringen. Vgl. Europäischer Staats-Cantzley [3], S. 556. Auf die Schutzhaft werde ich bei meiner Darstellung des 22. Mai noch eingehen.

260 Copia Drey besonderer Schreiben, 3. Schreiben.

261 Schwerhoff 2006, S. 49 und 53f.

262 StadtA-D, RA 2.1, G XXXII 124o, fol. 2v (Bericht J.A. Rothe, 21.05.1726).

263 StadtA-D, RA 2.1, G XXXII 124o, fol. 3r (Bericht J.A. Rothe, 21.05.1726).

264 StadtA-D, RA 2.1, G XXXII 124o, fol. 3v (Bericht J.A. Rothe, 21.05.1726).

265 StadtA-D, RA 2.1, G XXXII 124o, fol. 5r (Bericht J.A. Rothe, 21.05.1726).

266 Beide Zitate: StadtA-D, RA 2.1, G XXXII 124o, fol. 5v (Bericht J.A. Rothe, 21.05.1726).

267 StadtA-D, RA 2.1, G XXXII 124p, fol. 268v (J.C. Hoffmann, Monita fiscalia, übergeben am 03.07.1726).

268 Nach Rosseaux 2007a, S. 58f. begann der Gottesdienst in der Kreuzkirche im Jahre 1734 um sechs Uhr.

269 StA-D, 10024 Geheimer Rat (Geheimes Archiv), Loc. 9703/1, fol. 49r (Aussage H.J.Bauer, 22.05.1726).

270 Europäischer Staats-Cantzley [3], S. 558.

271 Alle Zitate in diesem Absatz: StA-D, 10024 Geheimer Rat (Geheimes Archiv), Loc. 9703/1, fol. 129v und 130r (Aussage S. Göbler, 24.05.1726).

272 StA D, 10079 Landesregierung, Loc. 30586 Die Ermordung..., fol. 67v (Landesregierung an Magistrat, 15.07.1726).

273 StadtA-D, RA 2.1, G XXXII 124p, fol. 269r (J.C. Hoffmann, Monita fiscalia, übergeben am 03.07.1726).

274 StA-D, 10024 Geheimer Rat (Geheimes Archiv), Loc. 9703/1, fol. 51rv (Aussage G. Martin, 22.05.1726)

275 StA-D, 10024 Geheimer Rat (Geheimes Archiv), Loc. 9703/1, fol. 130r (Aussage S. Göbler, 24.05.1726).

276 StA-D, 10024 Geheimer Rat (Geheimes Archiv), Loc. 9703/1, fol. 127r (Aussagen B. Rystel, 24.05.1726).

277 Siehe ferner: StA-D, 10024 Geheimer Rat (Geheimes Archiv), Loc. 9703/1, 128r (Aussage G.A. Braun [?], 24.05.1726).

278 StA-D, 10024 Geheimer Rat (Geheimes Archiv), Loc. 9703/1, fol. 130v (Aussage S. Göbler, 24.05.1726).

279 Wie Davis 1987, S. 188-193 zeigt, boten gerade der Gottesdienst, die Prozessionen sowie die Sakramente Anlass für gewalttätige Auseinandersetzungen zwischen den Anhängern unterschiedlicher Konfessionen. Einen ähnlich gelagerten Fall, bei dem katholische Reitknechte tatsächlich einen protestantischen Gottesdienst sprengten, gibt der Historiker Josef Leeb wieder: »Am 23. September 1582, einem Sonntag, drei Tage nach dem offiziellen Abschluss des Reichstags, flanierten zwei Reitknechte aus dem Gefolge des päpstlichen Legaten Ludovico Madruzzo durch die Straßen Augsburgs. Vor der protestantischen Heilig-Kreuz-Kirche, in der gerade die sonntägliche Mittagspredigt gehalten wurde, blieben sie stehen und verwehrten Augsburger Bürgern gewaltsam den Zutritt – nach einem hessischen Bericht mit den Worten, ›was sie inn der teuffelßkirchen thun wollenn‹. Anschließend drangen sie mit gezücktem Schwert und gespannter Büchse in die Kirche ein, belästigten die Gottesdienstbesucher, fielen dem protestantischen Prediger ins Wort und versuchten, ihn von der Kanzel zu ziehen. Der Vorfall, bei dem eine Frau in der Kirche verletzt wurde, löste innerhalb der Augsburger Bürgerschaft spontan einen Tumult aus. Die Menge zog vor die Herberge des päpstlichen Legaten, gegen den sich der Zorn primär richtete. Ein Eskalieren des Aufruhrs konnte nur durch das Eingreifen der Augsburger Stadtwache und die Intervention des Stadtpflegers Anton Christoph Rehlinger unterbunden werden«. (Leeb 2007, S. 171.)

280 Zitat und beide Aussagen: StA-D, 10024 Geheimer Rat (Geheimes Archiv), Loc. 9703/1, fol. 124r (Registratur, 22.05.1726).

281 StadtA-D, RA 2.1, G XXXII 124o, fol. 39ar (Aussage von J.G. Liebeskind, 23.05.1726).

282 StadtA-D, RA 2.1, G XXXII 124o, fol. 39ar (Aussage von J.G. Liebeskind, 23.05.1726).

283 Europäischer Staats-Cantzley [3], S. 559.
284 Europäischer Staats-Cantzley [3], S. 559.
285 StadtA-D, RA 2.1, G XXXII 124o, fol. 39er (Bericht J.A. Rothe, 22.05.1726).
286 Europäischer Staats-Cantzley [3], S. 559f.; StadtA-D, RA 2.1, G XXXII 124 p, fol. 241r-274r (J.C. Hoffmann, Monita Fiscalia, übergeben am 03.07.1726).
287 Europäischer Staats-Cantzley [3], S. 554.
288 StadtA-D, RA 2.1, G XXXII 124o, fol. 39b v-39cr (Bericht J.A. Rothe, 22.05.1726).
289 Europäischer Staats-Cantzley [3], S. 560f.
290 Europäischer Staats-Cantzley [3], S. 561.
291 Copia Drey besonderer Schreiben, 2. Schreiben.
292 Europäischer Staats-Cantzley [3], S. 562.
293 StadtA-D, RA 2.1, G XXXII 124o, fol. 37r (Registratur, 22.05.1726).
294 Alle Zitate in diesem Absatz: StadtA-D, RA 2.1, G XXXII 124o, fol. 57v-58r (Registratur von Gelarius über die Begehung des Hauses des Sekretärs Nicolai, 22.05.1726).
295 StadtA-D, RA 2.1, G XXXII 124p, fol. 259r-259v (J.C. Hoffmann, Monita Fiscalia, übergeben am 03.07.1726).
296 Beide Zitate: StadtA-D, RA 2.1, G XXXII 124p, fol. 272v (J.C. Hoffmann, Monita Fiscalia, übergeben am 03.07.1726).
297 StadtA-D, RA 2.1 GXXXII., 124o, fol. 37v (Registratur, 22.05.1726).
298 Copia Drey besonderer Schreiben, 2. Schreiben.
299 Europäischer Staats-Cantzley [3], S. 564.
300 Rosseaux 2007a, S. 60-71.
301 Das Betrübte Dreßden [3], S. 32.
302 Rosseaux 2007a, S. 62
303 Das Betrübte Dreßden [3], S. 39.
304 Zwar verbrachte August seit 1717 durchschnittlich mehr Zeit in Dresden als in Polen, aber im Jahre 1726 war dies nicht der Fall (Watanabe-O'Kelly 2002, S. 199). Schuld daran war wohl nicht zuletzt der desolate Gesundheitszustand des Königs. Schwächeanfälle, Ohnmachten und allgemeines Unwohlsein lösten einander ab, ohne dass die Ärzte dem königlichen Patienten Linderung verschaffen konnten. Auch das Gewicht des mittlerweile Sechsundfünfzigjährigen nahm beständig ab, und das trotz gleichbleibender Ernährungsgewohnheiten. 1712 hatte der lebenslustige Herrscher noch stolze 121,4 Kilogramm auf die Waage gebracht, nun waren es nur noch 95,5. Neben heftigen Leibschmerzen klagte er über offene Geschwüre an den Beinen. Die Ärzte waren ratlos. Während die einen auf die Syphilis tippten, spekulierten andere über eine Erkrankung der Verdauungsorgane. Doch trotz Quecksilbereinreibungen und Diäten verbesserte sich der Gesundheitszustand des Herrschers nicht. Die Entzündungen und eiternde Wunden an den Füßen waren schließlich so schwer, dass Ende des Jahres 1726 sogar eine Zehe des linken Fußes amputiert werden musste (Czok 2006, S. 70; Doubek 2007, S. 123f.). Heute wird vermutet, dass der Monarch an Diabetes erkrankt war.
305 Wegen der dauernden Trennung der Familie spricht Czok 2006, S. 90 von einer »Familie ohne Familienleben«. Kurprinz Friedrich August war beim Vater in Warschau, um sich in die Regierungsgeschäfte einführen zu lassen. Polen war ein Wahlkönigtum und die Thronfolge wollte von langer Hand vorbereitet sein. Hatte man dem Prinzen in seiner Jugend die Landessprache beigebracht, so sollte er nun die politische Landschaft Polens kennen lernen (Czok 2006, S. 69; Europäischer Staats-Cantzley [3], S. 557). Seine Mutter, die Kurfürstin Christiane Eberhardine von Brandenburg-Bayreuthden mied den polnischen Hof dagegen und zog die Abgeschiedenheit von Schloss Pretzsch dem bunten Hofleben vor. Als überzeugte Lutheranerin konnte sie die Konversion von Ehemann und Sohn nicht verwinden; die polnische Krone bedeutete ihr nichts. Selbst den Krönungsfeierlichkeiten blieb sie fern (Czok 2006, S. 91f.). Das königliche Paar lebte also *de facto* seit Jahren getrennt.
306 Prinzessin Maria Josepha, Erzherzogin von Österreich, hielt sich zwar 1726 in Dresden auf, unternahm aber zum Zeitpunkt der Tat gerade eine Reise nach Großenhain (Europäischer Staats-Cantzley [3], S. 557), wo sie an „der grossen Reyher-Beitze" teilnahm (Copia Drey besonderer Schreiben, 1. und 3. Brief).

307 Die einzigen Vertreter der Dynastie, die sich zum Zeitpunkt des Verbrechens in Dresden befanden, waren Augusts Enkelkinder. Sie hielten sich gerade vor den Toren der Stadt auf, genauer gesagt im Türkischen Garten an der Plauischen Gasse. Um sie vor Übergriffen zu schützen, ließ man sie umgehend vom adeligen Kadettenkorps ins Schloss bringen. Obwohl der älteste Sohn des Kronprinzen katholisch getauft worden war, spielte er während der Unruhen anscheinend keine Rolle. Schmähungen gegen seine Person wurden nicht protokolliert. Trotzdem spürte die Obrigkeit die Notwendigkeit, den Wettinern den bestmöglichen Schutz angedeihen zu lassen. Um besser auf die im Schloss untergebrachten ›junge Herrschaft‹ aufpassen zu können, wurde am Taschenberg ein neues Wachhaus errichtet (Europäischer Staats-Cantzley [3], S. 555 und 562).

308 Daßdorf 1782, S. 193.

309 Hoff- und Staats-Calender, [unpaginiert].

310 Während zivile Unruhen die Residenzstadt erschütterten, fand in Leipzig gerade die Ostermesse statt, zu der gewöhnlich August der Starke und seine Minister erwartet wurden (Groß 2004, S. 140). Da diese aber verhindert waren, waren die Geheimräte eingesprungen, um das herrschaftliche Sachsen zu repräsentieren. Am Rande der Messe wurden aber auch diplomatische Verhandlungen durchgeführt, in denen es um den zukünftigen Status des Stifts Naumburg-Zeitz ging, das bis 1718 zur sächsischen Sekundogenitur Sachsen-Zeitz gehört hatte (Köbler 1999, S. 419f.). Erst ein Bericht aus Dresden setzte die Geheimräte über die Geschehnisse in der Residenzstadt in Kenntnis. Er stammte vom Oberkonsistorium, der höchsten Kirchenbehörde, und wurde von drei Räten unterzeichnet (StA-D, Bestand 10024 Loc. 9703/1, fol. 1r-2v und fol. 10v).

311 StA-D, 10024 Geheimer Rat (Geheimes Archiv), Loc. 9703/1, fol. 64r (Schreiben an Manteuffel, 22.05.1726) und Europäischer Staats-Cantzley [3], S. 556.

312 Groß 2006a, S. 48.

313 Groß 2006a, S. 49.

314 Einmal in Dresden angekommen, alarmierte Wackerbarth die landesherrliche Familie; er schickte Stafetten nach Warschau zu König und Kurprinz, zur Königin nach Schloss Pretsch und nach Großenhain zu Prinzessin Maria Josepha; als erster traf jedoch Herzog Johann Adolph II. von Sachsen-Weißenfels – er stammte aus einer Seitenlinie der albertinischen Wettiner – am Abend des 23. Mai in der Elbresidenz ein; fünf Tage später, an demselben Tag, an dem auch die Räte aus Leipzig eintrafen, folgte auch Maria Josepha: »Abends halb 7 Uhr sind Ihro Königliche Hoheit die Durchleuchtige Chur-Prinzessin aus Grossen-Hayn nebst Dero gewöhnlichen Suite unter einer Bedeckung reuthender Trabanten hier ankommen und von höchst-gedachter Seiner excellenz dem Herrn Grafen von Wackerparth mit etlichen 40 Mann der Königlichen Guarde des Chevalliers ein gut Stück Weges über Alt-Dreßden vorm Weissen-Thor eingeholet und ins Schloss concomitiret worden« (Europäischer Staats-Cantzley [3], S. 576). Eine konventionelle Ankunftsszene. Das Hofprotokoll wurde beachtet, Normalität wurde demonstriert. Die Dynastie war wieder in der Residenz präsent, wenngleich auch nicht in Gestalt des Monarchen.

315 Europäischer Staats-Cantzley [3], S. 576.

316 Mittag 1737, S. 82.

317 StA-D, 10024 Geheimer Rat (Geheimes Archiv), Loc. 9703/1, fol. 427r (Aktenvermerk, 04.09.1726) und fol. 493rv (Protokollauszug, 10.12.1726).

318 Groß 2006a, S. 46f.

319 Europäischer Staats-Cantzley [3], S. 555 und 565.

320 StA-D, 10024 Geheimer Rat (Geheimes Archiv), Loc. 9703/1, fol. 64r (Wackerbarth an Manteuffel, 22.05.1726).

321 StA-D, 10024 Geheimer Rat (Geheimes Archiv), Loc. 9703/1, fol. 64v (Wackerbarth an Manteuffel, 22.05.1726).

322 StA-D, 10024 Geheimer Rat (Geheimes Archiv), Loc. 9703/1, fol. 63v (Wackerbarth an Seebach, 22.05.1726).

323 StA-D, 10024 Geheimer Rat (Geheimes Archiv), Loc. 9703/1, fol. 63r (Wackerbarth an Seebach, 22.05.1726).

324 StA-D, 10024 Geheimer Rat (Geheimes Archiv), Loc. 9703/1, fol. 66r (Wackerbarth an Seebach, 22.05.1726).

325 Europäischer Staats-Cantzley [3], S. 555 und 565.
326 »Auf dem Altenmarckt waren [sie] bey dem Graf Reußischen Hause, an der See- und Weber-Gaß Ecken, an der Scheffel-Gassen, Wilsdorffer- und Schloß-Gassen, beym Veltheimischen Hause, ingleichen Schösser-Gassen, bey des Berg-Raths Bussi Hause, an der Badstuben, beym Schönbergischen hause, in der Schloss-Gassen, an der grossen und kleinen Brüder-Gassen, am Taschenberg, bey der Catholischen Kirchen, im Closter auf der Brüder-Gassen, hintern Brod-Bäncken, beym Rügerischen hause, beym Brod-Bancken am Mildnerischen Hause, beym alten Regiments-Hause, am Jüden-Hof und dem Vallhaus, auch vielen andern Orten mehr« (Europäischer Staats-Cantzley [3], S. 565).
327 Europäischer Staats-Cantzley [3], S. 557-571.
328 StA-D, 10024 Geheimer Rat (Geheimes Archiv), Loc. 9703/1, fol. 94r (Bünau an einen namentlich nicht genannten Geheimrat, 26.05.1726).
329 Europäischer Staats-Cantzley [3], S. 570.
330 Europäischer Staats-Cantzley [3], S. 576.
331 Alle Zitate in diesem Absatz: StA-D, 10079 Landesregierung, Loc. 30586 Die Ermordung..., fol. 93rv (Schreiben, 28.05.1726).
332 StadtA-D, R.A. 2.1 G XXXII, 124p, fol. 251r, 252r, 251v und 254rv (J.C. Hoffmann, Monita fiscalia, übergeben am 03.07.1726).
333 Die folgenden Zitate in diesem Kapitel: StadtA-D, R.A. 2.1 G XXXII, 124o, fol. 39cv-39fr. (Bericht J.A. Rothe, 22.05.1726).
334 Des Betrübten Dreßden's Zweyter Theil [6], [unpaginiert].
335 Schwerhoff 1999, S. 122 und 161.
336 Besonders in der angelsächsischen Geschichtswissenschaft machten solche Ansätze Furore. E. P. Thompson und andere britische Historiker beschäftigten sich mit kollektiven Formen des Protests, die sich gegen eine zunehmend kapitalistische Wirtschaftsordnung richteten. Gesetzesverstöße wie Wilderei, Schmuggel, Brandstiftung oder Holzdiebstahl wurden dagegen als verdeckte Formen von Protest betrachtet (Schwerhoff 1999, S. 19). Aber auch Formen kollektiver Gewalt wurden unter die Lupe genommen. Natalie Zemon Davis und E.P. Thompson stellten beispielsweise die Frage, weshalb die Masse ihre Handlungen als legitim und bedeutsam betrachtete bzw. welche Rolle Konzepte von Gemeinschaft für die Motivation der Demonstranten spielten (vgl. Desan 1989, S. 56).
337 Desan 1989, S. 65-70.
338 StA-D, 10079 Landesregierung, Loc. 30586 Die Ermordung..., fol. 15r (Magistrat an Landesregierung, 25.05.1726).
339 Copia Drey besonderer Schreiben, 2. Schreiben.
340 Desan 1989, S. 63f.; Davis 1987, S. 203.
341 Der Magistrat wies seine Bedienten noch während der Ausschreitungen an »auf die Rädelsführer und ihre Gehülffen genau acht zu haben, sie der Kleidung, Gesichte und Statur nach wohl zu mercken und, wenn sie nicht gar zu starck bey einander stehen oder sonst bey guter gelegenheit, sie arrestieren zu laßen.« StadtA D, RA 2.1, G XXXII 124o, fol. 39cr (Bericht J.A. Rothe, 22.05.1726).
342 Die folgende Darstellung stützt sich auf zwei Listen, die die Namen und Berufsangaben der Inhaftierten aufzählen (StadtA-D, RA 2.1, G XXXII 124o, fol. 54r-55v). Die Geburtsorte und das Alter der Personen tauchen dagegen auf diesen Listen nicht auf, wurde aber teilweise im Zusammenhang mit den Verhören angegeben.
343 Die aufschlussreichste Quelle hierfür sind die Monita Fiscalia, die der Kammerprokurator Johann Christian Hoffmann als ›Staatsanwalt‹ anfertigte, und das Urteil des Schöppenstuhls Leipzig. Sie geben die Verhörprotokolle nochmals in kondensierter Form wieder, enthalten aber auch schon die juristische Bewertung der aufgeführten Taten. Ihre Auswertung vermag anzudeuten, welche Motive die Täter antrieben.
344 Burke 1996, S. 197-215.
345 StadtA-D, RA 2.1, G XXXII 124p, 246v (J.C. Hoffmann, Monita fiscalia, übergeben am 03.07.1726).
346 StA-D, 10079 Landesregierung, Loc. 30586 Die Ermordung..., fol. 159v (Urteil Schöppenstuhl Leipzig, 18.09.1726).
347 StadtA-D, RA 2.1, G XXXII 124p, fol. 246v (J.C. Hoffmann, Monita fiscalia, übergeben am 03.07.1726).

348 StA-D, 10079 Landesregierung, Loc. 30586 Die Ermordung..., fol. 161v (Urteil Schöppenstuhl Leipzig, 18.09.1726).
349 StadtA-D, RA 2.1, G XXXII 124p, fol. 247v (J.C. Hoffmann, Monita fiscalia, übergeben am 03.07.1726); StA-D, 10079 Landesregierung, Loc. 30586 Die Ermordung..., fol. 161v (Urteil Schöppenstuhl Leipzig, 18.09.1726).
350 StA-D, 10079 Landesregierung, Loc. 30586 Die Ermordung..., fol. 161r (Urteil Schöppenstuhl Leipzig, 18.09.1726).
351 StadtA-D, G. XXXII. 124p, fol. 13v-14v (Aussage J.G. Wolff, 27. Mai 1726).
352 StadtA-D, G. XXXII. 124p, fol. 13v-14v (Aussage J.G. Wolff, 27. Mai 1726).
353 StadtA-D, G. XXXII. 124p, fol. 13v-14v (Aussage J.G. Wolff, 27. Mai 1726).
354 StadtA-D, G. XXXII. 124p, fol. 13v-14v (Aussage J.G. Wolff, 27. Mai 1726).
355 StA-D, 10079 Landesregierung, Loc. 30586 Die Ermordung..., fol. 160v (Urteil Schöppenstuhl Leipzig, 18.09.1726).
356 StA-D, 10079 Landesregierung, Loc. 30586 Die Ermordung..., fol. 162v (Urteil Schöppenstuhl Leipzig, 18.09.1726).
357 StA-D, 10079 Landesregierung, Loc. 30586 Die Ermordung..., fol. 153r (Urteil Schöppenstuhl Leipzig, 18.09.1726).
358 StA-D, 10079 Landesregierung, Loc. 30586 Die Ermordung..., fol. 164r (Urteil Schöppenstuhl Leipzig, 18.09.1726).
359 StA-D, 10079 Landesregierung, Loc. 30586 Die Ermordung..., fol. 165v und 166v (Urteil Schöppenstuhl Leipzig, 18.09.1726).
360 StA-D, 10079 Landesregierung, Loc. 30586 Die Ermordung..., fol. 165v (Urteil Schöppenstuhl Leipzig, 18.09.1726).
361 StA-D, 10079 Landesregierung, Loc. 30586 Die Ermordung..., fol. 166rv (Urteil Schöppenstuhl Leipzig, 18.09.1726).
362 StA-D, 10079 Landesregierung, Loc. 30586 Die Ermordung..., fol. 168v (Urteil Schöppenstuhl Leipzig, 18.09.1726).
363 StA-D, 10079 Landesregierung, Loc. 30586 Die Ermordung..., fol. 169v (Urteil Schöppenstuhl Leipzig, 18.09.1726).
364 Da die drei Verdächtigen nicht geständig waren, hielt der Schöppenstuhl Leipzig das peinliche Verfahren gegen sie für angebracht. Es sei angemessen, »die dem Scharff Richter auff diese Maße zu untergeben, daß er sie mag ausziehen, entblößen, zur Leiter führen, die zur Peinlichkeit gehörige Instrumenta anzeigen, die Daumenstöcke anlegen und damit zuschrauben, jedoch daß es bey dem, wiejezt gedacht, verbleibe und mit denen Inquisiten weiter nichts vorgenommen werde«. StA-D, 10079 Landesregierung, Loc. 30586 Die Ermordung..., fol. 171rv (Urteil Schöppenstuhl Leipzig, 18.09.1726). Die Foltermethoden, die der Scharfrichter anwenden durfte, wurden also genau vorgegeben. Die Prozedur diente der Wahrheitsfindung, nicht der Strafe; den Verdächtigen sollte ein genau definierter Katalog von Fragen vorgelegt werden, den sie zu beantworten hatten. Letztlich machte der Magistrat von dem peinlichen Verhör jedoch keinen Gebrauch. Lediglich Haupt wurde es angedroht, woraufhin dieser sich sogleich sehr viel kooperativer zeigte und weitere Tumultuanten ans Messer lieferte. Die Daumenschrauben kamen aber letztlich nicht zum Einsatz.
365 Zum Rädelsführermotiv siehe Blickle 1990 und Würgler 1999, 324f.
366 StadtA-D, G. XXXII. 124 o, fol. 58v-60v (Registratur von Gelarius über die Begehung des Hauses des Sekretärs Nicolai, 22.05.1726).
367 StadtA-D, G. XXXII. 124 o, fol. 58v-60v (Registratur von Gelarius über die Begehung des Hauses des Sekretärs Nicolai, 22.05.1726).
368 StadtA-D, G. XXXII. 124 o, fol. 58v-60v (Registratur von Gelarius über die Begehung des Hauses des Sekretärs Nicolai, 22.05.1726).
369 Europäischer Staats-Cantzley [3], S. 559.
370 Copia Drey besonderer Schreiben, 3. Schreiben.
371 StA-D, 10079 Landesregierung, Loc. 30586 Die Ermordung..., fol. 122v (Magistrat an Landesregierung 06.07.1726).
372 Wozel 2006, S. 740.

373 StA-D, 10079 Landesregierung, Loc. 30586 Die Ermordung..., fol. 122v (Magistrat an Landesregierung, 06.07.1726).
374 StA-D, 10079 Landesregierung, Loc. 30586 Die Ermordung..., fol. 128v-129r (Magistrat an Landesregierung, 06.07.1726).
375 Schwerhoff 1999, S. 66.
376 StadtA-D, RA 2.1, G XXXII 124p, fol. 262v-263r (J.C. Hoffmann, Monita fiscalia, übergeben am 03.07.1726).
377 StadtA-D, RA 2.1, G XXXII 124p, fol. 263v-264r (J.C. Hoffmann, Monita fiscalia, übergeben am 03.07.1726).
378 Johann Michael Loen, Des Herrn von Loen gesammelte Kleine Schriften. Besorgt und heraus gegeben von J.C. Schneidern. Erster Theil. Moralische Schildereyen. Dritter Abschnitt, Frankfurt am Main und Leipzig 1750, S. 67; zit. n. Rosseaux 2007a, S. 73.
379 Hinrichs 1991, S. 440; Burgard 1998, S. 116f.
380 Hinrichs 1991, S. 448.
381 Hinrichs 1991, S. 454-457.
382 Desan 1989, S. 63f.; Davis 1987, S. 203; Hinrichs 1991, S. 453.
383 Schwerhoff 1999, S. 24.
384 Davis 1987, S. 184-188.
385 Grimm 1952, Sp. 1763.
386 Grimm 1952, Sp. 1764.
387 StA-D, 10079 Landesregierung, Loc. 30586 Die Ermordung..., fol. 7r (Landesregierung an Magistrat, 27.05.1727).
388 StA-D, 10079 Landesregierung, Loc. 30586 Die Ermordung..., fol. 130v (Anlage zum königlichen Reskript, 16.07.1727).
389 StA-D, 10079 Landesregierung, Loc. 30586 Die Ermordung..., fol. 13v (Magistrat an Landesregierung, 25.05.1727), fol. 93r (Konsilium an Landesregierung, 04.06.1726) und fol. 9r (Magistrat an Landesregierung, 24.05.1727).
390 Petzoldt 2001, S. 141ff.
391 Marperger 1726a, S. 50.
392 Marperger 1726a, S. 50.
393 Marperger 1726a, S. 55.
394 Marperger 1726a, S. 56.
395 Des Betrübten Dreßden's Zweyter Theil [16], S. 4.
396 Beide Zitate: Des Betrübten Dreßden's Zweyter Theil [16], S. 4.
397 Des Betrübten Dreßden's Zweyter Theil [16], S. 5.
398 Des Betrübten Dreßden's Zweyter Theil [16], S. 6.
399 Blickle 1990, S. 80-84; Schwerhoff 1999, S. 146f.
400 StA-D, 10024 Geheimer Rat (Geheimes Archiv), Loc. 9703/1, fol. 131r (Verordnung vom 22.05.1726).
401 StadtA-D, RA 2.1, G XXXII, 124o, fol. 39br (Bericht J.A. Rothe, 22.05.1726).
402 StA-D, 10079 Landesregierung, Loc. 30586 Die Ermordung..., fol. 20r (Landesregierung an Magistrat, 28.05.1726).
403 StA-D, 10079 Landesregierung, Loc. 30586 Die Ermordung..., nach fol. 26 (Patent vom 27.05.1726, Druck).
404 StA-D, 10024 Geheimer Rat (Geheimes Archiv), Loc. 9703/1, fol. 358r-360v (Mandat vom 02.07.1726).
405 Noch am 2. Juli besorgte die Buchdruckerei Stößel den Druck. Zur Verbreitung der neuen Regelung ergingen entsprechende Anweisungen an zahlreiche landesherrliche Behörden, so etwa am 25. Juli an das Geheime Kriegsratskollegium, das Generalakzisekollegium, das Oberrechnungskollegium, den Oberhofjägermeister und das Oberbauamt sowie an das Kammerkollegium, die Landesregierung, das Appellationsgericht und den Steuerobereinnehmer [StA-D, 10024 Geheimer Rat (Geheimes Archiv), Loc. 9703/1, fol. 348r-349v und 355r (Konsilium an das Geheime Kriegsratskollegium, das Kammerkollegium, die Landesregierung, das Appellationsgericht, den Steuerobereinnehmer, das Generalakzi-

sekollegium, das Oberrechnungskollegium, den Oberhofjägermeister und das Oberbauamt, 25.07.1726)]. Auch der Herzog von Sachsen-Weißenfels und die Stiftsregierung zu Zeitz erhielten Abschriften, um sie in ihren Landesteilen zu veröffentlichen, genauso der Oberamtshauptmann Vitzthum von Eckstädt [StA-D, 10024 Geheimer Rat (Geheimes Archiv), Loc. 9703/1, fol. 356rv, 357r und 361r (Konsilium an den Herzog zu Sachsen-Weißenfels, 25.06.1726, an die Stiftsregierung Zeitz, 25.06.1726 und den Oberamtshauptmann Vitzthum von Eckstädt, 25.06.1726)]. Das Mandat fand aber auch außerhalb Sachsens Verbreitung; so rückte es etwa Anton Faber in den 1726 erschienenen Band seiner *Europäischen Staats-Cantzley* als Teil der Dokumentation über den Fall Laubler und die Unruhen in Dresden ein [Europäischer Staats-Cantzley [5]].

406 StA-D, 10024 Geheimer Rat (Geheimes Archiv), Loc. 9703/1, fol. 358r-360v (Mandat vom 02.07.1726).

407 StA-D, 10024 Geheimer Rat (Geheimes Archiv), Loc. 9703/1, fol. 358r-360v (Mandat vom 02.07.1726).

408 StA-D, 10024 Geheimer Rat (Geheimes Archiv), Loc. 9703/1, fol. 318v und 319r (Entwurf zum Mandat vom 02.07.1726).

409 StA-D, 10024 Geheimer Rat (Geheimes Archiv), Loc. 9703/1, fol. 316r (Entwurf zum Mandat vom 02.07.1726); der Entwurf sprach dagegen nur im Zusammenhang mit der Ermittlung des Strafmaßes von Landfriedensbruch und Rebellion.

410 StA-D, 10024 Geheimer Rat (Geheimes Archiv), Loc. 9703/1, fol. 358v (Mandat vom 02.07.1726).

411 StA-D, 10024 Geheimer Rat (Geheimes Archiv), Loc. 9703/1, fol. 359v (Mandat vom 02.07.1726).

412 HStADD, 10024 Geheimer Rat (Geheimes Archiv), Loc. 9703/1, fol. 78r (Seebach an Wackerbarth, 24.05.1726).

413 StA-D, 10024 Geheimer Rat (Geheimes Archiv), Loc. 9703/1, fol. 260r-261r (anonymes Schreiben, 23.05.1726).

414 StA-D, 10024 Geheimer Rat (Geheimes Archiv), Loc. 9703/1, fol. 264r (Nachricht, o.D. [um 24.05.1726]).

415 StA-D, 10024 Geheimer Rat (Geheimes Archiv), Loc. 9703/1, fol. 266v (anonymes Schreiben, 24.05.1726).

416 Zur Rolle von Gerüchten in frühneuzeitlichen Verfahren: Schwerhoff 1999, S. 107-111.

417 StA-D, 10024 Geheimer Rat (Geheimes Archiv), Loc. 9703/1, fol. 159v (Schönberg an das Konsilium, 10.06.1726).

418 Europäischer Staats-Cantzley [2], [unpaginiert].

419 Europäischer Staats-Cantzley [2], [unpaginiert].

420 StA-D, 10024 Geheimer Rat (Geheimes Archiv), Loc. 9703/1, fol. 159v (Schönberg an das Konsilium, 10.06.1726).

421 StA-D, 10024 Geheimer Rat (Geheimes Archiv), Loc. 9703/3, [unpaginiert] (Schönberg an das Konsilium, 16.08.1726).

422 StA-D, 10024 Geheimer Rat (Geheimes Archiv), Loc. 9703/3, [unpaginiert] (Schönberg an das Konsilium, 10.07.1726).

423 StA-D, 10024 Geheimer Rat (Geheimes Archiv), Loc. 9703/1, fol. 114r (Auszug aus der Relation von P.A. Lehmann, 29.05.1726).

424 StA-D, 10024 Geheimer Rat (Geheimes Archiv), Loc. 9703/1, fol. 151r (Auszug aus der Relation von P.A. Lehmann, 01.07.1726).

425 StA-D, 10024 Geheimer Rat (Geheimes Archiv), Loc. 9703/1, fol. 159v (Schönberg an das Konsilium, 10.06.1726).

426 StA-D, 10024 Geheimer Rat (Geheimes Archiv), Loc. 9703/1, fol. 153r (Loß an Everdt, 03.06.1726).

427 Leipziger Post-Zeitungen, III. Stück der XXIII. Woche, 05.06.1726, S. 359; I. Stück der XXX. Woche, 22.06.1726, S. 464; I. Stück der XXXIII. Woche, 12.08.1726, S. 512; Extract derer in der XXXIII. Woche des 1726 Jahres eingelauffenen Nouvellen, 09.08.1726, S. 128. StA-D, 10024 Geheimer Rat (Geheimes Archiv), Loc. 9703/1, fol. 343rv (Bericht über Laublers Hinrichtung, 19.07.1726), fol. 377rv (Bericht über die Hinrichtung von Tumultuanten, 06.08.1726) und fol. 382r-383r (Bericht über die Hinrichtung weiterer Tumultuanten, 09.08.1726).

428 StA-D, 10024 Geheimer Rat (Geheimes Archiv), Loc. 9703/1, fol. 301r (Seebach an Manteuffel, 01.07.1726).

429 StA-D, 10079 Landesregierung, Loc. 30586 Die Ermordung..., fol. 118v (Konsilium an Landesregierung, 10.07.1726).

430 StA-D, 10024 Geheimer Rat (Geheimes Archiv), Loc. 9703/1, fol. 388r-389v (Patent wider die falschen Zeitungen (Entwurf), 10.08.1726) und fol. 496v und 497r (Druck des Patents, 31.08.1726).

431 StA-D, 10024 Geheimer Rat (Geheimes Archiv), Loc. 9703/3, [unpaginiert] (Ohmaßgebliche Bedencken, 14.07.1726).

432 StA-D, 10024 Geheimer Rat (Geheimes Archiv), Loc. 9703/3, [unpaginiert] (Konsilium an Landesregierung, o.D.). Inwiefern diese Anweisung bereits den Erlass vom 20. Oktober 1726 gegen den Gebrauch des sogenannten Elenchus betraf, bleibt ungewiss; vgl. hierzu Petzold 2001, S. 143.

433 StA-D, 10024 Geheimer Rat (Geheimes Archiv), Loc. 9703/1, fol. 77v-78r (Seebach an Wackerbarth, 24.05.1726).

434 Erste Pläne für eine solche offizielle Darstellung finden sich sogar bereits kurz nach den Ereignissen. Schon am 24. Mai bat Seebach den Grafen Wackerbarth aus Leipzig, einen Bericht anfertigen zu lassen. Dieser erklärt sich zwar zur Mitarbeit bereit, die Initiative verlief dennoch im Sande. StA-D, 10024 Geheimer Rat (Geheimes Archiv), Loc. 9703/1, fol. 111r-112r (Wackerbarth an Seebach, 29.05.1726).

435 StA-D, 10024 Geheimer Rat (Geheimes Archiv), Loc. 9703/1, fol. 380rv (Konsilium an Landesregierung, 07.08.1726).

436 Alle Zitate in diesem Absatz: StA-D, 10024 Geheimer Rat (Geheimes Archiv), Loc. 9703/1, fol. 394v-396v (J.C. Benemann an das Konsilium, 29.08.1726).

437 StA-D, 10024 Geheimer Rat (Geheimes Archiv), Loc. 9703/1, fol. 399r (J.C. Benemann, Actenmäßige Relation, eingereicht am 29.08.1726).

438 StA-D, 10024 Geheimer Rat (Geheimes Archiv), Loc. 9703/1, fol. 423r (J.C. Benemann, Actenmäßige Relation, eingereicht am 29.08.1726).

439 Schon seit dem 17. Jahrhundert wurden Auszüge aus Akten in Druck befördert, etwa solche über Prozesse gegen spektakuläre Räuber oder Diebe (Schwerhoff 1999, S. 37 und 41), aber auch andere rechtliche Auseinandersetzungen. Die ›actenmäßigen Relationen‹ sind jedoch, soweit ich sehe, als eigenständiger Typus weitgehend unerforscht. Formell erinnern manche von ihnen an die sogenannten Märtyrerakten; siehe Burschel 2004, S. 39ff. Mehr zu diesen Berichten demnächst bei Bellingradt [o.J.].

440 StA-D, 10024 Geheimer Rat (Geheimes Archiv), Loc. 9703/1, fol. 423r (J.C. Benemann, Actenmäßige Relation, eingereicht am 29.08.1726).

441 StA-D, 10024 Geheimer Rat (Geheimes Archiv), Loc. 9703/1, fol. 426r (Konsilium an Landesregierung, 02.09.1726).

442 StA-D, 10024 Geheimer Rat (Geheimes Archiv), Loc. 9703/1, fol. 433r-441v (Landesregierung an Konsilium, 21.09.1726).

443 StA-D, 10024 Geheimer Rat (Geheimes Archiv), Loc. 9703/1, fol. 433v (Landesregierung an Konsilium, 21.09.1726).

444 StA-D, 10024 Geheimer Rat (Geheimes Archiv), Loc. 9703/1, fol. 433r (Landesregierung an Konsilium, 21.09.1726).

445 StA-D, 10024 Geheimer Rat (Geheimes Archiv), Loc. 9703/1, fol. 438v (Landesregierung an Konsilium, 21.09.1726).

446 StA-D, 10024 Geheimer Rat (Geheimes Archiv), Loc. 9703/1, fol. 439r (Landesregierung an Konsilium, 21.09.1726).

447 StA-D, 10024 Geheimer Rat (Geheimes Archiv), Loc. 9703/1, fol. 439r (Landesregierung an Konsilium, 21.09.1726).

448 StA-D, 10024 Geheimer Rat (Geheimes Archiv), Loc. 9703/1, fol. 439v (Landesregierung an Konsilium, 21.09.1726).

449 StA-D, 10024 Geheimer Rat (Geheimes Archiv), Loc. 9703/1, fol. 440r (Landesregierung an Konsilium, 21.09.1726).

450 StA-D, 10024 Geheimer Rat (Geheimes Archiv), Loc. 9703/1, fol. 442r-444r (Landesregierung an Konsilium, 21.09.1726).
451 StA-D, 10024 Geheimer Rat (Geheimes Archiv), Loc. 9703/1, fol. 442v (Landesregierung an Konsilium, 21.09.1726).
452 StA-D, 10024 Geheimer Rat (Geheimes Archiv), Loc. 9703/1, fol. 443r (Landesregierung an Konsilium, 21.09.1726).
453 StA-D, 10024 Geheimer Rat (Geheimes Archiv), Loc. 9703/1, fol. 509v (Konsilium an Landesregierung, 15.01.1727).
454 Das Betrübte Dreßden [3], S. 29, 40 und 48.
455 Das Betrübte Dreßden [3], S. 1.
456 Das Betrübte Dreßden [3], S. 11.
457 Das Betrübte Dreßden [3], S. 10.
458 Das Betrübte Dreßden [3], S. 60.
459 Zedler 1732, Sp. 778.
460 Das Betrübte Dreßden [3], S. 60.
461 Das Betrübte Dreßden [1], [unpaginiert].
462 Das Betrübte Dreßden [3], S. 30.
463 Das Betrübte Dreßden [3], S. 22.
464 Das Betrübte Dreßden [3], S. 6.
465 StA-D, 10684 Stadtgericht Dresden Nr. 111, fol. 73rv (Aussage G. Neuhäusel, 24.05.1726).
466 Des Betrübten Dreßden's Zweyter Theil [2], S. 5.
467 Das Betrübte Dreßden [3], S. 26, ähnlich auch S. 47.
468 Entsetzliche und in zwey hundert Jahren, [unpaginiert].
469 Das Betrübte Dreßden [3], S. 15.
470 Des Betrübten Dreßden's Zweyter Theil [6], Thränen der Stadt Dreßden über den Tod dero treuen lehrers M. Hermann Joachim Hahns [unpaginiert].
471 Das Betrübte Dreßden [3], S. 19 und 48.
472 Des Betrübten Dreßden's Zweyter Theil [14].
473 Des Betrübten Dreßden's Zweyter Theil [6], Des erbärmlich ermordeten M. Herrmann Joachim Hahns Anrede an die Stadt Dreßden [...] [unpaginiert].
474 Das Betrübte Dreßden [3], S. 30.
475 Schulze Wessel 2002, S. 70. Hierzu demnächst ausführlich Bellingradt [o.J.], Kapitel 1.4.
476 Das Betrübte Dreßden [3], S. 35.
477 Das Betrübte Dreßden [3], S. 15.
478 StA-D, 10024 Geheimer Rat (Geheimes Archiv), Loc. 9703/3 [unpaginiert] (Ohnmassgebliches Bedencken, 03.06.1726).
479 Alle Zitate in diesem Absatz: StA-D, 10024 Geheimer Rat (Geheimes Archiv), Loc. 9703/3 [unpaginiert] (Ohnmaßgebliche Bedencken, 14.06.1726).
480 StA-D, 10024 Geheimer Rat (Geheimes Archiv), Loc. 9703/3 [unpaginiert] (Ohnmaßgebliche Bedencken, 14.06.1726).
481 StA-D, 10684 Stadtgericht Dresden Nr. 111, fol. 272rv (Urteil Schöppenstuhl Leipzig, um 06.07.1726).
482 Als Referenzen werden Buch 2 Artikel 13 Sächsisches Recht, Artikel 137 der Carolina und das kanonische Recht aufgeführt. [StA-D, 10684 Stadtgericht Dresden Nr. 111, fol. 267v-271r (Urteil Schöppenstuhl Leipzig, um 06.07.1726)]
483 StA-D, 10684 Stadtgericht Dresden Nr. 111, fol. 274r-276r (Protokoll S.T. Gelanius, 13.07.1726).
484 StA-D, 10684 Stadtgericht Dresden Nr. 111, fol. 281r (Protokoll S.T. Gelanius, 15.07.1726).
485 StA-D, 10684 Stadtgericht Dresden Nr. 111, fol. 282r (Protokoll S.T. Gelanius, 15.07.1726).
486 StA-D, 10684 Stadtgericht Dresden Nr. 111, fol. 284r (Protokoll S.T. Gelanius, 15.07.1726).
487 StA-D, 10684 Stadtgericht Dresden Nr. 111, fol. 284v (Protokoll S.T. Gelanius, 15.07.1726).
488 StA-D, 10684 Stadtgericht Dresden Nr. 111, fol. 287v (Protokoll S.T. Gelanius, 16.07.1726).
489 Des Betrübten Dreßden's Zweyter Theil [10], [unpaginiert].
490 Des Betrübten Dreßden's Zweyter Theil [9], S. 11.

491 Zur Geschichte der Todesstrafe siehe Foucault 1994; Martschukat 2000; Schwerhoff 1999, S. 99-102 und 126ff.
492 Des Betrübten Dreßden's Zweyter Theil [9], S. 9.
493 StA-D, 10024 Geheimer Rat (Geheimes Archiv), Loc. 9703/1, fol. 187r (Ohnmaßgebliche Bedencken, 14.06.1726).
494 Beutel 1905, S. 4.
495 Des Betrübten Dreßden's Zweyter Theil [9], S. 12.
496 Des Betrübten Dreßden's Zweyter Theil [9], S. 9f.
497 Des Betrübten Dreßden's Zweyter Theil [9], S. 10.
498 Des Betrübten Dreßden's Zweyter Theil [9], S. 10f.
499 Bredekamp 2001, S. 114.
500 Des Betrübten Dreßden's Zweyter Theil [9], S. 16.
501 Des Betrübten Dreßden's Zweyter Theil [10], [unpaginiert].
502 Europäischer Staats-Cantzley [4], S. 579.
503 Der An dem weyland, S. 4.
504 Für diesen Hinweis danke ich Prof. Schwerhoff.
505 Des Betrübten Dreßden's Zweyter Theil [9], S. 18.
506 Schwerhoff 2006, S. 69.
507 StA-D, 10024 Geheimer Rat (Geheimes Archiv), Loc. 9703/1, fol. 377rv (namentlich nicht gezeichneter Bericht, 06.08.1726).
508 StA-D, 10024 Geheimer Rat (Geheimes Archiv), Loc. 9703/1, fol. 382r-383r (namentlich nicht gezeichneter Bericht, 09.08.1726).
509 StA-D, 10079 Landesregierung, Loc. 30586 Die Ermordung..., fol. 258r (Magistrats an Landesregierung, 27.11.1727 und Landesregierung an Magistrat, 28.11.1727).
510 StA-D, 10079 Landesregierung, Loc. 30586 Die Ermordung..., fol. 260r (Urteil der Juristenfakultät Wittenberg, [Mai 1727]).
511 Schwerhoff 1999, S. 103; Schwerhoff 2006.
512 StA-D, 10079 Landesregierung, Loc. 30586 Die Ermordung..., fol. 262rv sowie 267r (Landesregierung an Konsilium, 10.12.1727).
513 StA-D, 10079 Landesregierung, Loc. 30586 Die Ermordung..., fol. 262v (Landesregierung an Konsilium, 10.12.1727).
514 StA-D, 10079 Landesregierung, Loc. 30586 Die Ermordung..., fol. 262v (Landesregierung an Konsilium, 10.12.1727).
515 StA-D, 10079 Landesregierung, Loc. 30586 Die Ermordung..., fol. 267r (Landesregierung an Konsilium, 10.12.1727).
516 StA-D, 10079 Landesregierung, Loc. 30586 Die Ermordung..., fol. 263r (Konsiliums an Landesregierung, 26.02.1728).
517 StA-D, 10079 Landesregierung, Loc. 30586 Die Ermordung... [unpaginiert] (Petition Struppe, 14.10.1732).
518 StA-D, 10079 Landesregierung, Loc. 30586 Die Ermordung..., fol. 152r (Magistrat an Landesregierung, 30.09.1726).
519 Die Landesregierung erhielt das Urteil nach zwei Monaten vom Konsilium eröffnet zurück; ebd. fol. fol. 153r (Konsilium der Landesregierung, 23.11.1726). In der Zwischenzeit lief das Urteil vermutlich bis ins Kabinett hinauf, da die Richter nicht auf Tod erkannt hatten.
520 StA-D, 10024 Geheimer Rat (Geheimes Archiv), Loc. 9703/1, fol. 447r-462r (namentlich nicht gezeichneter Bericht, 09.08.1726).
521 Als Crimen Perduellionis wurden in der römischen Antike zunächst Verbrechen gegen die Freiheit der Bürger und die öffentliche Sicherheit bezeichnet. In der Spätzeit der Republik wurde das Crimen Perduellionis dann duch das Crimen Majestatis erstetzt. Dieser Begriff schloss alles ein, »was gegen die Majestas des Volks, gegen das Ansehen, die Macht, die Würde des Stats und der ihn repräsentirenden Personen (Statsbeamten) unternommen ward«. Wohl in diesem Sinne wird der Begriff ›Crimen Perduellionis‹ in der vorliegenden Quelle benutzt. Art. ›Crimen‹, in: J.S. Ersch und J.G. Gruber (Hg.),

Allgemeine Encyclopädie der Wissenschaften und Künste in alphabetischer Folge von genannten Schriftsteller bearbeitet, 20. Teil, Cos – Czvitt, Leipzig 1829, S. 152 – 155, Zitat auf S. 154.

522 StadtA-D, RA 2.1, G XXXII 124p, fol. 251r - 252v (J.C. Hoffmann, Monita fiscalia, übergeben am 03.07.1726).

523 StA-D, 10079 Landesregierung, Loc. 30586 Die Ermordung..., fol. 241rv (Magistrats an Landesregierung, 14.05.1727), 240r (Konsilium an Landesregierung, 28.06.1727) und 236rv (Landesregierung an Magistrat, 28.06.1726).

524 StA-D, 10079 Landesregierung, Loc. 30586 Die Ermordung..., fol. 242r (Urteil der Juristenfakultät Wittenberg, [Mai 1727]).

525 StA-D, 10079 Landesregierung, Loc. 30586 Die Ermordung..., fol. 242r (Urteil der Juristenfakultät Wittenberg, [Mai 1727]).

526 StA-D, 10079 Landesregierung, Loc. 30586 Die Ermordung..., fol. 242r (Urteil der Juristenfakultät Wittenberg, [Mai 1727]).

527 StA-D, 10079 Landesregierung, Loc. 30586 Die Ermordung..., fol. 253r (Urteil der Juristenfakultät Wittenberg, [Mai 1727]).

528 Turner 1969.

529 Beide Zitate: StA-D, 10079 Landesregierung, Loc. 30586 Die Ermordung..., fol. 57r (Magistrat an Landesregierung, 15.06.1726).

530 StA-D, 10079 Landesregierung, Loc. 30586 Die Ermordung..., fol. 125r (Magistrat an Landesregierung, 06.07.1726).

531 StA-D, 10079 Landesregierung, Loc. 30586 Die Ermordung..., fol. 229r (Magistrat an Landesregierung, 02.01.1727).

532 Alle Zitate in diesem Absatz: StA-D, 10079 Landesregierung, Loc. 30586 Die Ermordung..., fol. 213r (Magistrat an Landesregierung, 04.11.1726).

533 Europäischer Staats-Cantzley [3], S. 570f.

534 Europäischer Staats-Cantzley [3], S. 571.

535 StA-D, 10079 Landesregierung, Loc. 30586 Die Ermordung..., fol. 119r (Konsilium an Landesregierung, 10.07.1726).

536 StA-D, 10079 Landesregierung, Loc. 30586 Die Ermordung..., fol. 204r (Landesregierung an Konsilium, 20.11.1726).

537 StA-D, 10079 Landesregierung, Loc. 30586 Die Ermordung..., fol. 147v (Treueerklärung der Katholiken und Reformierten, [Juli/Aug. 1726]).

538 StA-D, 10079 Landesregierung, Loc. 30586 Die Ermordung..., fol. 117v (Treueerklärung der Bürgerschaft, 15.06.1726).

539 Europäischer Staats-Cantzley [3], S. 572f.

540 StA-D, 10024 Geheimer Rat (Geheimes Archiv), Loc. 9703/3 [unpaginiert] (Memorial der Viertelsmeister und Bürgerschaft, 27.05.1726 und Magistrat an Konsilium, 29.05.1726).

541 StA-D, 10079 Landesregierung, Loc. 30586 Die Ermordung..., fol. 116r-117v (Treueerklärung der Bürgerschaft, 15.06.1726).

542 StA-D, 10079 Landesregierung, Loc. 30586 Die Ermordung..., fol. 117r (Treueerklärung der Bürgerschaft, 15.06.1726).

543 StA-D, 10079 Landesregierung, Loc. 30586 Die Ermordung..., fol. 119r (Konsilium an Landesregierung, 10.07.1726) und fol. 187r (Landesregierung an Magistrat, 14.08.1726).

544 StA-D, 10024 Geheimer Rat (Geheimes Archiv), Loc. 9703/3 [unpaginiert] (Ohnmaßgebliche Bedencken, 14.06.1726).

545 StA-D, 10079 Landesregierung, Loc. 30586 Die Ermordung..., fol. 204rv (Landesregierung an Konsilium, 20.11.1726).

546 Dennoch entwarf man auch für Katholiken und Kalvinisten schließlich eine Obligation. Darin versprachen die Anhänger anderer Konfessionen, sich weiterhin als die »getreuen und gehorsamen Unterthanen« zu erweisen, die sie schon bislang gewesen seien; StA-D, 10079 Landesregierung, Loc. 30586 Die Ermordung..., fol. 146v (Treueerklärung der Katholiken und Reformierten, [Juli/Aug. 1726]). Wie die Lutheraner sagten auch sie zu, auf das Wohlverhalten ihrer Hausgenossen zu achten, besonders aber »mit der hiesigen Evangelischer Religion zugethanen Bürgerschafft uns friedlich und schied-

lich [zu] betragen«; StA-D, 10079 Landesregierung, Loc. 30586 Die Ermordung..., fol. 147r (Treueerklärung der Katholiken und Reformierten, [Juli/Aug. 1726]. Wie die Lutheraner gelobten auch sie, keine Selbstjustiz zu üben, sondern die Rechtsfindung staatlichen Instanzen zu überlassen und verdächtige Personen und Vorgänge sofort der Obrigkeit anzuzeigen. Ob diese Selbstverpflichtung jemals unterzeichnet wurde, verraten die Akten leider nicht. Unterschriftenlisten liegen jedenfalls nur für die Erklärung der Bürgerschaft von Mitte Juni 1726 vor.

547 StA-D, 10024 Geheimer Rat (Geheimes Archiv), Loc. 9703/3 [unpaginiert] (Ohnmaßgebliche Bedencken, 14.06.1726).

548 StA-D, 10024 Geheimer Rat (Geheimes Archiv), Loc. 9703/3 [unpaginiert] (Ohnmaßgebliche Bedencken, 14.06.1726).

549 StA-D, 10024 Geheimer Rat (Geheimes Archiv), Loc. 9703/3 [unpaginiert] (Ohnmaßgebliche Bedencken, 14.06.1726).

550 StA-D, 10024 Geheimer Rat (Geheimes Archiv), Loc. 9703/3 [unpaginiert] (Ohnmaßgebliche Bedencken, 14.06.1726).

551 StA-D, 10024 Geheimer Rat (Geheimes Archiv), Loc. 9703/3 [unpaginiert] (Ohnmaßgebliche Bedencken, 14.06.1726).

552 StA-D, 10024 Geheimer Rat (Geheimes Archiv), Loc. 9703/3 [unpaginiert] (Ohnmaßgebliche Bedencken, 14.06.1726).

553 StA-D, 10079 Landesregierung, Loc. 30586 Die Ermordung..., fol. 136r-139v (Landesregierung an Konsilium, 23.06.1726).

554 StA-D, 10079 Landesregierung, Loc. 30586 Die Ermordung..., fol. 137r (Landesregierung an Konsilium, 23.06.1726).

555 StA-D, 10079 Landesregierung, Loc. 30586 Die Ermordung..., fol. 138r (Landesregierung an Konsilium, 23.06.1726).

556 StA-D, 10079 Landesregierung, Loc. 30586 Die Ermordung..., fol. 138v (Landesregierung an Konsilium, 23.06.1726).

557 StA-D, 10079 Landesregierung, Loc. 30586 Die Ermordung..., fol. 138v (Landesregierung an Konsilium, 23.06.1726).

558 StA-D, 10024 Geheimer Rat (Geheimes Archiv), Loc. 9703/1, fol. 362r-364v und 274r-375r (Konsilium an Kabinett, 06.08.1726)

559 Schwerhoff 1999, S. 93.

560 Der Magistrat benutzte den Mord in einem Mahnbrief an Wackerbarth als Argument, endlich eine Entscheidung zu fällen. Siehe Magirius 2005, S. 35.

561 Meynert 1835, S. 388f.

562 Namentlich ältere Gesamtdarstellungen erwähnen das ›Ereignis‹ noch gerne: Böttiger 1831, S. 263; Meynert 1835, S. 388f.; Gretschel 1847, S. 592f.; Sturmhöfel 1908, S. 437. Neuere Überblickwerke gehen dagegen nicht mehr darauf ein: Naumann 1991; Czok (Hg.) 1989; Keller 2002; Groß 2004.

563 Crell 1732, S. 102f.; Klemm 1827, S. 342ff.; Lindau 1885, S. 523; Hasche 1918, S. 89-95; Dresdner Geschichtsverein 2002, S. 96; Wetzel 2006, S. 126f.

564 Fassmann 1733, S. 874ff.; Arnold 1908, S. 71f.; Gurlitt 1924, S. 96; Haake 1926, S. 158f.; Piltz 1986, S. 353f.; Czok 1987, S. 264f.; Delau 1989, S. 44f.; Doubek 2007, S. 122.

565 Blanckmeister 1920, S. 111-118; Petzoldt 2001, S. 141.

566 In Arbeiten zu Einzelaspekte der sächsischen Landesgeschichte wurden die Geschehnisse jedoch berücksichtigt. Siehe z.B. Kobuch 1965, S. 179-183.

567 Turner 1989, S. 108. Die vier Phasen umreißt Turner im Folgenden noch genauer: »Ein soziales Drama beginnt zunächst mit dem öffentlichen Bruch einer sozialen Norm, der Verletzung einer moralischen Regel, dem Verstoß gegen ein Gesetz, einen Brauch oder eine Etikette. [...] Ist der Bruch erst einmal sichtbar geworden, kann er kaum wieder rückgängig gemacht werden. Hierauf folgt eine sich zuspitzende Krise, ein bedeutsamer Wendepunkt in den Beziehungen zwischen den Bestandteilen eines Sozialen Feldes, an dem aus scheinbarem Frieden offener Konflikt wird und unterschwellige Antagonismen zum Vorschein kommen« (ebd., S. 110). »Um eine Ausweitung des Bruchs zu vermeiden, setzen führende Mitglieder der betroffenen Gruppe bestimmte Anpassungs- und Bewältigungsmechanismen in Gang« (ebd., S. 111). »Die abschließende Phase besteht entweder in der Reintegration der so-

zialen Gruppe [...] oder in der, manchmal zur räumlichen Trennung führenden sozialen Anerkennung einer nicht zu überwindenden Kluft zwischen den konkurrierenden Parteien« (ebd., S. 111f.).

568 StA-D, 10024 Geheimer Rat (Geheimes Archiv), Loc. 9703/1, fol. 413v (Actenmäßige Relation, 1726).

2. Siglen

BPK	Bildagentur Preußischer Kulturbesitz
StA-D	Sächsisches Staatsarchiv – Hauptstaatsarchiv Dresden
StadtA-D	Stadtarchiv Dresden
SKM	Staatliche Kunstsammlungen Dresden
SKM-MK	Staatliche Kunstsammlungen Dresden – Münzkabinett
SLUB	Staats- und Universitätsbibliothek Dresden / Deutsche Fotothek. Alle abgebildeten Aufnahmen von Lydia Pokoj

3. Nachweis der Abbildungen

Titelblatt: SLUB 7 A 1773, Das Betrübte Dreßden
Abb. 1: SKM
Abb. 2: SKM
Abb. 3: Fotografie des Verfassers
Abb. 4: SLUB 5 A 7191, Des Betrübten Dreßden's Zweyter Theil
Abb. 5: SKM
Abb. 6: SLUB: Biogr.er.D.735, Des Betrübten Dreßden's Zweyter Theil
Abb. 7: SLUB: 5 A 7191, Des Betrübten Dreßden's Zweyter Theil
Abb. 8: SKM-MK
Abb. 9: SKM-MK: Conradi 1797, zu S. 87
Abb. 10: SLUB: 7 A 1773, Das Betrübte Dreßden
Abb. 11: aus Burschel 2004: S. 226, Nr. 60
Abb. 12: aus Berliner 2003: S. 262, Nr. 7
Abb. 13: aus Burschel 2004: S. 90, Nr. 23
Abb. 14: SLUB: Hist.Saxon.D.490
Abb. 15: SLUB: Hist.Saxon.D.490
Abb. 16: SLUB: 5 A 7191, Des Betrübten Dreßden's Zweyter Theil
Abb. 17: SLUB: 5 A 7191, Des Betrübten Dreßden's Zweyter Theil
Abb. 18: SLUB: 5 A 7191, Das Betrübte Dreßden
Abb. 19: SLUB: 5 A 7191, Des Betrübten Dreßden's Zweyter Theil
Abb. 20: SKM
Abb. 21: aus Groß und John (Hg.) 2006: S. 26, Nr. 4

Abb. 22: SKM
Abb. 23: SKM
Abb. 24: Zeichnung des Verfassers
Abb. 25: SKM
Abb. 26: SLUB: 5 A 7191, Des Betrübten Dreßden's Zweyter Theil
Abb. 27: BPK: Bildnummer 10002848
Abb. 28: BPK: Bildnummer 20031924
Abb. 29: SLUB: 5 A 7191, Des Betrübten Dreßden's Zweyter Theil
Abb. 30: SLUB: Hist.Saxon.D.490
Abb. 31: SLUB: 5 A 7191, Des Betrübten Dreßden's Zweyter Theil

4. Archivalische Quellen

StA-D, 10024 Geheimer Rat (Geheimes Archiv), Loc. 9703/1 Die an dem Diakon bei der Kirche zum Heiligen Kreuz in Dresden…

StA-D, 10024 Geheimer Rat (Geheimes Archiv), Loc. 9703/2 Die über Magister Hahns Entleibung zu publizierende speciem facti

StA-D, 10024 Geheimer Rat (Geheimes Archiv), Loc. 9703/3 Den Hahnschen Mord…

StA-D, 10024 Geheimer Rat (Geheimes Archiv), Loc. 9703/4 Die am Diakon Hahn…

StA-D, 10024 Geheimer Rat (Geheimes Archiv), Loc. 9717/18 Die Erstattung der Schäden und Kosten…

StA-D, 10026 Geheimes Kabinett, Loc. 685/03 Des Generalfeldmarschalls Herrn Graf von Flemming…

StA-D, Loc. 707/05 Des Generalfeldmarschalls Herrn Graf von Flemming…

StA-D, 10057 Kreisamt Meißen Nr. 2443

StA-D, 10079 Landesregierung, Loc. 30586 Canzley Acta Die Ermordung des M. Joachim Herrmann Hahn's…

StA-D, 10684 Stadtgericht Dresden Nr. 111 und 112.

StadtA-D, RA 2.1, G XXXII 124 o-z.

StadtA-D, RA 2.1, G XXXII 125 a-c.

StadtA-D, RA 2.1, B.I.10.

StadtA-D, RA 2.1, B.I.12.

StadtA-D, RA 2.1, B 2.1.2 B II 19.

StadtA-D, RA 2.1, B IX 4.

StadtA-D, RA 2.1, D XIII.

5. Publizistik des Jahres 1726

Die in den Zitaten als Nachweis verwendeten Kurztitel sind in den folgenden Literaturnachweisen kursiv gesetzt.

Copia Drey besonderer Schreiben, Den gegenwärtigen verwirrten Zustand Der Stadt Dresden, Insonderheit aber Der an einem dasigen Evangelischem Geistlichen begangenen Meuchelmord und darauf entstandenen Tumult betreffend. [1726].

Crell, Johann Christian 1726, Kurtzgefastes Sächsisches Kern-Chronicon, worinnen in sechs besondern Paquets oder zwey und siebzig Couverts etliche hundert merckwürdige alte und neue Glück- und Unglücks-Fälle, Festivitäten, Geburthen, Vermählungen und Absterben, auch andere wunderbare und remarquable Begebenheiten, die sich hin und wieder in diesem Churfürstenthum und incorporirten Landen, grösten Theils seit dem 1720sten Jahre bis hierher zugetragen und in sechsjähriger Correspondentz durch mehr als 300 nach heutiger Zeit gewöhnlichen Statum Curiae eingerichteten Briefen monatlich eröffnet und mit accuraten Registern versehen worden von ICCandern [Johann Christian Crell], Leipzig 1726.

Crell, Johann Christian 1732, Kurtzgefastes Sächsisches Kern-Chronicon, worinnen in sechs besondern Paquets oder zwey und siebzig Couverts etliche hundert merckwürdige alte und neue Glück- und Unglücks-Fälle, Festivitäten, Geburthen, Vermählungen und Absterben, auch andere wunderbare und remarquable Begebenheiten, die sich hin und wieder in diesem Churfürstenthum und incorporirten Landen, grösten Theils seit dem 1720sten Jahre bis hierher zugetragen und in sechsjähriger Correspondentz durch mehr als 300 nach heutiger Zeit gewöhnlichen Statum Curiae eingerichteten Briefen monatlich eröffnet und mit accuraten Registern versehen worden von ICCandern [Johann Christian Crell], Leipzig 1732 [1735].

Der An dem weyland Hochwürdigen Herrn M. Herman Joachim Hahn, Hoch-verdientem Diacono bey der Creutz-Kirchen in Dreßden, in seiner Behausung 1726. den 21. May. grausam verübte, und an Frantz Leublern, als ruchlosen Thäter und Mörder d. anno d. 18. Julii exemplarisch bestraffte Meuchel-Mord. Aus sichern und zum Theil den offentlichen einverleibten Nachrichten.

Das Betrübte Dreßden. Als daselbst Der Evangelisch-Lutherische Prediger M. Herm. Joachim Hahn, Von einem Catholischen Trabanten, Fr. Laublern, am 21. May 1726 grausamlich ermordet, und darüber eine grosse Unruhe entstanden. In einem unpatheyischen Send-Schreiben mit wahrhaften bißher grösten Theils unbekannten Umständen ausführlich beschrieben und entecket. Nebst einem Extract aus des Superintendenten D. Löschers dem M. Hahn gehaltenen Gedächtniß-Predigt, auch dem dabey gesungenen und neu-verfertigten Liede. Wobey annoch gefüget ist sowohl des Sächs. Ober-Hof-Predigers D. Marpergers am folgenden Sonntag gehaltene Predigt, als eine auf den ermordeten wohl gesetzte Klag- und Trost-Ode. Mit einigen Kupfern erläutert. Frankfurt und Leipzig, 1726.

[1] Vorbericht.

[2] *Krug 1726, Johann,* Herr Jesu Hilff. Das war Das Symbolum des Hochverdienten Hahns Drum, da ein Mord, o Schad' ein Meuchel-Mord! Ihn nun entseelt, so kann's nicht anders als zu Hertzen dringen, Drum will bey seiner Leiche singen: Herr Jesu Hilff!

[3] *Geamoenus, Autoptus 1726,* HochgeEhrtester Herr.

Des Betrübten Dreßden's Zweyter Theil. Enthaltend theils in gebundener theils ungebundener Rede 1) Den in seinem Blute liegenden Abel: Oder die in verschiedenen Absätzen ausgezogene Historie der Ermordung und des Tumults, mit darüber in gebundener Rede verfasseten besonderen Reflexionen. 2) Die unverwelckliche Ehre eines bey seinen Schafen sterbenden Hirten: Oder Lebens-Lauff des M. Hahns. 3) Die versöhnte Gerechtigkeit: Oder Beschreibung der an dem Mörder vollzogenen Execution. 4) Beylagen: Oder die hin und wieder in dieser Sache eintzeln heraus gekommenen und colligierten Stücke. Mit einigen Kupfern erläutert. Frankfurt [am Main] und Leipzig 1726.

[1] Vorrede.

[2] *Erste Historische Section* Oder kurtzgefaßte und verbesserte Relation von dem Morde Seligen Herrn M. Hahns.

[3] *Erste poëtische Section*, oder der in seinem Blute liegende Abel.

[4] *Umständliche Nachricht* Von dem Grausamen Mordt Eines getreuen Lehrers, Des Hoch-Wohl-Ehrwürdigen und Hochgelahrten Herrn M. Herrmann Joachim Hahns, SS. Theol. Baccalaurei und Dreßdnischen Ministerio zum Heil. Creutz Diaconi, Welcher Auf eine unerhörte Weise durch sechs Mörder-Stiche den 21. Maji 1726 von einem gewesenen reuthenden Trabanten Frantz Laubler In seiner Priester-Wohnung erbärmlich umgebracht und getödtet worden, o.O. [1726].

[5] *Sectio II. Die unverwelckliche Ehre* eines bey seinen Schaaffen sterbenden Hirtens oder: Der von dem Wohlseeligen Höchstrühmlich geführte Lebens-Lauff.

[6] *Beylagen zum zweyten Theil des Betrübten Dreßdens.* Anrede, welche Herr M. Hilscher, Pastor in Alt-Dreßden, bey Beschluß der Amts-Predigt Dom. Rogate 1726 wegen des hier geschehenen entsetzlichen Mords an Herr M. Hahnen, gethan.

[7] M. Herrmann Joachim Hahns, SS. Theol. Baccalaurei und Diaconi zum Heil. Creutz in Dreßden, Letzte Worte, Die derselbse Am Sonntag Cantate, den 19. Maji 1726 zu seiner anvertrauten Gemeinde geredet, Und Mittwochs darauf den 22. Ejusdem zu ihr reden wollen, Hieran aber durch die den 21. an Ihm verübte Meuchel-Mörderische Entleibung verhindert worden, Aus dessen eigenhändigen Concepten ans Licht gestellet. Dresden, zu finden bey Christian Robringen, Druckts Johann Christoph Krause, 1726.

[8] Der Meuchel-Mord Des weyland Wohl-Ehrwürdigen Herrn M. Hermann Joachim Hahns, In dem Ministerio und bey der Kirche zum Heil. Creutz in Dreßden In die 19 Jahr Wohlverdienten Seel-Sorgers und Archi-Diaconi, mitleidend beweinet von Picandern [Pseud. Christian Friedrich Henrici]. Leipzig, Zu finden bey Boëtius, 1726.

[9] *Sectio III. Die versöhnte Gerechtigkeit* oder umständliche Relation von der wohlverdienten Execution des dreßdnischen Priester-Mörders Frantz Laublers, geschehen zu Dreßden den 18. Julii 1726, Frankfurt [am Main] und Leipzig.

[10] *Kurtze, doch umständliche Nachricht* von der wohlverdienten Execution so an den dreßdnischen Priester-Mörder Frantz Laublern acht Wochen nach seiner Mordthat auf den Alten-Marckt allda den 18. Julii 1726 vollzogen worden.

[11] *Bellamintes 1726,* Das Uber den blutigen Tod, Seines von einem Papisten ermordeten Lehrers, S.T. Herrn M. Hermann Joachim Hahns, In blutigen Thränen schwimmende Dreßden, Wird vermittelst einer Klag- und Trost-Ode, Welcher eine ungebundene Grabschrifft des Seel. Mannes beygefüget, Mitleidend angeredet von Bellamintes. 1726.

[12] *Aletophilo 1726,* Sr. Magnific. des Herrn D. Löschers, Hochverdienten Superindend. und venerablen Mit-Glieds eines Hochlöbl. Ober-Consistorii zu Dreßden, Predigt, Am Sonntage Exaudi, den 2. Jun. 1726 in der Kirche zum Heiligen Creutz, Bey Volckreicher Versammlung, gehalten, Und anfänglich zu seiner privat-Erbauung nachgeschrieben, Jetzt aber zum allgemeinen Nutzen in Druck gegeben von Aletophilo. Frankfurt und Leipzig 1726.

[13] *Gespräch* Im Reich der Lebendigen, Zwischen dem letzthin jämmerlich ermordeten Evangelischen Geistlichen, M. Herrm. Joachim Hahn, Und dem bekannten Jesuiten, Pater Nonnhardt, In Dresßden, Bey Gelegenheit eines im Jahr 1722 Von einer Vornehmen Dame, Von der wahren Evangelischen zur Papistischen Religion daselbst Geschehenen Abfalls. Mit einem Kupfer erläutert Frankfurt und Leipzig. 1726.

[14] *Besonders curieuses Gespräche* Im Reiche derer Todten, Bestehend in einer Entrevuë Zwischen Den An. 1824 in Derßden decollirten so genannten Schwedischen Obrist-Lieutenant Joh. Koch von Güllenstein, und den 1726 ebenfalls in Dreßden aufn Alten-Marckt mit dem Rade zerschlagenen Priester-Mörder Frantz Laublern, Worinnen bey der Personen begangene boßhaffte Ubelthaten und die darauff erfolgten wohlverdienten Executiones ausführlich dargestellet werden, Halle und Zerbst 1726.

[15] *Sendschreiben* an ihro Wohl-Ehrwürden Tit. Herrn M. Seth-Henr. Calvisium, Pastorem in Magdeburg, dessen sogenannte christliche und moderate Anmerckungen über die in der Schloß-Kirche zu Dreßden am Sonntag Rogate 1726 gehaltene Predigt von dem Gebeth, als der eintzigen Gewalt der Christen betreffend, Dresden 1727.

[16] *Calvisius, Sethus Heinrich 1727,* Christliche und moderate Anmerckungen über Ihro Hoch-Würden des Königl. Pohln. und Chur-Sächsischen Ober-Hoff-Predigers Hern. D. Bernhard Walther Marpergers in der Schloß-Kirche zu Dreßden am Sonntage Rogate 1726 gehaltene Predigt von dem Gebet, als der eintzigen Gewalt der Christen, entworffen von M. Seth.-Henr. Calvisio, Pastore in Magdeburg, Frankfurt 1727.

[17] *Das Wohl-redende Blut* eines unschuldig-getödteten Abels, Wurde am 6. Junii 1726 in der Frauen-Kirche zu Dreßden in einer geistreichen Leich-Predigt, Dem Hoch-Wohl-Ehrwürdigen Groß- Achtbaren und Wohlgelahrten Herrn M. Hermann Joachim Hahnen, Wohl-verdientem und treu-fleißigem Archi-Diacono bey der Creutz-Kirche in Dreßden, zu Ehren und seli- gem Nachruhm vorgestellet, Von D. Valentin Ernst Löschern Ober-Consistorial und Superintendenten in Dreßden, Nebst einem zwischen gedachtem M. Hahnen, und dem Jesuiten P. Nonnhardt, in Dreßden gehaltenen Religions-Gespräche. Frankfurt und Leipzig. 1726.

[18] *Von dem Wohlredenden Blute* Eines Unschuldig-getödteten Abels mußte Am 6. Junii des 1726sten Jahres, Als am Tage der Leich-Bestattung Des Hoch-Wohl-Ehrwürdigen, Hoch-Achtbaren und Wohlgelahrten Herrn, Herrn M. Herrmann Joachim Hahns, S. Theol. Baccal. und weyland wohlverdienten Mittwochs- Predigers zum Heil. Creutz in Dreßden, Aus Dessen erwehlten Leichen-Text, 2. Tim. II, 11.12.13. In der Frauen-Kirche bey Volckreicher Versammlung reden Valent. Ernst Löscher, D. des Oer-Cosistorii ältestes Mitglied und Superint. Mit Königl. Pohln. und Chufl. Sächß. Allergn. Privilegio. Dresden, Druckts und verlegts der Königl. Hof-Buchdrucker, Johann Conrad Stößel.

Europäischer Staats-Cantzley Acht und Viertzigster Theil, Worinnen nicht allein Die Zweybrückische Nassau-Siegische, Waldensiche, und Euer- bachische Religions-Beschwerde, dann die, ratione einig Evangelischer Geistlichen zu Augspurg entstandene Irrung, ingleichen was in puncto des Pfältzisch-Evangelischen Pfarr-Wahl-Rechts, auch Collecten- und Calender-Sache, mit des Evangelischen Corporis reiterirten Verfassung, demnebst der Catholischen Landes-Herren Jurisdiction über deren Evangelische Unterthanen halber: Item in denen Schorren- und Mecklenburgischen Differenzien weiters passiret, Sondern auch vornehmochen Das jenige, so wegen der Thornischen Affaire, und des Dreßdnischen Tumults, wie auch in der Stifft Naumburgischen Postulations-Angelegenheiten, dann von Seiten des Hoch-Fürstlichen Hauses Brandenburg-Onoltzbach contra die Dohm-Probstey zu Bamberg deducirten Erb-Schutzes Gerechtigkeit in dem Amt Fürth: Ferner bey des Stadt-Magistrats zu Hamburg mit dem dasigen Dohm-Capitul, occasione der Dohm-PredigersWahl, ingleichen zwischen Dennemarck und Hollstein aufs neue sich ereignet- und vorgewalteten Dispute, zum Vorschein gekommen Umständlich und ordentlich vorgestellet worden durch Anton Fabrum, Anno MDCCXXVI.

[1] *Kurtze, jedoch gründliche Nachricht,* von den zu Dreßden entstandenen Tumult, wegen Ermordung eines Evangelischen Geistlichen. Dreßden den 25. May, Seite 542-545.

[2] *Wahrhaffter und Gründlicher Extract* eines Briefes von einem Hof-Capellan aus Dreßden, welcher den 24. May 1725 [sic!] nacher Wien gegangen, darinnen die ordentliche Erzehlung des entstandenen Tumults enthalten ist, S. 545-549.

[3] *Ausführliche und wahrhaffte Relation*, von dem den 21. May dieses 1726. Jahrs in Dreßden, von einem Gottvergessenen Bösewicht an dem wolseeligen Herrn M. Hahnen grausam verübten Priester-Mord, auch darauf entstandenen, aber durch Gottes Gnade ohne erfolgten Todschlag sich wiederum geendigten Tuumult, nebst unterschiedlichen gewissen Particularien, so ein und andern unwahren Erzehlungen entgegen gesetzt werden, Seite 549-578.

[4] *Nachricht von dem Verlauff* des an dem bewusten Priester-Mörder in Dreßden vollstreckten Todt-Urtheils, Seite 578-580.

[5] *Ihrer Königlichen Majestät in Pohlen* ac. als Churfürstens zu Sachsen ac. ac. Mandat, wider das Auflauffen und Tumultuiren im Lande, ergangen de dato Dreßden den 2. Julii 1726, Seite 581-587.

Entsetzliche und in zwey hundert Jahren nie erhörte grausame Mord-Geschicht, Welche An einem treuen Diener GOttes, Dem Hoch-Wohl-Ehrwürdigen und Hochgelahrten Herrn, M. Hermann Joachim Hahn, S.S. THEOLOG. BACCALAUREI und Treu-wohl-verdientgesewenen ARCHIV-DIACONI bey der Creutz-Kirchen in Dreßden, In seinem eigenen Priester-Hause, auf der Pfarr-Gassen, den 21. May dieses 1726. Jahres, Mittags um 1. Uhr, von einem ehemahligen reutenden Trabanten, Frantz Laubler, mit 6 mörderischen Stichen entsetzlicher Weise ausgeübet worden. In nachstehender Grabe-Schrifft entworfen Im Jahre 1726.

Fernere und umbständlichere Nachricht wie es bey der Ermordung des seligen Hahns zugegangen welches sowohl aus dem Hahnischen Hause als von dem Mörder, Frantz Laubler selbst bey den summarischen Verhör ausgesaget worden : Nebst beygefügter Relation, Leipzig von 1 Jun dass bey Skeidnitz eine Frau auf Anstifften der Jesuiten, von einen Catholiken erbärmlich ermordet worden, o.O. 1727.

Gantz erbarmens-würdige und glaubhaffte Nachricht, von dem erschrecklichen und grausamen Priester-Mord, ... den 21sten May a. c. an Herrn M. [Hermann Joachim] Hahnen, ... Stadt-Prediger in der Königl. Chur-Sächsischen Residentz-Stadt Dreßden, mit erstaunender Bosheit verübet worden, o.O., o.D. [1726].

Gedancken über den Leichen-Text ihrer Hoch-Ehrwürdigen Herrn M. Hermann Joachim Hahns, S.S. Theol. Baccalaurei und Diaconi zum Heiligen Creutz, 2. Thimotheus II. Vers II.12: »Das ist ie gewißlich wahr, sterben wir mit, so werden wir mit Ihm leben, dulden wir, so werden wir mit herrschen ac.« Wie solcher von Ihro Magnificenz, dem Herrn Ober-Consistorial-Rath und Superintendenten D. Valentin Ernst Löschern den 6. Junii 1726 dem Hochseligen zum Andencken in der Frauen-Kirche gehalten worden, o.O. [1726]

Gewisse und zuverläßige Nachricht Von dem Erschrecklichen und grausamen Priester-Mord So den 21ten May a.c. An Herrn M. Hahnen Wohlverdienten Stadt-Predigern In der Königl. Chur-Sächsischen Residentz-Stadt Dreßden mit erstaunender Boßheit verübet worden. 1726.

Gründliche Nachricht von dem entsetzlichen Meuchel-Mord, welchen ein Königl. Reitender Trabant zu Drezßden an den dortigen Evangelischen Prediger Herrn Magn. Hahn verübet, und den darauf von dem Pöbel erregten Tumult, von einer glaubwürdigen Feder aufgesetzet, o.O. 1726.

Gründliche und ausführliche Nachricht von der wohlverdienten Execution, so an dem Dreßdnischen Priester-Mörder Frantz Laublern acht Wochen nach seiner Mordthat auf dem Alten Markt ... den 18. Juli ... 1726 vollzogen worden, o.O., o.D.

Gründliche und wahrhafftige Nachricht von der Execution des Priester-Mörder Frantz Laubler, welcher ... 1726 ... gerädert worden, Dresden 1726.

Leipziger Post-Zeitung

[Nachrichten über Mord, Tumult und Hinrichtungen finden sich im III. Stück der XIII. Woche, den 5. Juni 1726, S. 359, im I. Stück der XXX. Woche, den 22. Juli 1726, S. 464, im III. Stück der XXXIII. Woche, den 1. August 1726, S. 520, im I. Stück der XXXIII. Woche, den 12. August 1726, S. 512 sowie im »Extract derer in der XXXIII. Woche des 1726 Jahres eingelauffenen Nouvellen«, den 9. August 1726.]

Nachricht von dem abscheulichen Meuchelmord, welchen ein Catholischer zu Dreßden, an einem dasiges evangelischen Prediger am 21. Maii begangen und was diese grausame That etliche Tage drauf vor eine große Bewegung daselbst verursachet habe.

Picander 1726a [Pseud. Christian Friedrich Henrici], Der Meuchel-Mord Des weyland Wohl-Ehrwürdigen Herrn M. Hermann Joachim Hahns, Bey der Kirche zum Heil. Creutz in Dresden In die 14 Jahr Wohlverdienten Seel-Sorgers und Archi-Diaconi, mitleidend beweinet von Picandern [Christian Friedrich Henrici] Leipzig, Zu finden bey Boëtius 1726.

Picander 1726b [Pseud. Christian Friedrich Henrici], Curriculum vitae oder Leben, Todt und Begräbniß des weyland Hoch-Ehrwürdigen Herrn Herrn M. Hermann Joachim Hahns, S.S. Theol. Baccalaurei, Diaconi und der Zeit gewesenen Mittwochs-Predigern zum Heiligen Creutz ind Dreßden, o.O. 1726.

Umständlich- und wahrhafftig außführliche Nachricht von dem grausamen Mordt ... Hermann Joachim Hahns ... welcher ... den 21. May 1726 von ... Frantz Laubler ... umgebracht ... worden, Stuttgart o.D. [1726]

Von dem Churfürstenthum Sachsen insonderheit aber dem zu Dreßden kürzlich erregten grossen Tumult wegen geschehener meuchelmörderischen Ermordung eines evangelischen Geistlichen, Erfurt 1726.

Wahrhaffte Relation von dem entsetzlichen Meuchel-Mord, welchen ein Königl. Polnischer reitender Trabante den 22 May 1726 zu Dreßden an dem dortigen Evangelischen Prediger Hrn. M. Hahn verübet, und darauf dieserwegen von dem Pöbel erregten Tumult, so viel davon sich den 20 biß 22 May zugetragen, o.O., o.D. [1726].

Wahrhafte Relation von dem ... Meuchelmord ... : Zweite nähere und umständlichere Relation von dem ... an Hrn. Hanen verübten ... Mord, o.O. 1726.

Wahrhaftiger und Gründlicher Extract eines Briefes von einem Hoff-Capellan aus Dreßden, welcher den 24. May 1726 nacher Wienn abgegangen, darinnen die ordentliche Erzehlung des entstandenen Tumults enthalten.

6. Weitere gedruckte Quellen

Conradi, Michael 1797, Lebens- und Regierungs-Geschichte Friedrich August des Ersten, oder, wie ihn die Polen nach ihren Königen lieber nannten, August des Zweyten, Königs in Polen und Churfürsten zu Sachsen, nach Medaillen und Münzen [...], Leipzig.

Daßdorf, Karl Wilhelm 1782, Beschreibung der vorzüglichsten Merkwürdigkeiten der Churfürstlichen Residenzstadt Dresden und einiger umliegender Gegenden. Bd 1. Dresden.

Fassmann, David 1733, Das Glorwürdigste Leben und Thaten Friedrich August des Großen Königs in Pohlen [...], Hamburg und Frankfurt.

Hoff- und Staats-Calender, Königlich Polnischer und Churfürstlich Sächsischer Hoff- und Staats-Calender auf das Jahr 1728. Worinnen der Königliche und Printzliche Hoff-Staat, Collegia und Militär-Wesen aufs accurateste beschrieben werden. Darbey zugleich alle Galla-Tage, Kirchen-Feste und alles was in letzten jahren notables in Chur-Fürstlichen Landen und bey Hoffe vorgegangen zufinden. Mit aller gnädigsten SPECIAL-PRIVILEGIO, Leipzig.

Kurtzgefaßter Kern 1732, Kurtzgefaßter Kern Dreßdnischer Merckwürdigkeiten auff die ersten Neun- und Zwantzig Jahre des itztlauffenden XVIIIten Seculi nehmlich von Anno 1700 biß incl. 1728, Dresden.

Löscher, Valentin Ernst 1726, [...] Hat aus Jes. XXVIIII, 16. Das Göttliche Glückzu! In einer Predigt vorgestellt [...], Dresden.

Marperger, Bernhard Walter 1726a, Die eintzige Gewalt, welche die Christen gebrauchen dörfen, am Sonntag Rogate Anno 1726 in der Königl. Und Churfl. Sächsischen Schloß-Kirche zu erkennen gegeben, Dresden.

Marperger, Bernhard Walter 1726b, Der blinde Religions-Eifer als der grösseste Irrthum in der Religion, am Sonntage Exaudi Anno 1726 in der Königl. Und Churfürstl. Sächsischen Schloß-Kirche gründlich wiederlegt, Dresden.

Mittag, Johann Gottfried 1737, Leben und Thaten Friedrich Augusts III. [...], Leipzig.

Zedler 1732, Art. ›Apathos‹, in: Zedler, Johann Heinrich (Hg.), Grosses vollständiges Universal-Lexikon, Bd. 2 (An-Az), Leipzig, Sp. 778.

7. Darstellungen

Anderson, Benedict 1994, Imagined Communities. Reflections on the Origin and Spread of Nationalism. Überarbeitete und erweiterte Ausgabe, London und New York.

Arnold, Ernst 1908, August der Starke. Sein Leben und Lieben nach Eduard Vehse unter gleichzeitiger Berücksichtigung älterer und neuerer Literatur kurz zusammengefaßt, Stuttgart.

Bachmann-Medick, Doris (Hg.) 1996a, Kultur als Text. Die anthropologische Wende in der Literaturwissenschaft, Tübingen.

Bachmann-Medick 1996b, Doris, Einleitung, in: Bachmann-Medick (Hg.) 1996a, S. 98-121.

Bachmann-Medick 1996c, Doris, Multikultur oder kulturelle Differenzen? Neue Konzepte von Weltliteratur und Übersetzung in postkolonialer Perspektive, in: Bachmann-Medick (Hg.) 1996a, S. 262-298.

Battenberg, J. Friedrich 2001, Die Juden in Deutschland vom 16. bis zum Ende des 18. Jahrhunderts, München (Enzyklopädien deutscher Geschichte 60).

Baur, Jörg 2006, Valentin Ernst Löschers Praenotiones theologicae. Die lutherische Spätorthodoxie im polemischen Diskurs mit den frühneuzeitlichen Heterodoxien, in: Laufhütte und Titzmann 2006, S. 425-476.

Bellingradt, Daniel 2008, Die vergessenen Quellen des Alten Reiches. Ein Forschungsüberblick zu frühneuzeitlicher Flugpublizistik im Heiligen Römischen Reich deutscher Nation, in: Astrid Blome, Holger Böning (Hrsg.), Presse und Geschichte. Leistungen und Perspektiven der historischen Presseforschung (Presse und Geschichte – Neue Beiträge 36), Bremen, 77-95.

Bellingradt, Daniel [o.J.], Flugpublizistik und Öffentlichkeit im Alten Reich (Dissertationsprojekt Freie Universität Berlin).

Benedikt, H. 1927, Das Königreich Neapel unter Kaiser Karl IV., Neapel.

Bergdolt, Klaus 1999, Leib und Seele. Eine Kulturgeschichte des gesunden Lebens. München.

Berger, Peter L. und Luckmann, Thomas 1980, Die gesellschaftliche Konstruktion der Wirklichkeit. Eine Theorie der Wissenssoziologie, Frankfurt/Main [zuerst New York 1969].

Berking, Helmuth 1996, Schenken. Zur Anthropologie des Gebens, Frankfurt/Main und New York.

Berliner, Rudolf 2003: Arma Christi, in: ders., ›The Freedom of Medieval Art‹ und andere Studien zum christlichen Bild, hrsg. von Robert Suckale, Berlin. [zuerst in Münchner Jahrbuch der bildenden Kunst, 3. Folge, 6 (1955), S. 35-152]

Beutel, Georg 1905, Der Altmarkt als geschichtlicher Schauplatz, in: Dresdner Geschichtsblätter 14/1 (1905), S. 1-12.

Beyer, Michel 2000, Kollektives Selbstbewußtsein und regionale Identifikation. Die Hofprediger-biographien des Dresdner Hofpredigers Johann Andreas Gleich, in: Graf u.a. (Hg.) 2000, S. 163-174.

Biersack, Aletta 1989, Local Knowledge, Local History. Geertz and Beyond, in: Hunt (Hg.) 1989, S. 72-96.

Blanckmeister, Franz 1906, Sächsische Kirchengeschichte, 2. Aufl., Dresden.

Blanckmeister, Franz 1920, Der Prophet von Kursachsen. V.E. Löscher und seine Zeit, Dresden.

Blaschke, Karlheinz 1953, Die kursächsische Landesregierung, Staatliche Archivverwaltung im Staatssekretariat für Innere Angelegenheiten (Hg.), Forschungen aus Mitteldeutschen Archiven. Zum 60. Geburtstag von Hellmut Kretzschmar, Berlin (Schriftenreihe der Staatlichen Archivverwaltung 3), S. 270-284.

Blaschke, Karlheinz 1967, Bevölkerungsgeschichte von Sachsen bis zur Industriellen Revolution, Weimar.

Blickle, Renate 1990, Rebellion oder natürliche Defension. Der Aufstand der Bauern in Bayern 1633/34 im Horizont von gemeinem Recht und christlichem Naturrecht, in: Richard van Dülmen (Hg.), Verbrechen, Strafen und soziale Kontrolle, Frankfurt, S. 56-84.

Böehm, E. 1939-1942, Der Schöppenstuhl zu Leipzig und der sächsische Inquisitionsprozeß im Barockzeitalter, in: Zeitschrift für die gesamt Strafrechtswissenschaft 59 (1939) – 61 (1942).

Böhme, Gernot und Böhme, Hartmut 2004, Feuer, Wasser, Erde, Luft. Eine Kulturgeschichte der Elemente, München.

Böttiger, Karl Wilhelm 1831, Geschichte des Kurstaates und Königreiches Sachsen, Bd. 2: Von der Mitte des sechzehnten Jahrhunderts bis auf die neueste Zeit, 1553-1831, Hamburg.

Braubach, Max 1964, Prinz Eugen von Savoyen. Eine Biographie. Bd. III: Zum Gipfel des Ruhms, München.

Braubach, Max 1965, Prinz Eugen von Savoyen. Eine Biographie. Bd. IV: Der Staatsmann, München.

Bredekamp, Horst 2001, Florentiner Fußball. Die Renaissance der Spiele. Berlin, vollständig überarbeitete Neuausgabe.

Bringmann, Michael 2003, Art. ›Nazarener‹, in: Religion in Geschichte und Gegenwart. Handwörterbuch für Theologie und Religionswissenschaft, 4. völlig neu bearbeitete Auflage, Tübingen, S. 162f.

Burgard, Paul 1998, Tagebuch einer Revolte. Ein städtischer Aufstand während des Bauernkrieges 1525, Frankfurt am Main und New York (Historische Studien 20).

Burke, Peter 1993, History of Events and the Revival of Narrative, in: Burke, Peter, New Perspectives on Historical Writing, University Park, S. 233-248.

Burke, Peter 1996, Städtische Kultur in Italien zwischen Hochrenaissance und Barock, Frankfurt/Main.

Burschel, Peter 2004, Sterben und Unsterblichkeit. Zur Kultur des Martyriums in der frühen Neuzeit, München (Ancien Régime Aufklärung und Revolution 35).

Conrad, Hermann 1966, Deutsche Rechtsgeschichte. Bd. 2: Neuzeit bis 1806, Karlsruhe.

Czok, Karl 1987, August der Starke und Kursachsen, Leipzig.

Czok, Karl (Hg.) 1989, Geschichte Sachsens, Weimar.

Czok, Karl 2006, August der Starke und seine Zeit. Kurfürst von Sachsen, König in Polen, München

Davis, Natalie Zemon 1987, Humanismus, Narrenherrschaft und die Riten der Gewalt. Gesellschaft und Kultur im frühneuzeitlichen Frankreich, Frankfurt am Main.

Davis, Natalie Zemon 2002, Die schenkende Gesellschaft. Zur Kultur der französischen Renaissance, München.

Davis, Natalie Zemon 2004, Die wahrhaftige Geschichte von der Wiederkehr des Martin Guerre. Mit einem Nachw. von Carlo Ginzburg, Berlin. [zuerst u.d.T. Le Retour du Martin Guerre, Paris 1982].

Delau, Richard 1989, August der Starke. Bilder einer Zeit, Halle und Leipzig.

Desan, Suzanne 1989, Crowds, Community, and Ritual in the Work of E. P. Thompson and Natalie Davis, in: Hunt (Hg.) 1989, S. 47-71.

Dinges, Martin 1994, Der Maurermeister und der Finanzrichter. Ehre, Geld und soziale Kontrolle im Paris des 18. Jahrhunderts, Göttingen.

Doubek, Katja 2007, August der Starke, Reinbeck.

Dresdner Geschichtsverein e.V. (Hg.) 2002, Dresden. Die Geschichte der Stadt von den Anfängen bis zur Gegenwart, Dresden.

Dürichen, J. 1930, Geheimes Kabinett und Geheimer Rat unter der Regierung August des Starken in den Jahren 1704-1720, in: Neues Archiv für Sächsische Geschichte 51 (1930), S. 68-134.

Fischer-Lichte, Erika 2003, Performance, Inszenierung, Ritual. Zur Klärung kulturwissenschaftlicher Schlüsselbegriffe, in: Martschukat und Patzold (Hg.) 2003a, S. 33-54.

Foucault, Michel 1994, Überwachen und Strafen. Die Geburt des Gefängnisses, Frankfurt/Main. [zuerst Paris 1975]

François, Etienne 1991, Die unsichtbare Grenze. Protestanten und Katholiken in Augsburg, 1648-1806, Sigmaringen (Abhandlungen zur Geschichte der Stadt Augsburg 33).

García Gómez, María Dolores 1996, El Arzobispo de Valencia Folch de Cardona. Análisis de una bilioteca eclesiástica del siglo XVIII, Alicante.

Geertz, Clifford 1997, Dichte Beschreibung. Beiträge zum Verstehen kultureller Systeme, 5. Aufl., Frankfurt am Main.

Ginzburg, Carlo 1990, Der Käse und die Würmer. Die Welt eines Müllers um 1600, Berlin. [zuerst u.d.T. Il formaggio e i vermi. Il cosmo di un mugnaio del '500, Turin 1976]

Goffman, Erving 2007, Wir alle spielen Theater. Die Selbstdarstellung im Alltag, 5. Aufl., München [zuerst u.d.T. The presentation of self in everyday life, Edinburgh 1956].

Graf, Gerhard u.a. (Hg.) 2000, Vestigia pietatis. Studien zur Geschichte der Frömmigkeit in Thüringen und Sachsen, Leipzig (Herbergen der Christenheit. Jahrbuch für deutsche Kirchengeschichte, Sonderband 5).

Gräf, Holger Th. und Pröve, Ralf 1997, Wege ins Ungewisse. Reisen in der Frühen Neuzeit, 1500-1800, Frankfurt am Main.

Greenblatt, Stephen 1980, Renaissance Self-fashioning. From More to Shakespeare, Chicago.

Greenblatt, Stephen 1994, Wunderbare Besitztümer. Die Erfindung des Fremden: Reisende und Entdecker, Berlin.

Gretschel, C. 1847, Geschichte des Sächsischen Volkes und Staates, Bd. 2, Leipzig.

Greyerz, Kaspar von u.a. (Hg.) 2003, Interkonfessionalität – Transkonfessionalität – binnenkonfessionelle Pluralität. Neue Forschungen zur Konfessionalisierungsthese, Gütersloh (Schriften des Vereins für Reformationsgeschichte 201).

Grimm 1952, Art. ›Tumult‹ in: Jacob und Wilhelm Grimm (Hg.), Deutsches Wörterbuch, Bd. 22, Leipzig, Sp. 1763-1769.

Groß, Reiner 2004, Geschichte Sachsens, 3., durchgesehene Auflage, Leipzig.

Groß, Reiner 2006a, Vom Dreißigjährigen Krieg zum Siebenjährigen Krieg – Dresden als Zentrum kursächsischer Herrschaftsausübung, in: Groß und John (Hg.) 2006, S. 21-54.

Groß, Reiner 2006b, Ratsregierung und Stadtverwaltung, in: Groß und John (Hg.) 2006, S. 55-64.

Groß, Reiner und Uwe John (Hg.) 2006, Geschichte der Stadt Dresden. Band 2: Vom Ende des Dreißigjährigen Krieges bis zur Reichsgründung, Stuttgart.

Growolls, Grete 1995, Wer war wer in Mecklenburg-Vorpommern? Ein Personenlexikon, Bremen.

Gurlitt, Cornelius 1924, August der Starke. Ein Fürstenleben aus der Zeit des deutschen Barock, Bd. 2, Dresden.

Haake, Paul 1926, August der Starke, Berlin und Leipzig.

Habermas, Jürgen 1990, Strukturwandel der Öffentlichkeit, Frankfurt/Main. [zuerst Marburg 1961]

Härter, Karl 1999, Strafverfahren im frühneuzeitlichen Territorialstaat. Inquisition, Entscheidungsfindung, Supplikation, in: Andreas Blauert und Gert Schwerhoff (Hg.), Kriminalitätsgeschichte. Beiträge zur Sozial- und Kulturgeschichte der Vormoderne, Konstanz, S. 459-480.

Hasche, Johann Christian 1819, Diplomatische Geschichte Dresdens von seiner Entstehung bis auf unsere Tage. Teil 4, Dresden.

Hasse, Hans-Peter 2000, ›Vestigia pietatis‹ bei Valentin Ernst Löscher, in: Graf u.a. (Hg.) 2000, S. 175-200.

Herre, Franz 1997, Prinz Eugen. Europas heimlicher Herrscher, Stuttgart.

Hinrichs, Ernst 1991, ›Charivari‹ und Rügebrauchtum in Deutschland. Forschungsstand und Forschungsaufgaben, in: Martin Scharfe (Hg.), Brauchforschung, Darmstadt (Wege der Forschung 627), S. 430-464.

Hodler, Beat 1998, Konversionen und der Handlungsspielraum der Untertanen in der Eidgenossenschaft im Zeitalter der reformierten Orthodoxie, in: Heinrich Richard Schmidt u.a. (Hg.), Gmeinde, Reformation und Widerstand. Festschrift für Peter Blickle zum 60. Geburtstag, Tübingen, S. 281-291.

Hunt, Lynn (Hg.) 1989, The New Cultural History, Berkeley u.a.

Kaufmann, Thomas 2003, Einleitung: Transkonfessionalität, Interkonfessionalität, binnenkonfessionelle Pluralität – Neue Forschungen zur Konfessionalisierungsthese, in: Greyerz u.a. (Hg.) 2003, S. 9-15.

Kaufmann, Thomas u.a (Hg.) 2008, Frühneuzeitliche Konfessionskulturen. 1. Nachwuchsförderung des VRG Wittenberg 30.09.-02.10.2004, Gütersloh (Schriften des Vereins für Reformationsgeschichte 207).

Keller, Katrin 2002, Landesgeschichte Sachsens, Stuttgart.

Klemm, Gustav 1837, Chronik der königlich sächsischen Residenzstadt Dresden, Bd. 2: Die Geschichte Dresdens von 1694 bis 1827, Dresden.

Köbler, Gerhard 1999, Historisches Lexikon der deutschen Länder. Die deutschen Territorien und reichsunmittelbaren Geschlechter vom Mittelalter bis zur Gegenwart, sechste, vollständig überarbeitete Auflage, München.

Kobuch, Agatha 1965, Die Zensur in Kursachsen zur Zeit der Personalunion mit Polen (1697-1763). Beiträge zur Geschichte der Aufklärung, Diss. masch. Humboldt-Universität zu Berlin.

Köpf, Ulrich 1990, Protestantismus und Heiligenverehrung, in: Peter Dinzelbacher und Dieter R. Bauer (Hg.), Heiligenverehrung in Geschichte und Gegenwart, Ostfildern, S. 320-344.

Koslofsky, Craig 1997, Von der Schande zur Ehre. Nächtliche Begräbnisse im lutherischen Deutschland (1650-1799), in: Historische Anthropologie 5 (1997), S. 350-369.

Krause, Konrad 2003, Alma Mater Lipsiensis. Geschichte der Universität Leipzig von 1409 bis zur Gegenwart, Leipzig.

Krauss, Heinrich 2000, Die Engel. Überlieferung, Gestalt, Deutung, München 2000.

Krusenstjern, Beninga von 1994, Was sind Selbstzeugnisse? Begriffskritische und quellenkundliche Überlegungen anhand von Beispielen aus dem 17. Jahrhundert, in: Historische Anthropologie 2 (1994), S. 462-471.

Laufhütte, Hartmut und Michael Titzmann (Hg.) 2006, Heterodoxie in der Frühen Neuzeit, Tübingen (Frühe Neuzeit 117).

Leeb, Josef 2007, Stereotype und Feindbilder an einem Ort interkultureller Begegnung: Augsburg während des Reichstags von 1582, in: Michael Rohrschneider und Arno Strohmeyer (Hg.), Wahrnehmungen des Fremden. Differenzerfahrungen von Diplomaten im 16. und 17. Jahrhundert, Münster (Schriftenreihe der Vereinigung zur Erforschung der Neueren Geschichte 31), S. 171-202.

Lindau, Martin Bernhard 1885, Geschichte der Königlichen Haupt- und Residenzstadt Dresden von den ältesten Zeiten bis zur Gegenwart. 2. verbesserte Auflage, Dresden.

Löffler, Firtz 2006, Das alte Dresden. Geschichte seiner Bauten, 16. Auflage, Leipzig 2006. [zuerst Leipzig 1981]

Magirius, Heinrich 2005, Die Dresdner Frauenkirche von George Bähr. Entstehung und Bedeutung, Berlin.

Martschukat, Jürgen 2000, Inszeniertes Töten. Eine Geschichte der Todesstrafe vom 17. bis zum 19. Jahrhundert, Köln u.a.

Martschukat, Jürgen und Steffen Patzold (Hg.) 2003a, Geschichtswissenschaft und ‚performative turn'. Ritual, Inszenierung und Performanz vom Mittelalter bis zur Neuzeit, Köln u.a.

Martschukat, Jürgen und Steffen Patzold 2003b, Geschichtswissenschaft und ‚performative turn'. Eine Einführung in Fragestellungen, Konzepte und Literatur, in: Martschukat und Patzold (Hg.) 2003a, S. 1-31.

Mauss, Marcel 1989, Die Gabe, in: ders., Soziologie und Anthropologie, Bd. 2, Frankfurt am Main, S. 7-144. [zuerst in: L'Année Sociologique N.S. 1.1923/1924 (1925), S. 30-186].

May, Walter 2006, Städtisches und landesherrliches Bauen, in: Groß und John (Hg.) 2006, S. 150-195.

Meynert, Hermann 1835, Geschichte des sächsischen Volkes von den ältesten bis auf die neuesten Zeiten, Leipzig.

Naumann, Günter 1991, Sächsische Geschichte in Daten, München.

Petzoldt, G. (Hg.) 1997, Die Theologische Fakultät, Leipzig.

Petzoldt, Martin (Hg.) 2000, St. Thomas zu Leipzig, Leipzig.

Petzoldt, Klaus 2001, Der unterlegene Sieger, Valentin Ernst Löscher im absolutistischen Staat, Leipzig.

Piltz, Georg 1986, August der Starke. Träume und Taten eines deutschen Fürsten, Berlin.

Po-Chia Hsia, Ronnie 1997, Trient 1475. Geschichte eines Ritualmordprozesses, Frankfurt/Main.

Porter, Roy 2007, Wahnsinn. Eine kleine Kulturgeschichte, Frankfurt/Main.

Rathmann, Thomas 2003, Ereignis Konstrukte Geschichte, in: Rathmann, Thomas (Hg.), Ereignis. Konzeption eines Begriffs in Geschichte, Kunst und Literatur, Köln u.a..

Reinhard, Wolfgang, Zwang zur Konfessionalisierung? Prolegomena zu einer Theorie des konfessionellen Zeitalters, in: Zeitschrift für Historische Forschung 10 (1983), S. 257-277.

Richter-Nickel, Sieglinde 1999, ‚Der ehrwürdige Rath zu Dresden'. Stadtverwaltung vom 13. Jahrhundert bis 1832, in: Dresdner Geschichtsbücher 5 (1999), 7-23.

Richter-Nickel, Sieglinde 2006, Handwerk, Manufaktur und Handel, in: Groß und John (Hg.) 2006, S. 69-103.

Rosseaux, Ulrich 2007a, Freiräume. Unterhaltung, Vergnügen und Erholung in Dresden 1694-1830, Köln u.a.

Rosseaux, Ulrich 2007b, Das bedrohte Zion. Lutheraner und Katholiken in Dresden nach der Konversion Augusts des Starken (1697-1751), in: Ute Lotz-Heumann u.a. (Hg.), Konversion und Konfession in der Frühen Neuzeit, Gütersloh (Schriften des Vereins für Reformationsgeschichte 205), S. 212-235.

Sahlins, Marshall 1992, Inseln der Geschichte, Hamburg.

Schilling, Heinz 1988, Die Konfessionalisierung im Reich. Religiöser und gesellschaftlicher Wandel in Deutschland zwischen 1555 und 1620, in: Historische Zeitschrift 246 (1988).

Schmid, Barbara 2006, Schreiben für Status und Herrschaft. Deutsche Autobiographik in Spätmittelalter und früher Neuzeit, o.O..

Schröder, Hans-Christoph 1986, Die Revolutionen Englands im 17. Jahrhundert, Frankfurt/Main.

Schultz, Helga 1996, Mythos und Aufklärung. Frühformen des Nationalismus in Deutschland, in: Historische Zeitschrift 263 (1996), S. 31-67.

Schulze, Winfried (Hg.) 1996, Ego-Dokumente. Annäherung an den Menschen in der Geschichte, Berlin.

Schulze Wessel, Martin 2002, Religiöse Intoleranz, grenzüberschreitende Kommunikation und die politische Geographie Ostmitteleuropas im 18. Jahrhundert, in: ders. und Jörg Requate (Hg.), Europäische Öffentlichkeit. Transnationale Kommunikation seit dem 18. Jahrhundert. Frankfurt am Main und New York, S. 63-78.

Schunka, Alexander 2006, Gäste, die bleiben. Zuwanderer in Kursachsen und der Oberlausitz im 17. Und 18. Jahrhundert, Hamburg (Pluralisierung & Autorität 7).

Schwerhoff, Gerd 1999, Aktenkundig und gerichtsnotorisch. Einführung in die Historische Kriminalitätsforschung, Tübingen (Historische Einführungen 3).

Schwerhoff, Gerd 2006, Vertreibung als Strafe. Der Stadt- und Landesverweis im Ancien Régime, in: Sylvia Hahn u.a. (Hg.), Ausweisung – Abschiebung – Vertreibung in Europa 16.-20. Jahrhundert, Insbruck u.a. (Querschnitte 20), S. 48-72.

Sommer, Wolfgang 2000, Jakob Weller als Oberhofprediger in Dresden, in: Graf u.a. (Hg.) 2000, S. 145-162.

Stanford, Peter 2000, Der Teufel. Eine Biographie. Frankfurt am Main und Leipzig.

Stolleis, Michael 1990, Arcana Imperii und Ratio Status. Bemerkungen zur politischen Theorie des frühen 17. Jahrhunderts, in: Stolleis, Michael, Staat und Staatsräson in der frühen Neuzeit. Studien zur Geschichte des öffentlichen Rechts, Frankfurt/Main, S. 37-72.

Strebl, Laurenz (Hg.) 1969, Große Bibliophile des 18. Jahrhunderts. Prinz Eugen von Savoyen, Georg Wilhelm von Hohendorf, Antonio Folch de Cardona, Wien.

Sturmhöfel, Konrad 1908, Illustrierte Geschichte der sächsischen Lande und ihrer Herrscher, II. Band, 1. Abt.: Das Albertinische Sachsen von 1500 bis 1815, Leipzig.

Suter, Andreas und Manfred Hettling 2001, Struktur und Ereignis – Wege zu einer Sozialgeschichte des Ereignisses, in: Suter, Andreas und Manfred Hettling (Hg.), Struktur und Ereignis, Göttingen (Geschichte und Gesellschaft, Sonderheft 19), S. 7-32.

Toch, Michael 1988, Die Juden im mittelalterlichen Reich, München (Enzyklopädien deutscher Geschichte 44).

Turner, Victor 1969, The Ritual Process. Structure and Anti-Structure, Chicago.

Turner, Victor 1989, Vom Ritual zum Theater. Der Ernst des menschlichen Spiels, Frankfurt am Main.

Volland, Frauke 2003, Konfession, Konversion und soziales Drama. Ein Plädoyer für die Ablösung des Paradigmas der ›konfessionellen Identität‹, in: Greyerz u.a. (Hg.) 2003, S. 91-104.

Watanabe-O'Kelly, Helen 2002, Court Culture in Dresden. From Renaissance to Baroque, Basingstroke.

Wetzel, Christoph 2006, Kirche und Religion, in: Groß und John (Hg.) 2006, S. 104-149.

Wilpert, Gero von 1989, Sachwörterbuch der Literatur, 7., verbesserte und erweiterte Aufl., Stuttgart.

Wozel, Heidrun 2006, Alltagsleben, in: Groß und John (Hg.) 2006, S. 736-744.

Würgler, Andreas 1999, Diffamierung und Kriminalisierung von »Devianz« in frühneuzeitlichen Konflikten. Für einen Dialog zwischen Protestforschung und Kriminalitätsgeschichte, in: Mark Häberlein (Hg.), Devianz, Widerstand und Herrschaftspraxis in der Vormoderne. Studien zu Konflikten im südwestdeutschen Raum (15.-18. Jahrhundert), Konstanz (Konflikte und Kultur 2), S. 317-347.

Weiterlesen

Konflikte und Kultur

Herausgegeben von Andreas Blauert, Martin Dinges, Mark Häberlein, Ulinka Rublack und Gerd Schwerhoff

Band 1
Andreas Blauert, Gerd Schwerhoff (Hg.)
Kriminalitätsgeschichte
Beiträge zur Sozial- und Kulturgeschichte der Vormoderne
2000, 920 Seiten, broschiert
ISBN 978-3-89669-934-3

Band 2
Mark Häberlein (Hg.)
Devianz, Widerstand und Herrschaftspraxis in der Vormoderne
Studien zu Konflikten im südwestdeutschen Raum (15.-18. Jahrhundert)
1999, 354 Seiten, broschiert
ISBN 978-3-89669-907-7

Band 3
Martin Dinges, Fritz Sack (Hg.)
Unsichere Großstädte?
Vom Mittelalter bis zur Postmoderne
2000, 396 Seiten, broschiert
ISBN 978-3-89669-910-7

Band 5
Harriet Rudolph
Eine gelinde Regierungsart
Peinliche Strafjustiz im geistlichen Territorium. Das Hochstift Osnabrück (1716-1803)
2001, 392 Seiten, broschiert
ISBN 978-3-89669-975-6

Band 6
Ulrich Henselmeyer
Ratsherren und andere Delinquenten
Die Rechtsprechungspraxis bei geringfügigen Delikten im spätmittelalterlichen Nürnberg
2002, 212 Seiten, broschiert
ISBN 978-3-89669-779-0

Band 7
Bernhard Klein, Gesa Mackenthun (Hg.)
Das Meer als kulturelle Kontaktzone
Räume, Reisende, Repräsentationen
2003, 340 Seiten, broschiert
ISBN 978-3-89669-772-1

Band 8
Andrea Bendlage
Henkers Hetzbruder
Das Strafverfolgungspersonal der Reichsstadt Nürnberg im 15. und 16. Jahrhundert
2003, 330 Seiten, broschiert
ISBN 978-3-89669-729-9

Band 9
Tobias Kies
Verweigerte Moderne?
Zur Geschichte der »Salpeterer« im 19. Jahrhundert
2004, 506 Seiten, broschiert
ISBN 978-3-89669-724-0